KAULA TANTRA

A ARTE DO RITUAL E DA MAGIA

Marmo, O. L. (Tārānanda)

KAULA TANTRA

A ARTE DO RITUAL E DA MAGIA

MADRAS®

Editor:
Wagner Veneziani Costa (*in memoriam*)

Produção e Capa:
Equipe Técnica Madras

Ilustrações Internas:
Paulo Rogério de Souza

Revisão:
Jerônimo Feitosa
Maria Cristina Scomparini

Dados Internacionais de Catalogação na Publicação (CIP)
(Câmara Brasileira do Livro, SP, Brasil)

Marmo, Osvaldo Luiz
Kaula Tantra : a arte do ritual e da magia /
Osvaldo Luiz Marmo. -- 2. ed. -- São Paulo : Madras
Editora, 2025.

Bibliografia.

ISBN 978-65-5620-098-9

1. Autoajuda (Psicologia) 2. Meditação - Tantrismo
3. Tantrismo I. Título.

24-238220 CDD-294.543

Índices para catálogo sistemático:

1. Tantrismo : Religião 294.543
Eliane de Freitas Leite - Bibliotecária - CRB 8/8415

MADRAS EDITORA LTDA.
Rua Paulo Gonçalves, 88 – Santana
CEP: 02403-020 – São Paulo/SP
Tel.: (11) 2281-5555 – (11) 98128-7754
www.madras.com.br

A NOSSA REVERÊNCIA AOS MESTRES QUE PRESERVARAM O SABER VEDAS E DOS AGAMAS.

Ādi-Śaṅkara
Abhinavagupta
Gorakṣanātha
Matsyendranātha
Śṛī Kṛṣṇa Dvaipāyana Vyāsa
Kṣemarāja, entre tantos outros,

E AS mātṛkās (DEUSAS MÃES), QUE, COM AMOR, REGEM O COSMO E NOSSA MANIFESTAÇÃO.

Śṛī Ādi-Śakti Devī.
Tārā Devī
Kālī Devī
Parvatī Devī
Lakṣmī Devī
Nilā Saraśvatī Devī
Bhuvaneśvarī Devī
Tripurasundarī Devī
Lalitā Devī
Gaṅgā Devī

YAB-YUM – POSTURA TÂNTRICA PARA MAITHUNA

ÍNDICE

TRANSLITERAÇÃO DOS TERMOS SÂNSCRITOS

O sânscrito é a língua mãe das escrituras sagradas da Índia e seu sistema fonológico é grafado em caracteres Devanāgarī, que significa escrita da Cidade dos Deuses, em uma alusão à atual cidade de Varāṇasī, também denominada Benares.

A transliteração dos fonemas sânscritos para os idiomas que usam o alfabeto romano utiliza caracteres especiais conforme a chave internacional de transliteração das línguas indo-europeias. Entretanto, a maioria dos textos traduzidos não segue esta chave de transliteração, preferindo uma chave apropriada à pronúncia de cada país ou, ainda, conforme o entendimento do autor. Ambas as formas têm suas vantagens e desvantagens. A principal desvantagem do não uso de uma chave internacional é a diversidade de grafias, para um mesmo nome, que pode causar certa confusão para os leitores que iniciam o estudo das filosofias da Índia e buscam conhecimento em vários textos. Por exemplo:

GRAFIA			
INTERNACIONAL	INGLESA	FRANCESA	PORTUGUESA
Śiva	Shiva	Çiva	Xiva ou Çiva

A relação a seguir nos mostra a chave de transliteração internacional com os caracteres da grafia "transliterada" e sugere a pronúncia destes caracteres, conforme os sons da língua portuguesa:

a – como a de casa

ā – como a de cama

i – como i de abrigo

ī – como i de ali

u – como u de acudir

ū – como u de unha

ṛ – como r de rolinha

ṁ – como m anasalado de bem

ḥ – como o som aspirado e Haa...

k – como c de casa

c – como ch em tcha

ñ – como nh em unha

ś – como xa em xadrez

ṣ – como xa, com a língua tocando o palato da boca

kha, gha, cha, jha, dha, pha, bha – como no portguês, mas com leve aspiração intercalada, tal como no inglês *house*, *horse,* etc.

ALFABETO DEVANĀGARĪ E SUA RESPECTIVA TRANSLITERAÇÃO

A escrita em Devanāgarī utiliza caracteres próprios ilustrados na tabela a seguir, os quais seguem o sistema fonológico, e representa consoantes, vogais e ditongos:

CONSOANTES						VOGAIS		DITONGOS	
क	ख	ग	घ	ङ	ह	अ	आ		
ka	kha	ga	gha	ṅa	ha	a	रु		
च	छ	ज	झ	ञ	य	इ	ई	ए	ऐ
ca	cha	ja	jha	ङa	ya	i	ड	e	ai
ट	ठ	ड	ढ	•	र	उ	ऊ	ओ	औ
ञa	ञha	फa	फha	वa	ra	u	ह	o	au
त	थ	द	ध	न	ल	ऋ	ॠ		
ta	tha	da	dha	na	la	ल	ट		
प	फ	ब	भ	म	व	ऌ			
pa	pha	ba	bha	ma	va	´			

Sibilantes			Fonemas acessórios	
स	ष	श	:	ँ
sa	ढa	ल्a	^	anusvara

ह्रीं

Mantra da Deusa Tārā

ह्रीं तारे तुत्तरे तुरे स्वहा

Hrīm̐ Tare Tuttare Ture
Svāhā

PREFÁCIO

Osvaldo Luiz Marmo vem de uma família voltada à espiritualidade que, com certeza, é fruto de uma herança que nós, os iogues, denominamos os resíduos positivos do karma, que se desdobra em um interesse inato, o qual, desde muito cedo, proporcionou a ele a vivência de todo tipo de religiosidade, levando-o a estudar profundamente as religiões e tradições filosóficas orientais, entre elas o Yoga, o Vedanta e o Tantra.

Dada sua maneira de pensar e sentir a religiosidade, eu pude refletir e ter uma visão mais clara da minha própria religião de origem, a Ortodoxia Russa.

Com sua lucidez e inteligência, ele soube receber e lapidar essa herança favorável com humildade, usando sua intuição inata com critério, senso crítico, bom senso e generosidade. Ele se autorrealizou como professor e proporcionou o mesmo a todos os seus alunos de Cultura Védica, Vedanta, Samkhya, Bhagavad Gita e Tantra, pondo em reflexão durante suas aulas aspectos da Existência que questionam a Doutrina do Carma (em sânscrito: Karma), a roda do Samsara que mostra como devemos trabalhar a vida para atingirmos a liberação que nos escraviza e faz sofrer, sempre incentivando os alunos a fazerem uma reflexão sobre a natureza das samskaras com objetivo de se libertarem dos dogmas, tabus e outras crenças que impedem nossa emancipação espiritual, motivando os alunos a procurarem respostas às principais indagações sobre a vida, a morte e a reencarnação.

No mestre aqui relatado, o leitor poderá reconhecer alguém que é o "herói de si mesmo", uma pessoa comum que enfrentou seus desafios, algumas vezes de maneira fácil e inesperada, e muitas outras vezes não tão facilmente assim, incitado por sua natureza de pesquisador inato e conduzido por circunstâncias diversas.

Assim, Marmo entrou no caminho do Yoga pela porta da filosofia e logo percebeu a necessidade de estudar Sânscrito para melhorar sua compreensão na leitura dos textos, em que esse difícil idioma compartilhava o assunto com uma tradução em língua ocidental. O fruto dessa dedicação deu origem a seu primeiro livro sobre a tradição do Vedanta, cujo título *Vedanta – A Magia de Descobrir* mostra sua percepção mágica da doutrina da Ilusão, que é a essência dessa Tradição. Depois, iniciou-se no Tantra pelo estudo da tradição, e o resultado é o livro que agora é reeditado: *Kaula Tantra – A Arte do Ritual e da Magia*. Sempre procurando respostas para os maiores mistérios da existência e do Cosmo, ele fez bacharelado em Física e foi acumulando saberes que deram origem a outros livros e ensaios que tem escrito ao longo da vida. Portanto, o que ele fala e escreve é um transbordamento abundante a partir de suas ricas e significativas experiências pessoais.

Atuando como um importante colaborador na I.Y.T.A. (International Yoga Teacher's Association no Brasil), manteve-se presente ao longo dos anos ao lado de nossa saudosa mestra, a profa. Maria Helena de Bastos Freire, que, tal como ele, foi uma das heroínas que chegou à autorrealização pela ciência e a arte do Yoga. Percebe-se, portanto, que ele não fala ou escreve apenas sobre o que aprendeu com as escrituras, ouviu ou inferiu, mas, sim, do que vivenciou e da sua intimidade com esses ensinamentos. OM Ioga!

Anna Ivanov

Presidente I.Y.T.A.

Representante da Kripa Foundation Iyengar Yoga

MAITHUNA

ह्रीं

PRÓLOGO

A sociedade contemporânea está passando por momentos trágicos em razão de questões climáticas ligadas à geologia do meio ambiente e à degradação humanística. Em decorrência disso, as pessoas somatizam conflitos psíquicos e adoecem precocemente com uma série de enfermidades neurodegenerativas que causam demências, problemas imunológicos, câncer e outras doenças psiquiátricas que afetam seu comportamento. As causas desses problemas não são novas, existem desde sempre; mas, com o estresse da vida cotidiana, elas estão se intensificando.

Nos últimos cinco séculos, a tecnologia evoluiu muito rápido, mas a cultura clássica entrou em queda livre, e essa incompatibilidade influencia negativamente o modo como as pessoas vivem. As religiões, que deveriam dar suporte espiritual para a manutenção do equilíbrio e da harmonia interior, falham ao pregar um *modus operandi* centrado em teologias inverossímeis, onde o temor a Deus substitui o amor de Deus, incitando os devotos a guerras religiosas e desordem política, além de gerar traumas psíquicos por conta de dogmas e crenças que apequenam as pessoas; por exemplo, a comiseração, a pecaminosidade, a pregação do sofrimento como uma necessidade para a salvação espiritual, entre outras peculiaridades maléficas que destroem o equilíbrio interior ao criminalizar a naturalidade de uma vida delineada pelo Absoluto.

Assim, em dado momento histórico, ocorre uma ruptura contra todo tipo de imposições e proibições religiosas que abre o caminho para o surgimento de um despertar espiritual sem a necessidade de renúncia a uma vida natural, harmônica e alegre, em que não existe noção de pecado e sentimento de culpa, os quais são os gatilhos causadores das desarmonias psíquicas e das doenças que deles decorrem. Com essa reforma religiosa nasce o Tantra, do qual o Kaula é uma das suas mais belas flores.

Ao me propor a escrever esta obra, inicialmente como um livro didático, para os alunos dos cursos de Tantra que ministrei durante dez anos em três escolas de formação de professores de Yoga, ousei ir além das necessidades dos cursos, e então nasceu o *Kaula Tantra – a Arte do Ritual e da Magia*.

O Tantra foi delineado como um caminho para o desenvolvimento das potencialidades da natureza humana há mais de 2 mil anos, mas a percepção da sexualidade como um poder divino se perde na pré-história do Homem e era celebrada para o preparo das plantações.

Como tradição, embora existam muitos Tantras em vários locais do subcontinente indiano, todos eles têm uma essência em comum que é a percepção de que o Absoluto ao manifestar o Cosmo, e nele a Vida, usou o seu poder de ação, e o outorgou a todos os seres vivos para que eles se multiplicassem e dessem continuidade à espécie. Esse poder é o Poder Sexual que os tântricos celebram durante os rituais.

Assim dito, percebemos que o Tantra é um caminho espiritual complexo, que, para ser compreendido, pede um saber profundo de seus processos alquímicos e metafísicos, sem o que a apreciação dos seus rituais secretos irá se confundir com a milenar arte do sexo prazeroso, descritos nos Kāmāśastra,[1] que nada têm a ver com o Tantra. O assunto é vasto e rico, portanto, qualquer tentativa de apresentá-lo de maneira sucinta se torna um importante desafio, pois a exclusão

1. Literalmente: Escrituras voltadas para o prazer sexual, como o *Kāmā Sūtra*, de Vatsayana, e o *Anaṅga Raṅga*, de Kalyana Malla.

de um tema ou o tratamento superficial na abordagem de outro pode comprometer o entendimento da tradição como um todo. Por isso, busquei um equilíbrio entre seus principais aspectos, de forma a proporcionar ao leitor não somente uma visão do tantrismo tal como foi praticado no passado, mas também uma proposta para o presente, que, fugindo da vulgaridade, possa ser aceita por todos os que não temem rever seus conceitos, tabus, medos, crenças e a visão de pecaminosidade sexual que as religiões implantaram na sociedade.

Venho estudando as tradições Kaula e Trika, em conformidade com a exposição do sábio Abhinavagupta, como um complemento aos ensinamentos do Vedānta Advaita, minha tradição de origem, tal como foi exposta por Śrī Śaṅkarācarya e, de certa forma, procuro nas diferenças e semelhanças uma síntese, pois, em minha opinião, essas duas tradições se complementam.

Conhecendo a cultura dos Vedas e sabendo como seus seguidores enxergam sua ortodoxia, com referência ao celibato, entendo que, para alguns, pode parecer uma heresia qualquer tentativa de síntese entre o Vedānta e o Tantra, em virtude do aparente ascetismo do primeiro e a liberalidade do segundo. Entretanto, essa contraposição não é verdadeira, porque os ensinamentos das duas tradições não se excluem quando vistos com profundidade, e compreendidos em seus significados por detrás das diferenças da linguagem e das interpretações cheias de preconceitos de origem sociocultural e religiosa.

Tanto o Kaula Tantra como o Vedanta são tradições não dualistas, ou seja, a quintessência do Homem; a Consciência é a imagem do Absoluto que a emanou de Si. Logo, o Absoluto é a nossa essência e vive em nós.

"Eles não são dois", dizem as escrituras.

Por isso, as duas tradições não se contradizem e, embora não haja no Vedānta rituais sexuais na acepção da palavra, esta tradição não prega a abstinência sexual, como muitas vezes é entendido, mas se preocupa com o comedimento, o autocontrole e o desprendimento do resultado das ações, conforme o Karma Yoga:

> "Aquele que age sem ser impelido pelo desejo e cujas obras são consumidas pelo fogo do conhecimento é considerado um sábio".[2]

Esta também é a postura do Tantra, no qual as paixões dão lugar ao amor pleno e incondicional, de maneira que cada um busque a deusa interior do outro para compartilhar o amor pleno, sem nenhuma intenção outra além de amar. Assim, o Tantra nos ensina que a vivência plena do amor durante o ritual é uma experiência que remete ao sagrado.

Portanto, ao estudarmos as tradições da Índia, devemos sempre procurar ter a visão do Dharma por detrás das letras e acima das interpretações influenciadas pelos preconceitos, crendices e condicionamentos sociais e culturais. Essa deve ser a postura pessoal de quem segue tanto Vedānta quanto o Tantra.

Este livro foi dividido em quatro partes; na primeira, apresento uma descrição histórica das origens do tantrismo, que considero importante para todos os interessados em conhecer sua raiz, porque a história nos mostra como a visão tântrica foi se desenvolvendo no seio das tradições da Índia e assumindo uma postura própria até se tornar uma das mais bem elaboradas exposições teológicas e metafísicas em meio às outras religiões.

Na segunda parte, coloco em reflexão sua cosmogonia para que possamos ter uma visão dos vários conceitos envolvidos em sua dialética, bem como alguns aspectos relacionados com a manifestação cósmica, quando vista como uma revelação do poder absoluto da Ādi-Mahā-Śakti, o poder imanente do Absoluto que manifestou o Cosmo e a vida.

Na terceira parte, procurei correlacionar esses aspectos com a ritualística tântrica, na busca da compreensão dos caminhos que unem o indivíduo com o Todo pela arte da vivência plena do ritual e da magia.

---

2. *Bhagavad Gītā,* verso 3, capítulo 4.

Na quarta e última parte, apresento e comento os principais rituais secretos, tais como eram praticados em conformidade com as escrituras tântricas da tradição Kaula. Ao descrever os rituais e seus elementos, busquei a compreensão da magia por detrás das formas, o que me permitiu uma simplificação, com a eliminação de detalhes litúrgicos, muitas vezes repetitivos e desnecessários, os quais, na minha opinião, podem ser omitidos sem comprometer a beleza, a essência e o propósito do ritual tântrico.

Como uma tradição nascida da revelação, a exposição de seus conceitos não é simples, porque pede uma reflexão sobre os fundamentos da Natureza, da Existência e da Realidade que não são fatos óbvios e de fácil compreensão, porque a nossa mente condicionada vive imersa em construtos mentais oriundos da apreensão sensorial e cognitiva, ou seja, vivemos imersos na Ilusão – Māyā. Por outro lado, ainda temos o aspecto relacionado aos limites impostos pela linguagem, que muitas vezes nos leva a uma situação de inefabilidade de difícil contorno ao procurarmos refletir sobre alguns dos mistérios insondáveis da Existência.

Como mensagem final aos leitores, recomendo o exercício da paciência na leitura do livro, pois, como proposta pedagógica, o desenvolvimento dos assuntos mais complexos foi colocado de maneira gradativa e, algumas vezes, repetitiva, em diferentes contextos e profundidades, a fim de proporcionar melhor compreensão do universo tântrico. Por isso, é possível que o amigo leitor ache algumas partes do texto um pouco enfadonhas, tais como a origem histórica do tantrismo e de suas escrituras, e até mesmo sua cosmogonia, as quais expõem a origem do Cosmo como uma emanação, ou emissão, da natureza consciencial do Absoluto. Entretanto, é esse conhecimento aparentemente monótono que nos permite conhecer a verdadeira experiência tântrica, que, de fato, é a junção de dois Seres de polaridades distintas, o masculino e o feminino, que ao se unirem pelo amor podem se elevar à iluminação pela vivência da alquimia sagrada.

O Tantra é isso tudo, e por isso ele nos estimula a conhecer, ousar e descobrir um novo horizonte, fazendo-nos sentir participantes de uma das maiores aventuras do ser humano, a descoberta dos caminhos da vida, do verdadeiro Eu-Sou e a busca cosmogônica de nossa origem, um caminho de autorrealização e amor.

Marmo, O. L.
Tārānanda

O QUE É TANTRA?

Em sânscrito, a palavra Tantra contém vários significados, podendo denotar urdidura ou trama de um tecido, parte principal ou primeira de uma tradição, sistema, ordem (vidhi), regulação (niyama), escritura ou tratado (śastra), doutrina, regra, teoria, tratado científico. Em princípio, qualquer tratado secular pode ser denominado um Tantra, embora nem sempre sejam tântricos na acepção da Tradição. Sob o aspecto etimológico e de acordo com a tradição espiritual da Índia, o termo tantra[3] é tradicionalmente derivado da raiz verbal sânscrita √tan, com adição do sufixo de instrumentalidade "tra", significando "aquilo que estende, expande ou engrandece". Outra derivação foi dada pelos sábios Vācaspati Miśra, Ānadagiri e Govindānanda, os quais consideraram a raiz verbal √Tatri ou Tantri, com o sentido de origem do conhecimento. Portanto, Tantra é aquilo que expande ou engrandece o conhecimento pela vivência do espiritual e pela maestria na arte do ritual e da magia.

Na Índia, se diz que o ritual é a arte da religião, portanto o Tantra é a vivência da religião como arte nas atividades plenas da vida. Como tal, seus adeptos o consideram o caminho mais adequado aos homens da era de Kālī, onde os instintos acumulados no corpo físico ao longo de milhares de anos de evolução biológica se constituem em um fator determinante da personalidade e do comportamento que não podem ser ignorados. Por outro lado, o que caracteriza o Tantra, e o diferencia da visão associada à maioria das tradições de origem védica, é sua indulgência e abertura a

3. Ver √Tan: *Diccionario Monier Williams*, p. 435.

todas as pessoas, independentemente de casta, sem a exigência de ascetismo ou espírito de renúncia, procurando sempre conciliar o objetivo de autorrealização, liberação (mokṣa) e união (yoga) com a experiência da vivência prazerosa da vida comum (bhoga). Este caminho espiritual é denominado Tantra Sādhana, que significa uma senda de esforço e autocontrole no desenvolvimento das potencialidades espirituais e humanísticas do Ser.

A configuração dos rituais tântricos nos fornece uma conexão que interliga o homem, o Universo e a hierarquia divina. Esta conexão constitui um complexo sistema de símbolos que estabelece uma identidade entre o indivíduo e o Todo. Pois, visto de maneira integral, tudo no Cosmo é constituído por uma complexa massa de vibrações elementares, denominadas Vṛtti-spandana (movimento vibratório), e descrito pela ciência da Física Quântica como sendo a quintessência do vácuo quântico de onde emergem e se dissolvem as partículas elementares percebidas como matéria.

Com referência à palavra tantra – dentro do contexto da tradição –, lembramos que ela deveria sempre ser entendida no plural, em razão da multiplicidade de ramos, sistemas, linhas e seitas cujos rituais são caracterizados como tântricos. Portanto, os Tantras se constituem num conjunto de tradições distintas e unidas por um corpo de conhecimento e contextos ritualísticos mágicos comuns, como referido nos parágrafos anteriores.

PARVATI

PARTE 1

AS ORIGENS DO TANTRA

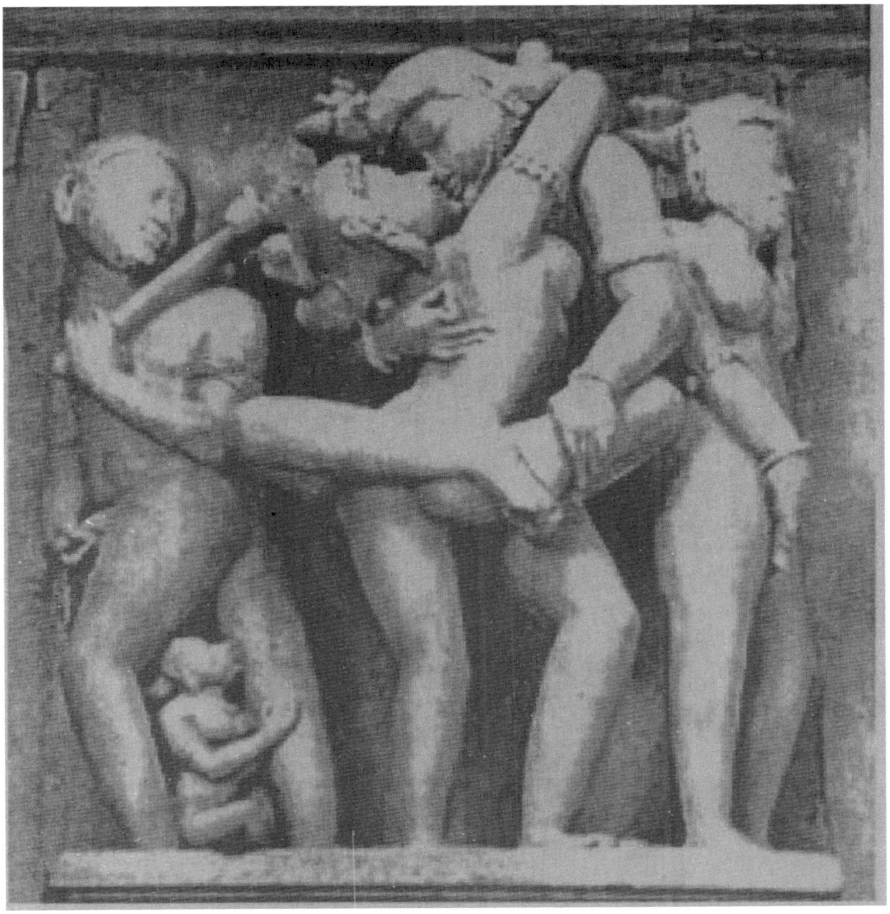

Templo Vishvanatha, em Khajuraho. Esses templos são considerados patrimônios mundiais pela UNESCO (Organização das Nações Unidas para a Educação, a Ciência e a Cultura) e foram construídos pelos Chandelas entre os anos 900 e 1000 d.C. Embora essa civilização praticasse o tantrismo, mostrando nesses templos a pureza do erotismo na espiritualidade, as imagens não são tântricas no sentido dos rituais, mas uma visão livre da sexualidade na orientação dos textos denominados Kama Shastra, entre os quais encontramos o Kama Sutra e o Ananda Marga.

CAPÍTULO 1

INTRODUÇÃO

Ó Deusa, tu que és a Luz mais oculta e salvadora, ilumina minha mente para que eu me conduza à perfeição.

O espírito tântrico, com suas imagens, mitos e ritos, sempre esteve de alguma forma contido no universo das tradições da Índia, mesmo entre aquelas consideradas mais ortodoxas e apegadas ao modo de ser védico, com normas rígidas e ascéticas, pois praticamente todas essas tradições tinham algum tipo de ritual voltado à prática da alquimia e do yoga, como uma forma de desenvolvimento do poder pessoal e do acesso ao mundo mágico dos deuses e deusas.

Portanto, se quisermos procurar as origens históricas do Tantra, devemos buscá-las no período pré-védico, entre os povos de fala dravidiana, onde as formas de culto eram menos intelectualizadas e muito mais ligadas à natureza e à fertilidade. Infelizmente, são poucos os registros históricos desse período, o que torna a pesquisa incerta, salvo nos casos em que se têm evidências concretas em virtude de achados arqueológicos e fragmentos de textos antigos.

No desenvolvimento do Tantra, podemos identificar três fases distintas: a primeira, baseada no conhecimento oral; a segunda, fundamentada nas escrituras tântricas; e a terceira, nos comentários efetuados pelos discípulos dos autores. As primeiras escrituras tântricas de origem não budista somente foram escritas entre os séculos V e IX d.C. Por outro lado, algumas vezes a ausência da autoria, ou a autoria presumida, é uma característica cultural da Índia antiga, onde o que foi dito é mais relevante do quem disse ou escreveu. Assim, algumas autorias foram atribuídas a alguns mestres como uma gratidão dos verdadeiros autores que foram seus discípulos. Um exemplo é a literatura atribuída ao sábio Vyāsa,[4] que pela extensão da obra é improvável que ele a tenha escrito durante a sua vida, e então concluímos que os verdadeiros autores foram seus discípulos, que usaram o nome do mestre como um pseudônimo para homenageá-lo.

Alguns historiadores atribuem a origem do Tantra ao sábio semimítico Dattātreya, cujo período de vida é impreciso, embora se acredite que ele tenha vivido em uma época anterior a Śaṅkara; portanto, nos primeiros séculos da era moderna. Conforme evidências históricas pouco confiáveis, Dattātreya teria sido um iogue de tendência bhakta, e se sugere que ele possa ter sido o mestre do sábio Patañjali, codificador do Yoga, cujo período de vida é estimado entre os anos 200 a.C. e 200 d.C., que é a data aceita como provável da composição do texto a ele atribuído, o Yoga-Sūtra.

4. Śrī Kṛṣṇa Dvaipāyana Vyāsa, autor do Mahābhārata, dos Purāṇas, do Brahma-sūtra, e de tantos textos e escrituras.

Outros atribuem a origem do Tantra ao próprio Senhor Śiva como Ādi-nātha, o primeiro mestre e praticante do tantrismo. Entretanto, atribuir a Śiva a origem do Tantra é uma forma de considerar essa tradição como uma revelação transmitida por Ele aos seres humanos por meio da vidência dos Ṛṣī, que eram considerados homens santos.

Esta visão da origem revelatória do Tantra é corroborada com a afirmação de que um sábio de nome Matsyendranātha teria sido um dos primeiros a expor os ensinamentos tântricos, após recebê-los de Śiva. Entretanto, Matsyendranātha também é uma personalidade semimítica, em que fatos e descrições lendárias se mesclam, gerando uma biografia a qual deve ser considerada com algumas ressalvas.

Segundo considerações históricas, Matsyendranātha teria sido mestre de Gorakṣanātha e fundador da tradição Yoginī-Kaula(950 d.C.). Portanto, ambos têm importância no contexto histórico do tantrismo, principalmente porque eles eram membros da tradição dos Siddhas, ou seres perfeitos, aos quais também é atribuída a tradição dos Nāthas, que mais tarde teria uma influência significativa na história do Tantra, durante o declínio do Budismo no fim da era Gupta.

Pessoalmente, eu acredito que o Tantra não foi uma tradição fundada ou codificada por um mestre em determinado período histórico, tal como é o caso do Budismo, do Yoga e do Sāṁkhya. O Tantra, ou melhor dizendo os Tantras, surgiram espontaneamente no seio das tradições e religiões da Índia, influenciando-as e sendo por elas influenciado, até que, ao adquirir identidade própria, originaram vários grupos, ou linhas, cada uma com seus próprios rituais e disciplinas espirituais que são denominadas sādhanas, palavra sânscrita que significa "caminho de esforço".

Assim, nesse cenário místico e religioso, surgiram grupos independentes que emergiram de maneira espontânea durante os séculos vindouros, nos quais o processo de miscigenação dos povos, e a amalgamação das diferentes culturas e escrituras, foi se consolidando.

Os primeiros movimentos que podemos caracterizar como tântricos somente se tornaram visíveis por volta dos séculos III-II a.C., mas foi apenas com o surgimento das suas primeiras escrituras, entre os séculos V-IX d.C., que esses grupos podem ser considerados tradições emergentes, com linha ritualística tântrica.

Como veremos no capítulo 3, foi nos três últimos séculos que antecederam a época moderna que um movimento, entre monges budistas descontentes com as regras monásticas impostas pelos seguidores do Buddha, deu início a uma dissidência com características tântricas. Esse movimento evoluiu nos séculos seguintes, interagindo com vários grupos de orientação tântrica não budista, que já existiam dentro das diversas tradições do hinduísmo, dando origem à massa crítica que posteriormente viria se consolidar como o Tantra.

É esse cenário complexo, que faz da Índia a pátria de muitas religiões, tradições filosóficas e caminhos espirituais; que são voltados para o autoconhecimento e o desenvolvimento das potencialidades do indivíduo, com objetivo de libertá-lo dos instintos evolucionários, e demais conteúdos mentais, para conduzi-lo à iluminação.

Entretanto, a evolução do tantrismo incorporou um forte espírito de indulgência, que não existia no passado, para se opor ao ascetismo dos Vedas e do Budismo tradicional, na procura da conciliação dos objetivos da fé com um modo de vida prazeroso (bhoga).

A meu ver, essa união representa um passo respeitável na compreensão religiosa, pois a liberdade e a ausência de dogmas preconceituosos são fatores importantes para o equilíbrio psicoespiritual dos devotos que trilham qualquer caminho espiritual.

CAPÍTULO 2

AS TRADIÇÕES DA ÍNDIA ANTIGA

A designação genérica que os nativos da Índia dão à sua religiosidade é Sanatana Dharma, palavra sânscrita que significa Religião Eterna. A palavra hinduísmo é um anglicismo que surgiu por volta de 1830, cuja origem não é bem conhecida, embora sejam aceitas pelo menos duas versões epistemológicas plausíveis:

> A primeira diz que a palavra hinduísmo seria uma referência às terras entre a cordilheira do Himalaia e o Cabo Bindu Sarovara, atual Cabo Camorim. Assim, a palavra hinduísmo seria formada pelas sílabas *hi (Himalaia)* + *ṅdu (*Biṅdu*),* a qual posteriormente foi transformada para Hindusthan. Portanto, a religião dos habitantes

do subcontinente indiano passou a ser designada hinduísmo. A segunda diz que o termo seria derivado da palavra sindhu, designação persa para o Rio Indo, que, por modificação vocálica, passou a ser pronunciada hindu, e a religião dos povos ribeirinhos a ser designada hinduísmo.

Entretanto, a palavra hinduísmo não define uma religião única, sendo somente uma designação de cobertura para um conjunto de religiões, que cultuam diferentes faces do Absoluto, com diferentes formas ritualísticas e diferentes percepções do Dharma – a Lei Eterna.

Entre as diversas tradições, seitas e religiões que se abrigam sob a designação de Hinduísmo, podemos ensaiar uma classificação populacional com base no agrupamento das diferentes fés em conformidade com a divindade cultuada ou deidade principal. Assim, temos:

1. As tradições denominadas Vaiṣṇavas, que são seguidas por 70% da população e constituídas por religiões, cultos e seitas que reverenciam o Absoluto sob o aspecto do Deus Viṣṇu, principalmente em suas manifestações como os avatāres, Kṛṣṇa, Rāmā, etc.
2. As tradições denominadas Śaivas, que são seguidas por 25% da população e constituídas por religiões, cultos e seitas que reverenciam o Absoluto sob o aspecto do Deus Śiva.
3. As tradições denominadas Śaktas, que são seguidas por 2% da população e constituídas por religiões, cultos e seitas que reverenciam a visão feminina do Absoluto, em suas múltiplas manifestações em que a Deusa Śakti é reverenciada.
4. As tradições tântricas correspondem a 1% da população e constituem um conjunto de cultos localizados na intersecção das tradições dos śaivas e dos śaktas, embora também existam tradições tântricas de origem Vaiṣṇava focadas no culto ao feminino.

5. Os 2% das tradições restantes são formadas por grupos minoritários, entre os quais alguns nem são considerados "hindus" na acepção da palavra, como é o caso do Budismo, Sikhismo e do Jainismo.

TRADIÇÕES VAIṢṆAVAS

As tradições Vaiṣṇavas se constituem no conjunto que aglutina o maior número de correntes religiosas subdivididas em três classes: a doutrina dos Bhāgavatas, o sistema Pañcarātra[5] e os cultos relacionados com a história de Gopāla, que culminou com o movimento Rādhā-Kṛṣṇa. Entre essas três classes, a dos Pañcarātra é a mais importante por ser a base da fé, das crenças e das práticas dos Vaiṣṇavas. Entretanto, foi no seio do movimento Rādhā-Kṛṣṇa, entre os séculos VII-IX d.C., que posteriormente surgiria uma das mais importantes linhas tântricas do período purânico, a tradição Sahajiyā.

A origem do movimento Rādhā-Kṛṣṇa está contida na saga de Kṛṣṇa e sua relação com as pastoras denominadas gopīs, entre as quais, em um momento histórico impreciso, surge Rādhā, uma de suas principais companheiras e, posteriormente, considerada sua parte feminina no culto Rādhā-Kṛṣṇa,[6] que foi imortalizado pelo poeta Jayadeva de Bengala, no poema Gītā-Govinda.

O culto Rādhā-Kṛṣṇa desenvolveu-se de maneira importante no Sul da Índia, principalmente na região Tamil, onde havia a escola filosófica dos ācāryas, cujo principal filósofo foi um sábio denominado Nāthamuni, que viveu entre os séculos X e XI d.C. Esse mestre, que também foi um teólogo, popularizou o culto vaiṣṇava entre a população, adaptando e introduzindo canções que contavam

5. Antiga designação do movimento vaiṣṇava, literalmente: cinco noites, cinco veículos ou caminhos, também significando cinco antigas seitas da região de Mathura, relacionadas ao culto de **Kṛṣṇa**.
6. *The Cultural Heritage of India*, vol. 4, p. 53.

a vida dos homens santos conhecidos como āḷvārs. Essas canções eram acompanhadas por conjuntos musicais devocionais de características dravidianas e eram cantadas e declamadas nas aldeias, nos monastérios e nos templos.

O trabalho espiritual e filosófico de Nāthamuni foi continuado por seu neto, Yāmunācārya, e mais tarde por Rāmānuja, o mais importante expositor da filosofia Vedānta em sua forma dualista ( ), que é uma visão mais pragmática da Existência e da Realidade que aquela ensinada por Śaṅkarācārya, o Vedānta Advaita, ou não dualista, a mais importante fonte de inspiração e reflexão para o desenvolvimento posterior das tradições tântricas dentro da linha não dualista.

TRADIÇÕES ŚAIVAS

As tradições Śaivas, ou śivaistas, perdem-se na proto-história da Índia, mas seu florescer mostra duas linhas de desenvolvimento; uma de origem pré-védica e, posteriormente, outra de origem védica, ambas associadas com a cultura dos povos autóctones da Índia, principalmente entre os de fala dravidiana.

Diferentemente do culto social e urbano das tradições vaiṣṇavas, os śaivas mostravam acentuada tendência aos aspectos da vida ascética, habitando retiros nos campos e montanhas e praticando ritos de alquimias típica dos iogues da época, com rituais voltados para manifestação dos poderes (siddhis) e realização de milagres. As referências a estas práticas ascéticas são mencionadas no texto Śiva-bhāgavata, onde há relatos de iogues nus, portando tridentes e pregando cultos śaivas em suas caminhadas pelas aldeias, fazendo exorcismos, curas e exibindo os seus poderes. Dessa forma, o movimento śaiva espalhou-se rapidamente por toda a Índia, cruzando suas fronteiras, para ser a principal forma de religião na distante Angkor Vat, no atual Camboja, entre os séculos IX e XIV d.C., onde um conglomerado urbano de dimensões gigantescas para a época formava o maior centro Hindu fora da Índia. A título de comparação, e para termos uma ideia da grandiosidade de Angkor Vat sob a égide hindu, basta compararmos seus 1 milhão de habitantes com os não mais de 60 mil da cidade de Paris na época.

O crescimento do movimento śaiva durante o período Gupta é atestado em um pilar na cidade de Mathura com inscrições de Candraguta II, que registra a presença de Uditācārya, o qual faz menção a seus gurus, Lakulīśa e Kuśika, ambos ligados ao culto Lakulīśa-Pāśupata, uma tradição considerada como raiz do śaivismo.

O movimento śaiva desempenhou um importante papel no sul da Índia durante o reinado dos Pallavas, em razão de sua constante oposição ao Budismo e ao Jainismo. Por outro lado, os reis da dinastia dos Coḷas também eram śaivas e, dando continuidade ao trabalho iniciado durante o período purânico, construíram templos, monastérios (*maṭhas*) e escolas voltados ao ensinamento dessa tradição na região.

Assim, rapidamente o śaivismo diversificou-se, e várias classificações foram sugeridas para as diversas tradições śaivas que foram emergindo. A proposta por Jash,[7] fundamentada nos diferentes grupos de escrituras que suportam cada tradição, nos dá uma interessante visão desse complexo conjunto:

Tradições Purāṇicas:

Siddhānta: Essa tradição não deve ser confundida com a Śaiva Siddhānta, que é de orientação dvaita (dualista) e se desenvolveu na região da Caxemira ao norte da Índia.

Śaivāgamas: Essa tradição deu origem a três conjuntos de tradições: o primeiro, denominado Śaivismo Tâmil, que se desenvolveu no sul da Índia entre os séculos XI-XIII, comportando as tradições: Śaiva Siddhānta, Siddhas e Nāthas Sidhas. O segundo contém

7. Jash Pranabananda, *History of Śaivism*. Referido em: *The Triadic Heart of Śiva*, p. 27.

a tradição dos Liṅgāyats ou Vīraśaivas, iniciada pelo sábio Basava, provavelmente no século XII. O terceiro conjunto é atualmente conhecido pela designação genérica de Śaivismo da Caxemira, o qual contém principalmente as tradições Kaula, Trika e Krama.

Tradições Paśupatas:

Lakulīśa ou Nakulīśa, autor do texto Paśupata-sūtra, cuja tradição foi marcada por um intenso ascetismo imposto aos seus praticantes, como uma forma de se alcançar o objetivo supremo da autorrealização, pela identificação entre o devoto e Śiva (Rudrasāyujiya). Nesse grupo também podem ser incluídas duas outras tradições: a dos Kāpālikas e a dos Kālāmukhas. Outra importante tradição ligada ao Śaivismo, e tão antiga quanto a tradição dos Paśupātas, é a dos Nātha-siddhas, cuja origem é atribuída ao mítico sábio Gorakṣanātha, que também é considerado um dos patronos do *Haṭha* Yoga. Gorakṣanātha, como já mencionado, foi discípulo de Matsyendranātha, e, tal como este último, sua biografia também mescla fatos históricos e míticos, tornando difícil precisar dados concretos sobre sua vida e realizações.[8] Em verdade, os ensinamentos deixados tanto por ele quanto por seu mestre estão contidos em obras escritas por seus seguidores, porque não há nenhum texto com alguma certeza histórica que possa ser atribuído a eles.

TRADIÇÕES ŚAKTAS

As Tradições Śaktas fazem parte dos primeiros séculos d.C. e, em seus primórdios, o culto envolvia ritos de magia que eram efetuados com sacrifício de animais, havendo relatos de eventuais sacrifícios de seres humanos.[9] Mas, com o tempo, esses ritos foram sendo

8. *The Triadic Heart of Śiva*, p. 56.
9. *The Cultural Heritage of India*, vol. 4, p. 52.

abandonados e atualmente são poucos os grupos Śaktas que ainda praticam o sacrifício de animais. Entretanto, a característica mais marcante da tradição Śakta é o ritual que a caracteriza como uma das raízes do tantrismo, o Cakra-pūjā, um ritual coletivo no qual homens e mulheres se sentam em círculo, cantam mantras místicos e usam como sacramento ritualístico a ingestão de vinho e carne, bem como praticam o maithuna – o rito sexual de cópula, como uma forma de celebração da união entre Śiva e Śakti.

Muitos grupos de Śaktas surgiram nos primeiros cinco séculos d.C., e entre esses são identificados os Kādi-māta, Hādi-māta, Kahādi-māta, Kālī-māta, Kaula-māta, Kādi-vidya, Hādi-vidyā, etc. Esses grupos estavam inicialmente concentrados nas regiões de Bengala, Assam e Orissa, de onde migraram para o resto do subcontinente e países vizinhos.

Alguns autores descrevem o culto Śakta com muito preconceito, esquecendo-se de que práticas ritualísticas que envolvem sacrifícios e prática sexual sempre fizeram parte do desenvolvimento da religiosidade em sua fase anímica e estiveram presentes em todas as culturas de todos os tempos.

CAPÍTULO 3

AS ORIGENS DO TANTRA

A investigação das origens do tantrismo é um processo histórico de difícil rastreamento, em razão da complexa interação entre as diversas tradições que lhe deram origem e da falta de registros confiáveis, como foi explicado na Introdução.

Os primeiros indícios de rituais associados à maternidade, à fertilidade do solo e à agricultura foram encontrados em pesquisas arqueológicas nas antigas civilizações do Vale do Indo, principalmente nas cidades de Harappā e Mohenjo-daro (2500 a.C.).[10] Esses rituais

10. *An Introduction to the Study of India History,* p. 54; *Development of Hindu Iconography*, p. 171; (conforme) *The þakti Cult and TÁrā* (University of Calcutta), p. 143. Outra referência é um selo Harapense – registro número 279, cotado em þakti – *The Mother Goddess* (Dr. Manoshi Bhattacharya), texto da internet.

eram comuns em quase todas as civilizações antigas que percebiam uma profunda identidade entre o crescimento das plantas e o nascimento das crianças. Por causa dessa percepção, eles faziam celebrações com ritos sexuais para promover a fertilidade dos campos, uma prática que até poucos séculos era também comum entre os povos da Europa que praticavam a gnose.

Esses povos perceberam que o sangramento de uma pessoa ferida pode levar à morte se não for estancado; e que, quando uma mulher deixa de menstruar, uma criança nasce. Esta observação estabeleceu uma conexão entre o sangue e o princípio da vida, pois a perda do sangue leva consigo a vida, e pela suspensão da menstruação se inicia o processo em que uma criança vem à luz, nascendo através da vulva, o Yoni. Correlacionando os dois fatos, eles estabeleceram cultos envolvendo o sacrifício de animais, cujo sangue era usado como uma oferenda aos deuses e deusas, mas também cultos à vulva, que para eles era um portal mágico capaz de trazer uma vida do misterioso mundo dos deuses para o mundo dos humanos.

Com certeza, foi a associação entre a parada do sangramento durante o período gestacional e o mistério do nascimento pela vulva que originou o culto da vulva como um portal da vida no ritual denominado Yoni Pūjā, descrito na quarta parte deste livro.

A partir desse ponto, a mulher passa a ser percebida como uma encarnação da deusa Mãe, e sua vagina é cultuada como um cálice sagrado, o portal da vida. Dessa época em diante, os cultos tântricos evoluíram a partir dos movimentos devocionais associados ao culto das deusas, que cada vez mais incorporou rituais de celebração da sexualidade.

A origem dos cultos devocionais é muito antiga, e no tempo dos Vedas (XVIII a.C.) as deusas foram cultuadas sob as imagens de Uṣa, Aranyanī, Gāyatrī e Durgā. Mais tarde, já no período das upaniṣadas, as principais deusas reverenciadas eram Umā, Narasimhī e Tripurā, que com o tempo foram sendo substituídas por Mahākālī, Tripurāśundarī e Rājarajeśvarī, em uma linha devocional ininterrupta para a consolidação do aspecto matriarcal da fé popular. Atualmente, é difícil encontrar um lar hindu em que não haja uma forma de culto voltado ao aspecto feminino do divino, principalmente nas imagens das deusas Kālī, Lakṣmī, Sarasvatī e Durgā.

Alguns princípios tântricos já estavam presentes nas práticas dos budistas na época do Buddha, que reconhecia os poderes sobrenaturais (ṛddhi) associados a essas práticas, bem como o método em quatro etapas para alcançá-los, que ele denominou Iddhipāda.

Embora seja pouco conhecido, o próprio Buddha praticava uma forma de Yoga denominada Āsphānaka Yoga, que tinha por objetivo a expansão das estruturas psíquicas e a obtenção de poderes. Essas práticas ritualísticas eliminavam as travas mentais e permitiam a manifestação do poder da Consciência (Citi), o que ao lado da complacência budista que permitia o acesso a todas as pessoas, independentemente de casta, favoreceu e impulsionou o crescimento do Budismo.

Entretanto, com o tempo o Budismo foi tornando-se uma ordem mais rígida, porque o Buddha tinha uma forte crença na necessidade da aplicação de regras morais e éticas a todos os monges, principalmente para aqueles que viviam nos monastérios em regime de celibato. Entre as regras impostas havia a proibição da ingestão de certos alimentos e qualquer relação, ou contacto, com o sexo oposto. Mas a maioria dos monges não estava preparada para uma vida regrada por uma disciplina que os afastava da naturalidade. Em consequência disso, muitos começaram a abandonar a Ordem, por terem transgredido os princípios impostos pelo Buddha; enquanto outros permaneceram na Ordem, embora continuassem violando as normas disciplinares em segredo. Assim, logo surgiram conclaves secretos de monges que não aceitavam as proibições e praticavam atos que eram considerados ilegítimos e abomináveis por todos os outros.

Após a morte do Buddha, os monges que não aceitavam a rigidez disciplinar e praticavam as coisas proibidas secretamente cresceram, espalhando-se por todas as províncias e transformando-se em uma organização denominada Guhyasamāja, cujas práticas não eram aceitas pelos ortodoxos e, portanto, eram praticadas em segredo (guhya). Acrescentando-se a essas práticas proibidas o Yoga e o uso dos Mantras, temos os ingredientes iniciais da prática tântrica. Assim, o Tantra se desenvolveu naturalmente entre os budistas dissidentes, porque as condições se tornaram favoráveis.[11]

Contudo, esses dissidentes se sentiam à parte do movimento budista convencional porque a maioria deles pertencia às castas inferiores e, por isso, jamais poderiam reingressar ao sistema bramânico. Assim, a única alternativa para eles era conseguir a legalização de suas práticas dentro do próprio corpo do Budismo. Então, eles redigiram uma escritura para expor sua doutrina, compondo uma nova saṅgīti, ou coleção de versos, que foi denominada Guhyasamāja Tantra. A data em que este manuscrito foi redigido é imprecisa, mas acredita-se que tenha sido durante o período de vida do mestre budista Nāgārjuna, algo entre 150 e 300 d.C., ou seja, quase sete séculos após a morte do Buddha.

Uma das maiores inovações desse texto é a afirmação de que a emancipação da alma e a busca da iluminação independem tanto do sofrimento do corpo quanto da abstinência dos prazeres do mundo. De fato, o texto afirma que a perfeição não pode ser obtida por um processo difícil que imponha sofrimento. Eles declaravam que o caminho virtuoso somente seria acessível pela satisfação de todos os desejos, uma condição necessária para se obter equilíbrio e harmonia durante a sādhana. Outro aspecto importante que foi introduzido pela nova ordem é o conceito de Śakti, o feminino considerado uma manifestação da energia divina criadora. Assim, no primeiro capítulo há uma transfiguração do Buddha em cinco Dhyānī Buddhas, cada uma associada a uma Śakti, e no oitavo capítulo há uma menção em que um discípulo é iniciado por uma mulher durante uma cerimônia denominada jñābhiṣeka, que significa a iniciação ou consagração de um discípulo masculino por uma Prajñā ou Śakti, no corpo de uma mulher.

11. Benoytish Bhattacharyya, *The Cultural Heritage of India*, vol. 4, p. 260.

O rito tem início quando o preceptor toma pela mão uma jovem, que deve ter conhecimentos de Yoga (Yoginī), bem como ser bonita e agradável aos olhos do discípulo que será iniciado. Então, o preceptor, colocando as suas mãos sobre a cabeça do casal, afirma que o próprio Tathāgata (Buddha) está testemunhando o ato e que esse é o único caminho para a iluminação.

A introdução de uma Yoginī em um ritual tântrico budista se torna um importante marco na história do tantrismo. Benoytosh Bhattacaryya afirma que nunca encontrou nenhuma referência anterior ao Guhyasamāja Tantra, que fosse confiável e mencionasse a presença de uma Yoginī em rituais tântricos.[12]

O desenvolvimento do Budismo tântrico está dividido em quatro fases, cada uma apropriada a um tipo de devoto, respectivamente: Caryā Tantra, Kriyā Tantra, Yoga Tantra e Anuttarayoga Tantra. As primeiras duas classes são preparatórias e não fazem uso da presença da yoginī; as duas últimas são consideradas superiores e a yoginī passa a ser um elemento importante do ritual.

As cinco Dhyānī Buddhas, ou seja, Vairocana, Ratnasambhava, Amitābha, Amogasiddhi e Akṣobhya, são as divindades que presidem os cinco elementos[13] que compõem o universo na concepção budista, ou seja, a forma (rūpa), os sentimentos (vedanā), as percepções (saṁjñā), as impressões (saṁskāras) e a consciência do Eu-Sou (vijñāna). Assim, as Dhyānī Buddhas passam a ser consideradas seres eternos que independem de qualquer outra categoria superior para sua manifestação. Ou seja, elas são compreendidas como seres primevos e quintessenciais da manifestação cósmica, cada uma associada a uma Śakti.

Essa reforma da tradição budista com a orientação do Guhyasamāja Tantra liberou a ingestão de carne e vinho em qualquer quantidade, e isso nos parece um exagero que se opõe a um dos importantes princípios do Budismo, e do bom senso, que é o caminho do meio. Nem tanto a "terra, nem tanto ao céu". Por outro

12. Idem, p. 265.
13. Skandhas.

lado, o texto foi ao encontro do anseio popular ao dar direção para vários tipos de práticas mágicas, como a obtenção de sucesso na vida cotidiana, as práticas de cura, a vitória sobre os inimigos, etc. Assim, essa tradição foi aos poucos se consolidando como uma linha ritualística rica em práticas místicas do *Haṭha*-Yoga, além de ritos de magia como: śānti, um rito para acalmar e perdoar pessoas e demônios; vaśīkaraṇa, para dominar inimigos; stambhana, para a paralisação do inimigo; vidveṣaṇa, para a separação de casais; māraṇa, para matar o inimigo; e *uccāṭana*, para a destruição de um ofensor.

Com essa imensa transformação, o Budismo oriundo da tradição Guhyasamāja, então influenciado por tradições tântricas hindus e miscigenado com religião autóctone do Tibet, denominada Bön, originou ao Vajrayāna, que atualmente é denominado Budismo Tibetano. O termo vajra é uma acepção para diamante, relâmpago e vacuidade ou sūṇya, em razão de sua indestrutibilidade, poder e rapidez como um caminho para a iluminação (Buddhabhāva). Posteriormente, o Vajrayāna foi imitado por muitos outros "yānas" que surgiram, como o Sahajayāna, Kalacakrayāna e o Mantrayāna, quase todos com elementos comuns àqueles codificados na escritura Guhyasamāja Tantra. Esses movimentos tântricos externos ao Budismo cresceram nos séculos seguintes, quando o Budismo e o Jainismo entraram em declínio acentuado (séculos V e VII d.C.).[14] O primeiro, em virtude do fim da era dos Guptas, que lhe dava suporte e patrocínio; e o segundo, em razão do excesso de conservadorismo que também não acompanhou o espírito reformista da época.

Assim, esse foi um período fervilhante com surgimento de novos cultos e tradições que foram se consolidando ao logo do tempo. Isso ocorreu pela inclusão do conhecimento oriundo dos planos superiores da espiritualidade que eram assimilados durante ritos em que os monges incorporavam ḍākinīs, e essas poderosas entidades espirituais lhes traziam saberes sobre a realidade nas dimensões sutis do Cosmo. Esses novos conhecimentos derem origem a novas

14. Denominado período purânico, em razão do surgimento das escrituras denominadas Purāṇas.

escrituras, que continham importantes revisões doutrinárias oriundas dessas revelações sobre as coisas da vida e da religião.

Então, dessas dissidências se originaram novos núcleos de praticantes, com diferenças significativas em relação às tradições anteriores e, tal como ocorreu com o Budismo, esses novos agrupamentos tântricos ofereciam uma importante indulgência quanto à aceitação de participação de pessoas de todas as castas e, principalmente, à valorização da mulher no ritual, que deixa de ser somente uma coparticipante para assumir a maestria dentro dos movimentos Śaktas.

Outro fator importante a ser considerado foi a inclusão de rituais tântricos por tradições até então não tântricas, que também foram se transformando e ganhando identidades distintas, como é o caso do próprio *Haṭha Yoga*.

Dentro dessa conjuntura de espírito transformista, o Śaivismo e o Śaktismo também passaram por uma reativação, pela exposição advaita de Śrī Śaṅkarācārya (788-820 d.C.), Rāmānuja (1017-1137 d.C.) e de Vasugupta (800 d.C.), que na região da Caxemira expôs o Śiva-sūtra e a doutrina da tradição Spanda. Então, a Índia vai retomando sua fé autóctone, agora baseada tanto no Vedas quanto nos Āgamas, que também expõem o Tantra.

Esse foi um movimento reformista que provocou importantes reflexões nas tradições Vaiṣṇavas, Śaivas, Śaktas, Jainistas e Budistas sobre a natureza das disciplinas espirituais (sādhana), e a visão que cada tradição tinha dos objetivos e dos meios utilizados para o autoconhecimento e a liberação (mokṣa). O fruto dessa reflexão foi a fusão de vários grupos, cujo rearranjo produziu como desdobramento o nascimento de uma nova ordem religiosa, centrada na visão Śakta e com forte cunho místico e esotérico voltado ao culto do feminino, envolvendo os cultos filiados ao Śaivismo, ao Vaiṣṇavismo e, principalmente, ao próprio Śaktismo. Assim, adeptos dessas religiões, que não participavam do culto centrado nos ritos templários, passaram a participar de pequenos cultos de cunho tântrico, nos quais atuavam com maior relevância.

Essa revisão doutrinária modificou a vivência da religiosidade e introduziu uma nova forma de tantrismo, bem diferente da concepção existente no período anterior, em que predominavam a cultura dos Śaivāgamas, entre os grupos hindus, e a do Guhyasamāja, entre os budistas. Então, um novo tantrismo com rituais e cultos voltados inteiramente a Śakti, pela incorporação de ritos de várias origens, fortaleceu o panteão das deusas que passaram a ser reverenciadas no ritual de celebração do feminino, como uma forma de união entre o devoto e a imanência do Absoluto, que então passou a ser venerado como a Śhrī Mā – ou a face feminina de Deus. Sem dúvida, esse foi um período de importantes transformações entre as tradições que abandonaram um culto de natureza patriarcal e iniciaram a era do culto à feminilidade de natureza matriarcal. Várias linhas e tradições foram envolvidas nesse processo, principalmente as que já tinham algum tipo de culto orientado "à moda tântrica", tais como as escolas da tradição Sahajiyā – tanto de orientação hindu como budista, a escola alquímica de Yoga desenvolvida por Nāgārjuna, a tradição de *Haṭha-Yoga* de Gorakṣanātha,[15] a tradição dos Siddhas, dos Nāthas e Pañcarātras, e as linhas Śaiva dos Kāpālikas, somente para citar as mais importantes.

Embora não existam registros dessa época, menções em algumas escrituras permitem a identificação de muitos grupos tântricos distintos. Esses grupos, divididos em famílias de nomes comuns, como Nāthas, Sahajiyās, Yāmalas, Paśupatas e Siddhas, consolidaram as três maiores tradições tântricas da época: a Tradição dos Sahajiyās, a dos Yāmalas e a dos Kaulas. A primeira tinha forte conotação Vaiṣṇava, a segunda de conotação Śaiva (Bhairava, Rudra) e a terceira de tendência Śakta.

15. Esse personagem é mais mítico que pessoa física, portanto essa atribuição tem mais características de patronato que de iniciação real de uma tradição.

O Deus Vishnu em abraço erótico com sua consorte, a Deusa Parvati. Essa imagem do Templo Vishvanatha, em Khajuraho, nos mostra que a cultura Chandela, como toda cultura tântrica, não tinha tabu com respeito à sexualidade. Suas deusas não eram virgens, e eram retratadas de busto nus e em poses sensuais, o que contrasta com os principais ícones femininos das religiões que tornaram a sexualidade um pecado e a virgindade um atributo de santidade.

CAPÍTULO 4

AS TRADIÇÕES TÂNTRICAS

TRADIÇÃO SAHAJIYĀ

A palavra sahajiyā, do sânscrito sahaja, significa aquilo que é fácil ou natural. A tradição tântrica dos sahajiyās floresceu nos Estados de Bengala, Assam e Orissa, por volta dos séculos VIII e IX d.C., no contexto do movimento reformista que seguiu a decadência do Budismo, englobando grupos budistas e bramanistas dissidentes de suas origens.

O pensamento sahajiyā afirma que todas as coisas têm uma forma externa, percebida pelos sentidos, e uma forma interna natural e imaterial não percebida pela cognição sensorial. A forma interna é denominada sahaja, e representa o princípio imutável e perene que é nosso verdadeiro Eu-Sou. O ensinamento da tradição Sahajiyā afirma que o método para atingirmos nossa essência interior, ou seja, o Eu-Sou deve ser simples e direto, tal como tudo que é natural. Para os sahajiyās, tudo que concorre para o equilíbrio, a alegria e a felicidade é normal e natural, e tudo que vai contra essa postura é antinatural, tortuoso ou deformado.

Os sahajiyās ensinavam que o objeto de devoção está no interior da pessoa, e não fora dela, na forma de livros e escrituras. Portanto, a prática dessa tradição deve ser alcançada por meio da ajuda de um mestre habilitado no caminho sahaja ou jasādhana. Para os sahajiyās, o corpo é um microuniverso e, como tal, seu conhecimento é o caminho de acesso ao Eu-Sou, ou o Ātmā – que na tradição é denominado Sahaja –, pois, sendo o fruto da manifestação divina, ele contém todos os princípios divinos na forma de poder para a plena manifestação da Pessoa individualizada no corpo.

A Tradição Sahajiyā divide-se em duas linhas, uma de origem bramânica (hindu) e outra de origem budista. A tradição bramânica é de linhagem Vaiṣṇava[16] e, dado o conteúdo de seus rituais, é considerada radical até pelos mais ortodoxos. Nessa linha, os sahajiyās consideram que todo homem e toda mulher têm dois aspectos: um externo e outro interno. O aspecto externo é o corpo, templo vivo do aspecto interno, que no homem representa Kṛṣṇa e na mulher representa Rādhā. Assim, por meio da união sexual dos dois aspectos, os devotos celebram a união interior de Rādhā e Kṛṣṇa como uma forma de atingirem a unicidade pela elevação dos seus Eu-Sou a um altíssimo estado vibracional de harmonia, felicidade e prazer. Portanto, a união entre o homem e a mulher como uma forma de sacralização da natureza humana se tornou o princípio fundamental da doutrina dos Sahajiyās e Vaiṣṇavas. Todavia, suas escrituras pregam que, para se obter a liberdade e a espontaneidade no culto à Vida, deve-se praticar a sādhana em um ritual coletivo, no qual todas as mulheres são veneradas como Rādhā, por todos os homens

16. Exposta pelo poeta Baru Chandidas no século XIV.

virem a si mesmos como Kṛṣṇa.[17] Nesta tradição, o guru é sempre uma mulher, denominada Dūtī, Yoginī ou Gurujī, e cabe a ela a iniciação dos adeptos masculinos. Em seus rituais, os adeptos da tradição Sahajiyā praticam uma liturgia secreta e de natureza alquímica, que envolve a coleta de fluidos corpóreos emitidos durante a cópula, para serem usados como sacramentos.

TRADIÇÃO YĀMALA

A palavra sânscrita yāmala significa par ou dupla, por isso a tradição também é conhecida pelo termo Vīra-Yoginī, que faz alusão a um casal composto por um homem e uma mulher:

> "Na Tradição Yāmala ou Vīra-Yoginī há uma união física ou saṁghatta, entre o homem (vīra) e a mulher (yoginī), cujo propósito é estimular a eterna beatitude, ou nitya-ānanda, pelo contacto entre os órgãos sexuais em um rito que traz prazer para o corpo e o espírito".[18]

Essa tradição, de origem śaiva, tem oito escrituras principais, todas relacionadas com a Tradição Bhairava,[19]: Rudra, Kanda, Brahma, Viṣṇu, Yama, Vāyu, Kubera e Indra. Uma de suas principais escrituras, a Brahma Yāmala, está preservada no Nepal e foi encontrada no ano de 1052,[20] o que sugere que o texto deve ter sido escrito por volta do fim do século X d.C. Segundo essa escritura, Īśvara ensinou o segredo supremo da nova revelação ao sábio Śrīkaṇha, o qual passou os ensinamentos a vários discípulos, na maioria antigos seguidores do Atharva Veda. De acordo com o mesmo texto, a nova revelação denominada simplesmente Tantra era dividida entre as três correntes ou linhas clássicas: Dakṣinacāra, Vāmācāra e Madhyamācāra. Cada linha representa uma das três Śaktis de Śiva e uma das três

---

17. *The Cultural Heritage of India*, p. 199.
18. Abhinavagupta, Tantrāloka.
19. Em realidade, o termo Yāmala caracteriza mais a literatura dos Bhairavas que uma tradição em si.
20. *The Cultural Heritage of India*, p. 216.

guṇas: sattva, rajas e tamas. Essas linhas pregam uma sādhanā cuja liturgia segue as guṇas, ou seja: a linha dakṣina é caracterizada pela guṇa sattva, símbolo da pureza (śuddha); vāma, pela guṇa rajas, símbolo da atividade; e madhyama, pela guṇa tamas, símbolo da inatividade.

Os yāmalas foram responsáveis por uma nova orientação entre os grupos tântricos, dividindo os āgamas em dois segmentos: um exotérico e outro esotérico. O primeiro, com orientação śaiva, tem um forte apelo ao culto de Śiva-Paśupati, como uma forma de liberação (mokṣa) e iluminação. O segundo, de orientação śakta, tem ênfase não somente no objetivo de se atingir a liberação, mas também em se conseguir completo domínio dos instintos condicionados da mente para se ter a liberdade plena de Ser, o livre-arbítrio. A maioria dos yāmalas pertence a esta segunda divisão.

Com esta bifurcação, a cultura das antigas tradições dos Śiva-Paśupati passou a ser uma prerrogativa da Tradição Yāmala de conotação Śakta, e assim, por volta do ano 1000 d.C., o Śaktismo torna-se a tradição tântrica na acepção do termo, e a palavra Tantra passa a ser a designação de suas escrituras.

TRADIÇÃO KAULA

A tradição Kaula, segundo um manuscrito do século XI d.C., intitulado Kaulajñānanirṇaya, foi iniciada pelo sábio Matsyendranātha.[21] Entretanto, como já comentamos anteriormente, esse mestre foi somente o fundador da escola Yoginī-Kaula de Kāmārūpa,[22] uma das 18 escolas ou linhas dessa tradição, que apresenta forte sincretismo com as linhas do Budismo Tântrico e com a Tradição dos SahajiyÁs. Outras 17 escolas estão mencionadas no texto e atribuídas a outros mestres:[23]

21. Também denominado Mīnanātha e Lui-pāda, pelos budistas.

22. Reino antigo do Norte da Índia, próximo à atual região do Assam e do Nepal.

23. *The Cultural Heritage of India*, vol. 4, "Evolution of The Tantra", p. 223.

Vṛṣanottha-kaula, Vahni-kaula, Sadbhāva-Kaula, Padottiṣha-kaula, Mahā-kaula, Siddha-kaula, Jñānanirṇiti-kaula, Siddhāmṛta-kaula, Sṛṣi-kaula, Candra-kaula, Śaktibheda-kaula, Ūrni-kaula e Jñāna-kaula.

A tradição Yoginī-Kaula também postula como sādhana o estado natural, ou sahaja, que representa a maneira natural de ser e viver, no qual a mente permanece estável, entra na vacuidade (śunyā) e se liberta da dualidade (dvaita). Essa tradição também não enfatizava as liturgias templárias, como os rituais de purificação, os estudos das escrituras, as práticas exotéricas, os sacrifícios, os banhos ritualísticos, as abluções e as visitas periódicas a lugares sagrados; pois afirmava que essas observâncias exteriores não têm valor como meios para o objetivo de autoconhecimento e iluminação. Os Kaulas apregoavam a substituição dos ritos externos por uma senda de esforço pessoal (sādhana), acompanhada pelo desenvolvimento das potencialidades alquímicas interiores. Portanto, o Kaula, conforme a definição de Alper, é mais uma linha preceptoral do que uma tradição, escola ou seita no sentido estrido da palavra, tendo suas raízes em várias outras tradições, entre as quais temos o *Haṭha-Yoga*, a tradição dos Nāthas e dos Siddha-Yogas.

Sob o aspecto geográfico, a tradição Kaula nasceu na região que compreende os atuais Estados da Caxemira, do Nepal e do Assam, e se expandiu para locais ao sul da Índia, principalmente na cidade de Kanyākumārī, no Estado Tamil, para posteriormente se espalhar por todo o subcontinente indiano.

A palavra Kaula – como substantivo comum – significa ser pertencente ou relacionado com uma família, etnia ou grupo. Nesse sentido, o termo Kaula tem o mesmo sentido de Kula, e algumas vezes as duas palavras são usadas como sinônimos. No entanto, Kula é uma designação mais genérica, abrangendo uma variedade de grupos de linhagem Śakta, em vez da designação de uma tradição em si. Sob o aspecto ritualístico, os Kaulas também cultuam a Śakti Devī, seguindo a linha ritualística Vāmācāra ou Kaularahasya,[24] sob as várias designações em que a deusa é reverenciada, tais como: Kālī, Ṣoḍaśi, etc., embora essas designações sejam qualificações populares da Kula, a designação do poder feminino do Cosmo.

O método Kaula contém três aspectos importantes: o primeiro, relacionado à vivência da experiência corpórea sem ascetismo, mas orientada com esforço para o despertar do poder da Consciência (cit-śakti); o segundo, relacionado à arte e perfeição na prática mística dos fonemas (bījamantras), que provoca estados alterados da Consciência; e o terceiro, direcionado à prática ritualística em grupo, compreendendo que o termo kaula também significa grupo.

O objetivo da prática Kaula é levar o discípulo a vivenciar a experiência da consciência liberta, ou seja, do Eu-Sou, na percepção feminina da Śaktātmā que está presente no coração de todos os seres vivos. Esse objetivo pede um método, ou processo de iluminação, que é a Sādhana Kaula, pela qual o praticante (sādhaka), ou a praticante (sādhikā), deve obter a maestria das forças sutis da Consciência (Citi) para o controle da mente instintiva e condicionada (manas), e assim atingir a Luz Suprema (Prakāśa). Para esse fim, a prática Kaula não injuria nem abandona sua natureza humana, tampouco seu corpo material. Os praticantes consideram o corpo e sua natureza como uma dádiva do Ser Supremo, e, como tal, o glorificam com devoção pelo ritual:

> "A Consciência Cósmica, inicialmente um oceano infinito de onisciência, limitou a Si mesma para que pudesse experienciar a individualidade finita. Agora como o Eu-Sou, ou Citātmā, inserido em um veículo corpóreo e material, se liberta dos conteúdos mentais e assume o controle da Pessoa, para brilhar novamente como um oceano infinito de poder e luz" no mundo da ilusão.

As raízes da tradição Kaula estavam perdidas até o século XI d.C., quando Abhinavagupta foi iniciado nessa tradição por seu mestre Śambhunātha. Entretanto, segundo ele mesmo afirmou, o

24. Rahasya, literalmente: doutrina mística, esotérica e secreta.

primeiro mestre da tradição Kaula foi Sumati, que teria vivido no Sul da Índia, provavelmente na região Tamil. Assim, Sumati deu origem à linha preceptórica, iniciando Somadeva. Este, por sua vez, foi mestre de Śambhunātha, que, então, iniciou Abhinavagupta em Jalandhara, no Punjab.[25] Esta última informação, no entanto, aparece com alguma imprecisão em alguns textos que dizem que Śambhunātha teria iniciado Abhinavagupta na Caxemira; outros afirmam ter sido na região do Assam. Mas isso é somente uma pequena imprecisão histórica de pouca importância.

Como um dos maiores mestres da Tradição Kaula, Abhinavagupta desenvolveu uma nova forma de tantrismo na região da Caxemira, incorporando ao Kaula os ensinamentos de Śivagupta de acordo com o texto Śiva-Sūtra.

TRADIÇÃO DOS NĀTHAS

Os nāthas faziam parte de um dos mais tradicionais cultos místicos da Índia. Seus membros eram iogues mendicantes (bikṣu), empunhavam o tridente denominado triśūla, andavam nus, usavam brincos e mālās feitos de sementes de rudrākṣa,[26] e ostentavam na testa a tripuṇḍra, os três traços feitos com cinzas (vibhūti), marca característica dos śaivas e de alguns nāgas que praticavam o culto à serpente como símbolo da vibração serpenteante denominada Kuṇḍalinī.

Eles viviam espalhados por todo o norte da Índia, do nordeste ao noroeste, embora seu território de origem fossem as regiões Norte e Nordeste de Bengala. A mais antiga referência escrita sobre essa tradição é encontrada em língua bengali e está datada entre os séculos XII e XIII d.C., ainda que a tradição possa ser muito mais antiga, já existindo no fim do século VIII d.C.

---

25. *The Triadic Heart of Siva*, p. 57.
26. Planta da família das *Elaeocarpus Ganitrus*.

Praticamente não se encontram mais seguidores da tradição dos Nāthas na região de Bengala,[27] porque a maioria migrou ou foi absorvida por outras tradições tântricas, como o Kaula, o *Haṭha-yoga* da linha de Gorakṣanātha,[28] além dos cultos Vaiṣṇavas e da tradição dos Bāuls, que segundo Sen,[29] também é uma tradição oriunda dos nāthas.

Śiva é considerado o primeiro nātha, ou Ādi-nātha, e, segundo a tradição, Ele teria iniciado Matsyendranātha, que nasceu por volta de 900 d.C., o qual iniciou Gorakṣanātha (950 d.C.).[30] Matsyendranātha é considerado um dos maiores sábios da Índia em todos os tempos, e com ele tem início uma sucessão discipular de mestres, tais como: Gahininātha, Nivṛttinātha e Jñānanātha,[31] que estão entre os primeiros membros da Tradição Kaula. Sua importância no Nepal e no Tibet foi tão grande, que ele é considerado um Bodhisattva Avalokiteśvara, ou uma divindade búdica, sendo agraciado com o título de Lui-Pā.

Embora existam muitos textos atribuídos a Matsyendranātha e Gorakṣanātha, não há provas concretas de que eles sejam os verdadeiros autores dos textos. Alguns estudiosos sugerem que esses textos foram escritos por discípulos que copilaram e transcreveram seus ensinamentos. Sob o aspecto da postura de vida desses sábios, e de suas participações na história das tradições tântricas, existem várias referências nas escrituras dos nāthas e siddhas, afirmando que ambos mantinham conduta estritamente austera e celibatária.[32]

O objetivo do culto dos nāthas, tal como dos sahajiyās, era a conquista do estado natural sahaja, em que o viver não contempla o nascimento, a morte ou o sofrimento.[33] Portanto, seus ensinamentos

27. *The Cultural Heritage of India*, vol. 4, p. 280.
28. A tradição do Hatha-yoga tem duas vertentes, uma atribuída a Markendeya e outra a Gorakṣanātha.
29. Sukumar Sem, the Nātha Cult, *The Cultural Heritage of India*. p. 280.
30. O período real de vida é incerto. Outras datas são sugeridas, como entre 1300 e 1500 d.C. Parece ter sido contemporâneo do poeta e místico Kabir.
31. Mike Magee, *Some Aspects of History and Doctrines of the Nāthas*.
32. *The Cultural Heritage of India*, p. 287.
33. Idem, vol. 4, p. 288.

atribuíam ao desejo, a causa do nascimento, do sofrimento e da morte, uma visão existencial influenciada pelo Budismo, para o qual a ignorância leva ao desejo, e este é considerado a causa de todos os sofrimentos. Na maioria dos poemas, os yogis dessa tradição aparecem como figuras mendicantes, dançarinos e contadores de fábulas, embora a boa vida mundana fosse considerada por eles um veneno que compromete o objetivo de liberação espiritual.

A relação entre os nāthas e os siddhas sugere uma intersecção das tradições tântricas com as dos nāthas-siddhas. Os siddhas, ou seres perfeitos, teriam sido os mestres ou iniciadores da linha Vajrayāna, a tradição tântrica oriunda do Budismo Mahayāna, como já mencionado anteriormente. Isso talvez explique as similaridades entre os cultos dos nāthas e dos vajrayānins, no que diz respeito aos seus ensinamentos esotéricos e as práticas de yoga usadas em seus rituais.

Para esses ascetas, o verdadeiro iogue se move além do mundo dos pensamentos. Portanto, para ele as atividades diárias não têm atrativos, e a salvação deixa de ter sentido. Um mestre Saraha expõe em uma de suas canções:[34]

> "Nós os iogues, vivemos além do mundo dos pensamentos e não sabemos nada sobre o nascimento, a morte e a emancipação. Tal como é o nascimento, assim também é a morte, e, portanto, não há distinção entre o vivo e o morto. Se alguém aqui tem medo da morte, deixe-o almejar as águas da vida e as porções mágicas".

O desprezo dos nāthas-siddhas pela morte e pelas atividades humanas levou muitos adeptos a uma vida de inatividade e contemplação, que não é frutífera como caminho de autoconhecimento e liberação. Pois, como nos ensina a Bhagavad Gītā, não são as ações que atam o homem à roda da vida, mas as intenções e ligações com os resultados da ação, os frutos do carma. O desprezo pelas atividades humanas não deve significar indiferença em relação às coisas da vida, porque a vida é uma oferta divina para nossa autorrealização.

34. Idem, vol. 4, p. 289.

TRADIÇÕES KRAMA E TRIKA

A região da Caxemira é considerada a "rota da seda" da espiritualidade. Por volta dos primeiros séculos da era moderna, já havia muitos grupos de origem śaiva, śakta e vaiṣṇava na região, com alguma predominância das tradições tântricas de origem kaula.

Entre os grupos da tradição Kaula que surgiram nessa região, alguns tinham suas raízes em tradições mais antigas, principalmente a Bhairava-Tantra, de origem śaiva e postura advaita, ou não dualista, embora sua concepção ritualística fosse totalmente orientada ao culto feminino, tal como a maioria das tradições śaktas.

Por volta do século X d.C., surgiu na Caxemira a tradição Krama, que passaria a ter grande importância não somente na região, mas em todo o universo das tradições espirituais da Índia. A palavra krama significa fluxo, curso, progresso passo a passo, sucessão. Essa tradição tem sua fundação atribuída a um dos membros da família dos nāthas,[35] de nome Shivānadanātha, o qual era um mestre de uma linhagem Śakta, voltada ao culto da Deusa Kālī. O termo krama é compreendido, em seu significado maior, como um processo interior de autorrealização pelo qual o devoto descobre sua identidade com a deusa, por meio do fluxo (krama) e dos poderes da Consciência (śakti-cidrūpiṇī). O ritual dessas tradições é mantido em segredo (rahasya-vidhy), e somente revelado aos iniciados, mas seu conteúdo objetiva a identificação do devoto com o aspecto feminino do poder divino entronizado em seu coração.

A tradição Krama envolve uma complexa alquimia e é considerada radical, mesmo por adeptos de outras tradições tântricas mais conservadoras, principalmente por todos aqueles que veem o sexo como uma possibilidade de degradação, e não uma forma de vivência da unicidade e fonte de poder e iluminação. O ritual Krama é referido por Mark Dyczkowski,[36] como tendo elevado a adoração de Kālī a um nível que transcende todos os limites dos rituais externos:

---

35. De linha tântrica vāmācāra-kaula.
36. *The Doctrine of Vibration*, p. 9.

> Na tradição Krama, o guru comunica a doutrina secreta (kulārtha) a uma discípula feminina iniciada por ele. Ela tem o dever de guardar o ensinamento e a experiência vivida durante a iniciação para, posteriormente, transmiti-la aos discípulos masculinos. A transmissão do poder entre o guru e sua discípula se faz pelo ritual de união sexual, cuja liturgia envolve a mistura dos fluidos seminais do homem e da mulher, que são repartidos boca a boca. É o rito denominado "A Boca da Yoginī", que subentende dois aspectos: o primeiro, em relação à ativação da Śakti como o aspecto dinâmico da Consciência; e o segundo, em relação à fisiologia corporal, centrada na boca da vagina, a vulva (Yoni), de onde os fluidos são recolhidos (kuṇda-golaka). Assim, na mística linguagem dessa tradição, a transmissão de conhecimento dita "de boca a boca" adquire uma conotação dupla por significar tanto uma forma de comunicação (boca a boca) quanto a forma de transferência e união das secreções masculinas e femininas, que são divididas entre o homem e a mulher (argha-pātra)[37] boca a boca.

A influência da tradição Kaula na tradição Krama é evidente pela semelhança entre os elementos ritualísticos das duas tradições, ambas voltadas ao consumo de carne, vinho e o ritual de cópula, além de outros ritos menores.

Com o tempo, a tradição Krama, com seus rituais secretos (rahasya-vidhi) e direcionados ao culto da feminilidade na figura da Deusa Kālī, assumiu um papel importante entre as tradições de origem tântrica, tanto śaivas quanto śaktas, colocando-se como um caminho de autoconhecimento, voltado à união com a Śakti, que é sua divindade de fé.

▼

A tradição Trika foi revitalizada por Abhinavagupta, que, como já dissemos, foi um dos maiores sábios da Índia, venerado por muitos como um mensageiro divino, ao lado de mestres como os sábios Śaṅkarācārya, Matsyendranātha, Gorakṣanātha e Kṛṣṇa

37. *Tantraloka*, capítulo 29, verso 22.

Dvapayāṇa Vyāsa, entre outros. A vida desse mestre foi bem documentada por seus discípulos e por ele mesmo em muitos de seus textos. Seus antepassados foram levados para a região da Caxemira pelo rei Lalitāditya, em meados do século VIII, e tanto o seu avô Varāhagupta como o seu pai Narasiṁhagupta eram mestres de grande erudição, considerados adeptos devotados do Śaivismo.

A fama de Abhinavagupta como mestre e expositor de uma nova "teologia alquímica", bem como de uma nova forma de culto, se espalhou rapidamente, e ele logo reuniu um grupo de devotos entre seus parentes e pessoas da região. É sabido que seu clã (gotra) incluía muitas mulheres e que elas tinham um papel importante nas atividades do clã e da tradição como um todo, o que era pouco comum nas religiões e cultos contemporâneos. Uma de suas irmãs, Vatsalikā, tinha muitos parentes por parte do marido, e a convite dela Abhinavagupta foi morar na casa de um deles, numa aldeia nos arredores de Pravarapūra, atual Śrināgar, onde durante um longo retiro compôs sua monumental obra intitulada *Tantrāloka*, ou *A Luz dos Tantras*.[38]

Entre seus principais discípulos, havia seu irmão, Manoratha, e um cunhado, Karna, casado com sua irmã Ambā. Um dos primos de Karna, Kṣemarāja,[39] tornou-se um de seus maiores discípulos e importante expositor da Tradição Trika, ao lado de outros discípulos importantes, como: Utpaladeva, Bhaskara, Somananda, Kallata e Kṛṣṇadāsa.

O trabalho de Abhinavagupta na exposição da tradição Trika representa o clímax de toda uma obra que teve início entre os séculos VIII e IX, quando o sábio Vasugupta recebeu diretamente do Senhor Śiva – durante um sonho – a ordem para ir à montanha Mahādeva e lá copiar uma escritura sagrada grafada na pedra, que mais tarde seria denominada Śiva-Sūtra:

38. Mark S.G. Dyzckowski, *The Doctrine of Vibration*, p. 11.

39. Kṣemarāja escreveu os comentários aos versos do Śiva-sūtra, denominado Vimarśinī. Segundo outros historiadores ele seria primo de Abhinavagupta, filho de um tio materno.

> "No monte Mahādeva a doutrina secreta está inscrita em um pedaço de pedra. Vá até lá, copie a doutrina e a ensine a todos que possam receber a graça".

Segundo Kṣemarāja, Vasugupta acordou, foi até a montanha e, ao tocar a pedra, a escritura se revelou. Essa pedra, denominada Śaṁkaropala, ainda está na montanha, mas as inscrições não são mais visíveis aos olhos humanos, pois quando Vasugupta as copiou, elas desapareceram, tal como conta a lenda. O Śiva-Sūtra é um dos principais textos para as tradições que compõem o Śaivismo da Caxemira, e certamente um dos importantes textos espirituais da Índia.

As raízes históricas da tradição Trika estão explícitas na reforma que deu origem a um complexo conjunto de tradições, orientadas ao feminino, com rituais esotéricos de magia e poder. Assim, temos:

Mantramārga

↓

Śaivasiddhānta e Bhairava Tantra

↓

Mantrapītha e Vidyapītha

↓

Yāmala Tantra e Śakti Tantra

↓

Trika e Kālī Tantras (Krama)

Portanto, a partir da tradição Mantramārga, originam-se as Śaivasiddhānta e Bhairava, Mantrapītha, Vidyapītha, Yāmala e Śakti Tantra.

Esse direcionamento ao feminino levou as tradições Trika e Krama ao culto das Yoginīs, forma de culto que foi o embrião do Kula, segundo Abhinavagupta, linha preceptórica iniciada por Macchanda, da cidade de Kāmarūpa na região do Assam. A palavra Kula, como já mencionado, tem a acepção de família ou grupo, em uma referência às yoginīs ou "mães". Em outra acepção ligada à cosmologia da tradição, Kula significa o princípio cósmico do poder, o Absoluto, enquanto akula ou não kula, significa sua manifestação na forma da hierarquia cósmica.

Abhinavagupta estabelece uma distinção entre os seguidores do Kula e do Kaula, dizendo que os primeiros são formados por clãs de ascetas próximos aos Kāpālikas, e, tal como esses, vivem ao largo da sociedade como mendicantes, habitando os locais de cremação. O Kaula é uma tradição "urbanizada" e acessível aos "chefes de família", ou às pessoas que vivem na sociedade. Entretanto, essa distinção não é muito clara, pois algumas vezes os dois termos são usados como sinônimos. O próprio ritual Kaula, descrito no capítulo XXIX do Tantrāloka, é denominado um ritual segundo o Kula.

Por outro lado, a "reforma" efetuada por ele ao urbanizar a tradição Kula, tornou o Kaula aberto ao culto da yoginīs, e assim os kaulikas passaram a enfatizar mais o aspecto interior do ritual, o que possibilitou que eles vivenciassem as mesmas experiências dos kāpālikas, mas de maneira mais urbana e educada. Assim, os rituais das yoginīs e dos kāpālikas foi transformado em um culto doméstico, e seus ritos externos que eram efetuados nos crematórios foram abandonados como supérfluos.

Portanto, a tradição Trika, conforme exposta por Abhinavagupta, absorveu elementos de várias tradições anteriores ao seu tempo, entre os quais identificamos claramente aspectos teológicos e cosmológicos do período de Śivagupta, além de ritos das tradições dos Pāśupatas, dos Kulas, dos Kaulas e do Krama, além da própria tradição Trika de um período anterior à sua época.

Na concepção de Abhinavagupta, a tradição Trika passa a complementar a Tradição Kaula, "como uma de suas mais delicadas e finas flores". A palavra trika tem o significado de "três, ou seja, trindade ou triplo", cuja acepção tem diversas derivações, podendo significar uma tríade composta de Śiva, Śakti e Aṇu;[40] ou Śiva, Śakti e Nara;[41] ou Parā, Aparā e Parāparā; ou Abheda (não dual), Bhedabheda (não dual, dual) e bheda (dual), entre várias outras acepções. Embora o termo trika tenha se afirmado como o nome para a tradição exposta por Abhinavagupta, essa também é conhecida por várias outras designações, tais como: Trika-Śāsana, Trika-Sampradāya, Tryambaka-Sampradāya, Svātantryavāda, Svātantrya, Spanda, entre outras.[42]

As bases documentais da tradição Trika estão consolidadas em um vasto conjunto literário, dividido em três partes, cada uma expondo um aspecto da tradição. Assim, temos, respectivamente, Āgamas Śāstras, o Pratyabhijñā Śāstra e o Spanda Śāstra. Sendo esta última outra acepção para o nome da Tradição Trika, como mencionado no parágrafo anterior:

Āgamas Śāstras: esse conjunto é composto por vários textos e escrituras que expõem os princípios filosóficos e as práticas ritualísticas do sistema Trika, dentro de um contexto dvaita ou dualístico, em oposição à linha advaita ou não dualística do Śiva-sūtra. Entre as principais escrituras arroladas nesta categoria, temos: Mālinīvijaya, Mālinīvijayottara, Svacchanda, Vijñāna Bhairava, Mṛgendra, Netra, Rudra-Yāmala, Ānanda Bhairava, Mataṅga, Svāyabhuva, etc.

Pratyabhijñā Śāstra: esse conjunto contém os conceitos filosóficos da tradição Trika e trata da natureza do conhecimento, com reflexões sobre importantes aspectos teóricos que são expostos de forma lógica, por argumentação e discussão dos diferentes pontos de vista. Entre os textos desse conjunto, temos: Śiva Dṛṣi, o Īṣvara Pratyabhijñā ou Pratyabhijñā-sūtra, o Pratyabhijñāhṛdaya, de Kṣemarāja, além de algumas escrituras do próprio Abhinavagupta, tais como: Paramārthasāra, Tantrasāra, e o próprio Tantrāloka – Luz sobre o Tantra –, considerado uma verdadeira enciclopédia da Tradição Trika.

40. Literalmente: ponto, no sentido de coisa pequena, indivíduo.
41. Literalmente: homem, ser humano, indivíduo.
42. *The Cultural Heritage of India*, vol. 4, p. 79.

Spanda-Śāstra: nesse conjunto literário, encontramos os textos que expõem a manifestação da Consciência, na forma de uma vibração primeva denominada spandana. E nele estão os principais textos relacionados ao Śiva-Sūtra, bem como outros textos auxiliares que explicam a filosofia Spanda, em conformidade com a tradição Śakta. Entre os principais tratados desse conjunto, além do próprio Śiva-Sūtra, estão, sem dúvida, o Spanda-Kārikā e o Spanda-Sūtra, atribuídos a Vasugupta, além dos textos e comentários posteriores de Kṣemarāja, como o Śiva-Sūtra-Vimarśinī, e os tratados Spanda--Nirṇaya e Spanda-Sadoha.

A tradição Trika elevou o Tantra ao mais alto nível espiritual, colocando-o lado a lado com o Vedānta Advaita e o Sāṁkhya.

TRIPURASUNDARĪ

CAPÍTULO 5

AS BASES DOCUMENTAIS DO TANTRA

As bases documentais dos Tantras são denominadas āgamas, palavra sânscrita que significa origem, ou fonte do conhecimento, conhecimento adquirido, doutrina tradicional ou preceito. No contexto geral, os āgamas são uma coletânea de escrituras tão antigas quanto os Vedas, expondo o conhecimento das tradições Śaivas e Śaktas. Diferentemente dos Vedas, cuja composição seguiu a evolução do sânscrito, os Ágamas foram originalmente escritos em quase todas as principais línguas da Índia antiga, ou seja, tanto nas sanscritoides, como nas de origem dravidiana: o Tamil, Telugu, Malayalam, etc.

Por serem as bases documentais dos śaktas e śaivas, os āgamas são considerados as escrituras fundamentais do tantrismo. Seu conteúdo temático trata dos aspectos ontológicos da natureza do Ser e sua relação com o Todo, bem como de assuntos cosmológicos relacionados à manifestação divina e à ilusória realidade emergente pelos sentidos cognitivos.

Outro ponto importante desenvolvido nessas escrituras é a liturgia utilizada, que mostra a importância do uso de elementos ritualísticos (upacāra), como uma forma de linguagem, como no uso dos mantras, mudrās e yantras, além de outros procedimentos esotéricos importantes para o encantamento, a magia, a construção de imagens, altares e templos, bem como as práticas de alquimia relacionadas à vibração primeva (spandana), uma forma de sentir e trabalhar o poder da deusa interior durante o ritual.

Os āgamas estão divididos em três seções denominadas pāda.[43] A primeira seção expõe os aspectos filosóficos e teológicos da tradição (jñāna-pāda), bem como os objetivos de liberação e iluminação; a segunda seção apresenta o método (cārya) e a prática para se adquirir o autoconhecimento e atingir a autorrealização (yoga); e a terceira seção trata da ação ritualística (pūjā) devocional (upāsana), da liturgia e dos procedimentos (cārya) empregados nos rituais, com ênfase no preparo da limpeza espiritual do local em que será efetuado o ritual, e também dos ritos de iniciação, da impostação do poder e da sacralização dos participantes.

Ao lado dos āgamas existem textos secundários denominadas upāgamas, cujo objetivo e conteúdo temático são similares aos āgamas, mas foram escritos com a função de explicar passagens específicas, tratadas no texto principal. A maioria dos rituais contidos nos āgamas é praticada em templos, monastérios (*maṭhas*) e aśaramas. Somente foram parcialmente publicados após o século XVIII, existindo ainda um bom número de textos que pertenciam à tradição oral e outros que permanecem em forma de manuscritos.

43. *The Triadic Heart of Śiva*, p. 39.

Os āgamas considerados da tradição tântrica e denominados Tantras foram compostos entre os séculos V e IX. Muitos desses textos foram transmitidos oralmente de mestre para discípulo e, posteriormente, transformados em manuscritos que somente foram editados após o século XVIII. Esses āgamas servem de base documental para as três importantes tradições da Índia, ou seja, as Vaiśṇavas, Śaivas e Śaktas. Por serem importantes tratados de alquimia e teologia, eles auxiliam o devoto a expandir seu conhecimento, praticando e comparando sua experiência com a vivência relatada nas escrituras.

Vaiṣṇavāgamas: essas escrituras são os textos sagrados dos vaiṣṇavas, a tradição que reverencia Viṣṇu como uma das faces do Absoluto, que é o guardião do dharma e da fé (śraddha). Entre os diversos textos importantes para o tantrismo, temos aqueles denominados Pañcarātra Āgamas, um conjunto de 108 escrituras que tratam de cosmogonia, de métodos para a liberação, do conhecimento devocional e do conhecimento do Yoga. Uma interessante observação feita no texto Padma Tantra diz que essa denominação advém da raiz verbal √ pac, significando aquilo que cozinha ou destrói, em uma alusão à asserção de que, assim como o nascer do Sol dissipa a escuridão, o pāñcarātra dissipa as outras doutrinas: Yoga, Sāṅkhya, Budismo, Jainismo e Pāśupata.[44] Posteriormente, a introdução da veneração da Śakti-Devī no sistema pañcarātra determinaria uma aproximação da relação entre os vaiṣṇavas e os tântricos.

Entre as escrituras vaiṣṇavas de interesse para o tantrismo, as relacionadas com a tradição Sahajiyā são as mais importantes. Essas escrituras foram compostas na região de Bengala durante o período em que Śrī Caitanya (1486-1534) deu início ao movimento dos devotos de Kṛṣṇa. Entretanto, a tradição dos Sahajiyā é mais antiga: foram encontradas inscrições do século XIII grafadas em placas de cobre no sítio arqueológico de Maināmatī. Outra importante fonte documental sobre os Sahajiyā são os poemas de Caṇḍidāsa, místico Bengalês do século XIV, que compôs bhajans, nos quais declamava os ritos da tradição.

44. *The Cultural Heritage of India*, vol. 5, p. 109.

Śaivāgamas: são as escrituras sagradas dos śaivas, tradição que reverencia Śiva, a face transformadora do Absoluto e responsável pela alquimia do Cosmo. Existem 92 escrituras divididas em dois grupos: o primeiro com 64 textos relacionados ao Śaivismo da Caxemira e o segundo com 28 textos relacionados à Tradição Śaiva Siddhanta. Nesse último conjunto, dez escrituras são consideradas dualistas (dvaita) e pertencentes à Tradição Śivabheda.

Os Śaivāgamas estão divididos em seções que expõem aspectos relacionados com o conhecimento filosófico (vidyāpāda), a construção de templos e altares, as formas de rituais e o uso dos mantras e dos yantras, etc.

Śaktāgamas: são escrituras dos seguidores da face feminina do Absoluto, a śaivas, considerada a Mahādevī. Portanto, qualquer escritura para ser considerada śakta deve abordar o divino sob o aspecto feminino, na forma da onisciência dinâmica do Cosmo, o poder absoluto e supremo, denominado Ādi-Śakti Devī.[45]

Praticamente todas as tradições tântricas são orientadas ao culto da feminilidade, presente na natureza do Cosmo e, portanto, de conotação śakta, mesmo quando Śiva é a divindade central da tradição. Por isso, suas escrituras são simplesmente denominadas Tantras. Entretanto, o śaktismo se constitui em uma grande família de tradições, muitas das quais não são tântricas, por isso sua literatura extrapola o universo tântrico, estando distribuída entre as upaniṣadas, purāṇas, upapurāṇas e outros āgamas. [46]

Nessa divisão literária, encontramos textos místicos de grande importância em razão da revelação de segredos doutrinários e métodos de adoração das divindades. Alguns textos têm características teístas e são direcionados ao culto de uma deusa bem específica, por exemplo, Sītā ou Sarasvatī. Tripurā-tapinī aprofundam os cultos de adoração e descrevem detalhes de rituais dirigidos à Deusa Tripurāsundarī nos quais tanto seu culto quanto a construção de seu yantra são descritos em detalhes.

45. A palavra śakti tem origem na raiz verbal √śak, do verbo agir, e significa ter poder para ser apto para.

46. *The Cultural Heritage of India*, vol. 5, p. 130.

Os textos purāṇas e os upapurāṇas associados ao culto śakta mostram como, nos primeiros séculos d.C., diferentes divindades femininas foram cultuadas, com diversos nomes em várias partes da Índia, por povos de várias etnias, em uma clara demonstração de que o culto śakta foi um elo entre os povos de origem védica e não védica.

Entre os āgamas da tradição śakta, encontramos 77 escrituras divididas em três linhas: Kaula (64 textos), Miśra (oito textos) e Samaya (cinco textos). Alguns desses textos têm construção literária semelhante aos purāṇas quanto à sua apresentação e conteúdo temático, e estão escritos na forma de diálogo entre o Senhor Śiva e sua consorte feminina, com ensinamentos de práticas esotéricas e ocultas que conferem conhecimento, poder e liberação espiritual.

Embora, a leitura da maioria dos āgamas possa sugerir um sentimento dualista (dvaita), por conta da aparente percepção de separação entre o devoto e a divindade cultuada (iṣā-devatā), lembramos ao leitor que essa dualidade desaparece durante prática ritualística, porque durante o ritual, o devoto e o objeto de devoção se tornam uma única essência, e isso os leva à unicidade. Nesse caso, o oficiante sabe que, transcendendo seu corpo, ele é parte da Consciência divina (Prakāśa), cujo poder (Śakti-vimarśa) interliga toda a manifestação cósmica em um todo (sūtrātman), mostrando que, por detrás das aparências e das formas percebidas, existe a unicidade no coração da multiplicidade.

Outro importante conjunto de escrituras das tradições śakta são as denominadas Shakta-Gītās ou "As Canções da Deusa". Nesse conjunto, destacam-se o **Devī Gitā**, texto que faz parte da obra "Devī Bhāgavata Purāṇa",[47] livro VII, capítulos 31-40; o Devī Māhātmya, ou Kūrma Devī Gītā, que faz parte do Kūrma Purāṇa, um dos primeiros tratados da linha śakta; o texto homônimo Devī Māhātmya, que faz parte do Mārkaṇḍeya Purana; o Pārvatī Gītā, que faz parte do Mahābhāgavat Purāṇa; e o Lalita Māhātmya, parte do Brahmānāṇḍa Purāṇa.

47. *The Triumph of Goddess: The Canonical Models and Theological Visions of **Devī Bhāgavata Purāṇa***, State University of New York Press, 1990.

Outro texto importante na veneração da deusa é o Devī Upaniṣad, onde encontramos o hino devocional Devī Sukta, que está contido no Ṛg Veda, capítulo 10, verso 125, versos de grandiosa beleza e sonora melodia, declamados nos ritos preliminares de vários cultos bhaktas:

DEVI SUKTA

1. Eu viajo com o Rudras e os Vayus, com o Adityas e Todos os Deuses que me acompanham. Sustento tanto VaruÆa como Mitra, Indra e Agni, e o Par de Aśvins.
2. Eu nutro e sustento o altíssimo Soma e Tvastar. Eu apoio Pussan e Bhaga, carregando com riqueza o sacrificador zeloso que despeja seu suco e oferece a mim sua veneração.
3. Eu sou a Rainha, aquela que guarda os tesouros, a mais criativa, a primeira a merecer adoração. Por isso, os Deuses me colocam em muitos lugares e muitos lares onde eu penetro e resido.
4. Somente por mim todos comem o alimento que os nutre, assim também é com cada homem que vê, prepara-se e ouve a palavra dita. Eles não sabem, mas agora moram ao meu lado. Portanto, ouçam, todos, a verdade, tal qual eu a exponho.
5. Enfaticamente eu anuncio que os Deuses e os Homens são bem-vindos. Assim, eu torno excelso e poderoso o Homem a quem amo, para que ele seja sábio como um Ṛṣi ou um Brâmane.
6. Eu dobro o arco de Rudra para que sua flecha possa golpear e matar o inimigo da devoção. Eu incito e ordeno ao meu povo que batalhe, tal como eu tenho feito, ao penetrar a Terra e o Céu.
7. Ao cume do mundo eu os conduzo frente ao Pai. Mas meu lar está nas águas do oceano interior (sutil). Daí eu me estendo e preencho os mundos onde habitam as criaturas existentes, e então eu toco o céu com a minha testa.

8. Eu respiro um alento forte que mantém unido tudo que existe aqui, além desta Terra ampla e dos céus. Assim, eu me tornei a Todo-Poderosa em minha grandiosidade.

▽

As referências a seguir são um inventário das principais escrituras tântricas. Algumas se perderam, mas são mencionadas em outros textos. Outras estão conservadas em bibliotecas e muitas ainda não foram traduzidas para as línguas ocidentais.

Śiva Tantras: estas escrituras estão mencionadas no Niśvāsa Tantra e são consideradas revelações transmitidas por Śiva (Rudra). Entre as principais, encontramos:

> Vijaya, Śvāyambhuva, Vātula, Vīrabhadra, Raurava, Mākua, Vīreśa, Candrahāsa, Jñāna, Mukhabinba, Prodigīta, Lalita, Siddha, Santāna, Sarvodgīta, Kiraṇa, Pārameśvara, Niśvāsa.

As três últimas estão preservadas em uma biblioteca no Nepal, em manuscritos dos séculos VIII e IX. O texto Pārameśvar também tem uma cópia na Biblioteca de Cambridge, com data do ano de 859 d.C., além de outras dez escrituras dessa linha que são consideradas revelações transmitidas por Sadāśiva:

> Kāmika, Yogada, Divya, Karaṇa ou Kiraṇa, Ajita, Dīpta, Sūkṣma, Sahasra, Asta, Aṁśubheda.

Yāmalas: estas escrituras são em número de oito e pertencem à subdivisão denominada Vidyāpiha:

> Rudra, Kanda, Brahma, Viṣṇu, Yama, Vāyu, Kubera, Piṅgalāmata, Jayadratha, Indra.

Outros textos importantes da linha Yāmala, contidos na subdivisão Dakṣina e Madhyam, são:

> Yoginījāla, Yoginīhṛdaya, Mantramālinī, Aghoreśī, Aghoreśīvari, Krīdāghoreśīvarī, Lākinīkalpa, Māricī, Mahāmāricī, Ugravidyāgaṇa, Vijaya, Niśvāsa, Svāyambhuva, Vātula, Vīrabhadra, Raurava, Mākua, Vīreśa.

O texto Brahma Yāmala está preservado no Nepal e data do ano de 1052 d.C. Esse texto menciona uma linha de preceptoria na seguinte ordem: Īśvara encarnou por seu próprio poder e transmitiu o conhecimento secreto para Śṛīkaṇha, que o transmitiu para um discípulo da família Bhairava, que passou o ensinamento para outros membros das famílias Krodha, Kapāla e Padma.

Śakta Tantras e Āgamas: existem muitas escrituras nessa tradição. Entre as principais, temos as relacionadas ao culto de Kālī:

> Kāla-jñāna, Kālottara, Kālī-kula-kramārcanā, Kālī--yāmala, Kālī-tantra, Kālī-vilāsa, Kālī-kula-sarvasva, Viśva-sāra-tantra, Kameśvarī-tantra.

Relacionadas ao culto de Tārā:

> Tārā Tantra,Tārā Sūkta,TārīṇīTantra,Tārārṇava Tantra, Nīla Tantra, Mahānīla Tantra, Nīla Sarasvatī Tantra, Cinācāra Tantra, Brahma YāmalaTantra, Tāriṇī Nirṇaya, Tārā-rahasya, Tārā-pradīpa, entre outros.
>
> A maioria desses textos é de origem budista ou chinesa, e originária do Tibet (Bhota). Entretanto, o culto de Tārā também é praticado na Índia, porque Ela é associada à Deusa Nīla-Sarasvatī.

Relacionados ao culto de Ṣodaśī:

> Tantrarāja Tantra, Vāmakśvara Tantra, Śakti-saṅgama Tantra, Lakṣmī Tantra, Tripurā-rahasya,Tripurā-sāra-sa muccaya, Kāma-kāla-vilāsa, etc.
>
> O culto de Ṣodaśī é abrangente e pode ser encontrado da Caxemira a Kerala. Seu nome tem uma origem mística e está associado ao número 16, que representa, entre outras

coisas, a idade em que as meninas atingem a puberdade e têm sua primeira menstruação. Outra acepção para a palavra ṣodaśī tem a ver com as 16 fases da Lua entre uma Lua Nova e Cheia, quando ela aparenta renascer, e por 16 dias vai crescendo até seu máximo esplendor, beleza e plenitude. É exatamente por causa dessa beleza que ela também é denominada Tripurasundarī, ou simplesmente Sundarī (bela, linda). A palavra tripura significa "três cidades" e é uma acepção para o fato de Ela ter sido inicialmente cultuada nas três faces do Absoluto: Brahma, Śiva e Viṣṇu, e em seus três aspectos como Bālā, Bhairavī e Sundarī.

O śaktismo contém muitas linhas ou tradições, e muitos são os textos que se referem às diferentes formas de culto. Por outro lado, o grande número de divindades femininas cultuadas em cada tradição aumentou ainda mais o leque dos ritos, cultos e tradições, o que levou os estudiosos a uma tentativa de síntese. Com isso, foi elaborada uma lista de dez Mahāvidyās,[48] objetivando relacionar as principais deusas a serem cultuadas em cada tradição. Entretanto, a tentativa não foi bem-sucedida, pois rapidamente as listas se multiplicaram sem unanimidade de nomes.

A relação a seguir é uma das mais clássicas e contém as principais Mahāvidyās, bem como suas respectivas escrituras:

48. Literalmente: as maiores sabedorias da natureza.

RELAÇÃO DAS DEZ DEUSAS OU MAHĀVIDYĀS

MAHĀVIDYĀ	ESCRITURAS
Kālī	Kāla-jñāna, Kālī-yāmala, Kālī Tantra e Kameśvari Tantra
Tārā	Tārā Tantra, Tāriṇī Tantra, Nīla-sarasvatī Tantrae Cinācāra
Ṣoḍaśī	Tantrarāja, Mātṛkārṇava, Yoginīhṛdaya e Tripurārṇava
Bhuvaneśvarī	Bhuvaneśvarī Tantra e Bhuvaneśvarī-kalpa-latā
Dhūmāvatī	Prāṇatoṣiṇī Tantra e Kāla-bhairava
Bhairavī	Bhairavī-rahasya e Bhairavī-saparyā-vidhi
Chinnamastā	Śakti-saṅgana
Vagalā	Sāṅkhayana Tantra e Vagalā-krama-kalpa-valli
Mātangī	Mātangī-krama e Mātangī-gupta
Kamalā	Tantrasāra, Sāradā-tilaka e Śakta-pramoda

CAPÍTULO 6

O CULTO SAKTA E A DEUSA TĀRĀ

Embora a palavra Śakti não seja explicitamente mencionada no Ṛg Veda, existe o termo jñās, como designação primitiva para o conceito da "energia" da feminilidade, que posteriormente foi associado ao termo Śakti. Outra menção a esse conceito nos hinos do Ṛg Veda é a palavra jñās, uma acepção para a palavra mulher, que como uma referência primitiva faz a associação entre a natureza do poder masculino e as energias do poder feminino.[49] Assim, as jñās

49. *The shakti Cult and Tārā* p. 12.

assumiram o papel do poder ativo da Consciência que manifesta a vida. Posteriormente, no período das Brāhmaṇas, várias deidades femininas foram associadas ao conceito de figura de Vāc, a deusa que pela palavra traz o Cosmo à manifestação e à vida. Em seguida, mas ainda nas Brāhmaṇas, da união entre a Deusa Vāc e o Deus Praāpati, originaram-se todas as criaturas; então, o poder supremo do Absoluto, que é "Uno com Ele e reside Nele", como seu Ser ativo passa a ser reconhecido como a Śakti, que de acordo com Sastri:[50]

> "É a Deusa Vāc, a palavra, que, como um princípio feminino associado à emissão do poder pelo som de um mantra, iniciou na Tradição Trika a figura da Mātṛikā Śakti, ou Parā-Vāc, como uma manifestação da Deusa Mãe".

No período das upanisadas, encontramos no Mahānārāyaṇa Upanisada[51] um verso de métrica gāyatrī, direcionado à deusa em seu aspecto como Kanyākumāri ou Durgā (parte 2, verso 3), no qual Ela é cantada como a "deusa flamejante":

> "Eu tomo refúgio em Ti, ó Durgā, Tu que és um esplendor ardente e uma radiância calorosa, o poder do Supremo que manifesta a Si mesmo de muitas formas e reside tanto nas ações, como em seus frutos de maneira a lhes dar eficácia. Oh Deusa, tu que és eficiente na salvação, toma-nos sob Teus cuidados na travessia das dificuldades onde eu Te saúdo".

Esse verso, dedicado à Deusa Durgā, estabelece uma clara associação dela com a principal divindade feminina do Budismo, a Deusa Tārā, também considerada "aquela que salva seus devotos socorrendo-os nas dificuldades durante a travessia dos oceanos da vida". Assim, o culto Tārā-Durgā cria uma ponte entre as visões hindu e budista da presença feminina na manifestação cósmica.

50. Idem, p, 13.
51. Tradução de Svāmī Vinalānanda, edição Ramakrishna Math, Madras Índia.

> "Os sábios Me denominam Tārā, porque Eu auxilio meus devotos durante as travessias dos oceanos revoltos e das areias ardentes dos desertos da vida."

Assim, a própria Deusa Tārā explicou seu nome, cuja origem etimológica é derivada da raiz verbal √tar (tṛ+ṇic), com o significado de "a deusa que auxilia seus devotos nas turbulências, dificuldades e perigos (mahābhayas) da vida". Uma interessante associação entre o nome da deusa e a palavra sânscrita tārā, que também significa estrela, sugere que a expressão "aquela que auxilia seus devotos a cruzarem os oceanos perigosos da vida" tem origem em um antigo culto às estrelas que guiavam os viajantes e navegantes em suas viagens noturnas através dos perigosos mares e desertos.

As palavras tārā e tāriṇī, como denominação de uma deusa, podem ser encontradas no Brahmāṇaṇḍa Purāṇa, texto tão antigo quanto o Mahābhārata, que foi escrito entre os anos 400 a.C. e 300 d.C.

A origem do seu culto tem várias interpretações, e uma das mais conhecidas e antigas está associada ao Templo de Candradvīpa, onde ela é cultuada como Tārā Verde ou Śyāmā,[52] constituindo uma das primeiras associações d'Ela com o culto de uma deusa Mãe.

Durante o período inicial de seu culto, a Deusa Tārā teve vários nomes, como: Ekagra ā, Mahācīnatārā e Jāṅgulī. Entretanto, foi no período budista, entre os séculos V e VI d.C., que sua imagem foi consolidada como uma das principais deusas e expressão máxima do poder do Absoluto na forma feminina, que também é identificado com o princípio divino da Consciência Dinâmica (Śakti) na manifestação cósmica. Portanto, no panteão budista, ela tem o mesmo papel ao lado do Avalokiteśvara,[53] que a Śakti tem ao lado de Śiva, ou seja, como a energia feminina personificada em suas consortes. Assim, a deusa tem uma significativa importância tanto entre os budistas como entre os hinduístas, que a cultuavam na forma sincrética da Deusa

52. Do sânscrito "negra", ou de cor escura, azul ou verde. Virgem, uma mulher de corpo esbelto.

53. Avalokiśvara é o Bodhisattva da compaixão que conduz a humanidade à iluminação.

Tārā-Nīla-Sarasvatī,[54] a denominada Tārā Azul ou Sarasvatī Azul, ao lado dos aspectos denominados Tārā Branca e Tārā Verde. Sua representação iconográfica mostra duas imagens consideradas clássicas, ambas representando a deusa sentada em vajraparyaṅkāsana ou em lalitāsana. Na mão direita, ela faz o gestual abhayamudrā, quando a mão fica com a palma aberta e os dedos apontados para o alto em sinal de bênção, enquanto sua mão permanece aberta e com a palma voltada para cima em sinal de recebimento. As imagens do período medieval apresentam a deusa em pé e com as mãos nos mesmos mudrās das imagens tradicionais em posição sentada.

54. A forma sincrética mais aceita para a Deusa no panteão das deusas da Índia.

CAPÍTULO 7

CONSOLIDAÇÃO HISTÓRICA

Nos séculos IX e X d.C., a tradição Trika surgiu como o principal ramo da tradição Śaiva entre as várias tradições tântricas do Norte da Índia, tornando-se um novo caminho de autoconhecimento em direção à natureza essencial do ser humano e a mais pura expressão do tantrismo hindu.[55]

As origens da tradição Trika estão claramente ligadas às dos Kaula, uma tradição que, por sua vez, emergiu como uma nova acepção religiosa, após o movimento reformista que revitalizou

55. Paul Eduardo Muller-Ortega. *The Triadic Heart of Siva.* State University of New York Press.

o bramanismo, entre os séculos VII e IX. Entretanto, a Tradição Trika, tal como exposta por Abhinavagupta, parece ter pouco a ver com os ensinamentos dos antigos mestres do Kaula, pelo menos por duas razões: a primeira, pelo aprofundamento filosófico de Abhinavagupta dentro da linha Spanda; a segunda, em função dos ritos e práticas sexuais que algumas tradições antigas, como as iniciadas pelos nāthas, não tinham ou não descreviam, em decorrência da vida celibatária e austera dentro da concepção dos iogues que praticavam a castidade, como Matsyendranatha e Gorakṣanātha.[56]

Entretanto, a menção à vida celibatária deixa dúvidas quanto ao significado do termo, porque o próprio Abhinavagupta também se designava um celibatário, nunca tendo casado e constituído família, apesar de praticar ritos sexuais de cópula. Essa postura dele, como podemos inferir do seu texto Tantrāloka, é natural na forma de encarar a sexualidade e a satisfação dos sentidos na vida cotidiana. Ele entendia que a busca e o encontro com o divino não exigem a renúncia dos poderes ligados aos sentidos, pois esses poderes foram outorgados ao Homem pela própria divindade para uso na manifestação da vida. Ele pregava que não era a satisfação dos sentidos que afastava o ser humano da divindade, mas a ignorância do não reconhecimento de sua natureza divina e sua postura equivocada ante a ação, que velavam sua compreensão e seu entendimento, afastando-o do Absoluto por completo desrespeito aos ensinamentos do Karma Yoga.

No capítulo XXIX do Tantrāloka, temos, de maneira clara, a visão de Abhinavagupta a esse respeito:

Verso 96: O ritual secreto revelado pelo Senhor é agora exposto e deve ser celebrado em companhia de uma energia feminina exterior (Dūtī, mulher qualificada).

(Tal qual a mulher de um brâmane participa dos rituais védicos, a Dūtī tântrica participa do Kulācārya.)

56. *The Cultural Heritage of India*, vol. 4, p. 287; *The Triadic Heart of Siva*, p. 38.

Versos 97-98: Devemos, como apregoado no Yogasaṁcāratantra, observar o estado de bramacārin (vida de austeridade). Brahman é a suprema felicidade e reside dentro do corpo de forma tripla. As duas primeiras formas servem de meio; a terceira, que indica a felicidade, é o fruto.

(A primeira se refere a carne e ao vinho. A terceira se refere à união sexual que traz a consciência da felicidade.)

Versos 99-100: Os seres escravizados, que são privados dos três "M", são privados da felicidade. Aqueles que celebram sacrifício sem os três "M", que são a fonte da felicidade, estão em um terrível inferno.

(Os três "Ms" são respectivamente: māṁsa, a carne, madya, o vinho e o maithuna, a cópula.)

▼

Como estamos vendo, o universo tântrico congrega inúmeras tradições, cuja classificação é complexa por sua diversidade e pela superposição de alguns aspectos comuns. Entretanto, considerando o tipo de sādhana[57] e a liturgia utilizada no ritual, podemos, grosso modo, dividir os Tantras em duas importantes linhas ou famílias:[58] a primeira, denominada dakṣiṇācāra, ou "da mão direita"; a segunda, denominada vāmācāra,[59] ou "da mão esquerda". Para esta classificação são considerados dois aspectos: um referente ao ritual e o outro ao tipo de sādhana empregado para se atingir a autorrealização.

A primeira linha (dakṣiṇācāra) é caracterizada por um ritual sutil, em que não há contato sexual entre os participantes. Sua liturgia envolve somente meditações devocionais com total entrega do devoto à divindade cultuada. Essa linha é denominada "da mão

57. Literalmente: autoesforço, disciplina espiritual, caminho (sādhana marga),
58. Na realidade, algumas vezes são consideradas três linhas, com a inclusão da linha Madhyamācara, que não considerei nesta apreciação.
59. A palavra vāmācāra tem duas acepções, pois vāma significa mulher, enquanto vāma significa esquerda. Acāra significa conduta, regra de comportamento, ação.

direita", em uma alusão à posição ocupada pela mulher, à "direita do homem", no início da cerimônia ritualística. O dakṣiṇācāra é um caminho espiritual de altíssimo ascetismo, no qual a união é procurada pela dissolução do devoto na sua divindade de fé e nos seres da hierarquia cósmica que a deusa contempla. Embora nesse ritual não haja contato sexual, o uso da energia sexual é pleno com a ativação espontânea da kuṇḍalinī e das vibrações de natureza sexual que são produzidas de maneira sutil para serem compartilhadas entre os casais e doadas à divindade cultuada durante a cerimônia. Nessa linha está a maioria das tradições tântricas dos siddhas e dos nāthas.

A segunda linha (vāmācāra) é caracterizada por um ritual que envolve contato sexual entre o masculino e o feminino – os dois polos da consciência cósmica –, e culmina em uma cerimônia de união ou cópula entre os participantes. Portanto, uma designação apropriada para esta tradição seria "ritual com mulher", ou lata-sādhana. Nesta tradição, o homem (sādhaka) representa Śiva – como consciência estática (caitanya), e a mulher (sādhikā) representa a Adi-Śakti – como Consciência Dinâmica (cidrūpiṇi). A cópula, como será explicada no capítulo apropriado, é uma forma de se celebrar a feminilidade doadora da vida, por meio da geração alquímica das vibrações sutis do processo da criação, revivendo-se assim a cosmogênese.

A denominação "da mão esquerda" tem dupla interpretação e sentido, pois o termo vāmā significa tanto "esquerda", em uma alusão à posição inicial da mulher sentada "à esquerda do homem", como também tem o sentido de amoroso, esplêndido, agradável, ou simplesmente "mulher" (vāmā). Neste ritual a deusa cultuada é denominada Vāmā Devī, a deusa mulher.

É importante notar que, em todas as representações da unicidade masculino-feminino na forma de um Ser andrógino, tal como a imagem de Ardhanārīśvara,[60] a figura feminina é representada no lado esquerdo do corpo, e a masculina, no direito. Essa distribuição reflete as posições no início do ritual.

60. Imagem do Absoluto (Paramaśiva), representado com o lado esquerdo feminino (Śakti) e, pelo direito, masculino (Śiva).

Cada ācāra, ou método, satisfaz a um grupo determinado de praticantes em momentos diferentes da vida. Esses métodos não devem ser considerados diferentes opções de culto, em função de alguma restrição ética, mas, sim, diferentes estágios que o adepto passa – em vidas distintas –, até atingir o estágio mais elevado, o Kaula.[61]

Os śaktas consideram os devotos divididos em três grupos, conforme seu estágio de desenvolvimento espiritual. O estágio inferior corresponde aos indivíduos comuns (paśu), aqueles que têm por dharma pessoal (svādharma)[62] a conquista e o domínio sobre suas limitações psicológicas, grilhões, instintos e condicionamentos. Para esses, o caminho recomendado é prescrito no Kulārṇava Tantra,[63] que inclui a prática dos rituais conforme indicado nos Vedas, o conhecimento dos śaivas e a senda tântrica do dakṣinācāra. O estágio intermediário é o do herói (vīra), aquele que dominou seus instintos e condicionamentos e está apto a se expor aos sentidos com total domínio. Para esse grupo, o caminho recomendado é o prescrito pelo Vamācāra Tantra, porque os adeptos já atingiram o controle sobre seus instintos, o que os coloca acima dos efeitos da ilusão. Por isso, eles não mais se excitam pela visão de imagens eróticas ou sensuais, mantendo total controle de si durante o ritual. O último estágio, denominado divino (divya), é dos indivíduos que atingiram o mais alto nível de consciência e já têm a correta percepção de que eles são UM com o Divino. Nesse caso, o ritual tântrico somente facilita a experiência direta e imediata daquilo que eles já consolidaram em si – a unicidade. Pois, como dito no Gāndharva Tantra: "Ninguém que já não seja um Ser divino pode oferecer um ritual de adoração a uma divindade".

61. Literalmente, família. Adoradores da Śakti que, em um estágio elevado, praticam o tantrismo Vāmācāra.

62. Dharma pessoal de cada um. Aquilo que devemos viver e conquistar no caminho para a união ou yoga.

63. *A Critical Study of Hinduism*, Sarasvati Chennakesavan. Motilal Banarsidass, 1980.

Na tradição Tântrica, diz-se que o adepto nasce para a prática da tradição Dakṣiṇācāra, mas é iniciado na tradição Vāmācāra, considerada a forma mais elevada de tantrismo.

Portanto, nas três divisões das tradições religiosas da Índia, há diferentes ramificações, de acordo com a escritura que é considerada pela tradição, o tipo de ritual e a divindade cultuada. Os adeptos da linha vaiṣṇava fazem seus rituais de adoração dirigidos à Radha, esposa de Kṛṣṇa, conforme a Tradição Sahajiyā. Já os rituais de adoração dos śaivas são dirigidos às deusas Kālī e Durgā, vistas como o poder feminino ou consortes de Śiva, conforme a Tradição Krama.

Entretanto, todos os grupos considerados tântricos são adeptos da face feminina do Absoluto e sempre cultuam a Ādi-Śakti Devī, em uma de suas inúmeras formas e nomes.

Esse poderoso sistema de autoconhecimento, que passamos a denominar simplesmente Tantra, sempre desafiou qualquer tentativa de definição ou rotulação. A diversidade de práticas dentro de um contexto único torna o Tantra, em essência, um sistema prático de autolibertação, no qual aprendemos que a vivência das coisas do mundo e a liberação espiritual não são duas vias mutuamente incompatíveis ou excludentes. O tântrico pode considerar a si mesmo um renunciante, mesmo vivendo na sociedade e tendo um trabalho e uma família, porque aprendeu a vivenciar de maneira sacralizada tudo que a vida pede e proporciona.

Os mestres que seguem as escrituras dentro do conceito da tradição Sampradāya, guru-discípulo (paramparā), preparam seus alunos ensinando o ritual tântrico como uma forma de celebração da feminilidade. Isso se dá por meio da recriação do momento mágico em que o Eu (ahaṁ) e o Isto (idaṁ) tornam-se Um. Então, pode-se dizer: eles não mais são dois.

CRONOLOGIA DOS EVENTOS

PERÍODO a.C.	EVENTOS
3000 - 2500	Desenvolvimento das civilizações do Vale do Indo.
2499 - 2000	Colapso das civilizações do Vale do Indo.
1999 - 1500	Composição dos primeiros Vedas – Ṛg Veda Saṁhita.
1499 - 1000	Composição dos últimos Vedas, início das Brahmāṇas.
999 - 500	Composição das Āranyakas e primeiras Upaniṣadas.
	Nascimento do Buddha (563-483), de Mahāvīra (540) e Kapila.
499-0	Período épico, composição do Mahābhārata e do Rāmāyana (200).
	Composição do Yoga-Sūtra (200 a.C-200 d.C.).
	Primeiros grupos tântricos (300-200).
	Morte de Alexandre, o Grande, dinastia dos Mauryas. Candragupta Maurya (320).
	Aśoka, neto de Candragupta.
PERÍODO d.C.	
0 - 500	Primeiras tradições Śaktas, Fim da dinastia dos Mauryas (184).

	Candragupta I (320-335) e II (376-415). Guhyasamāja Tantra (300).
	Decadência do Budismo (400-600), tradição Pañcarātra, Purāṇas.
	Invasão dos Hunus (454-500), tradição Krama.
501-1000	Śaṅkara (788-820), Vasugupta (800), Śiva-Sūtra, Tradição Kaula (850).
	Composição das primeiras escrituras tântricas (400-800).
	Tradição Yoginī-Kaula (900), Movimento Rādhā-Kṛṣṇa (600-800).
	Nascimento de Matsyendranātha e Gorokṣanātha.
	Nascimento de Abhinavagupta (975-1025), Tantrāloka.
1001-1500	Civilização de Angkor-Vat (800-1400), tradição Sahajiyās.
	Invasão muçulmana (1000), Yoni-Tantra, Império Mughal (1483-1757).
	Akbar (1556-1650), tradição Sahajiyā, Imperador Aurangzeb (1658-1707).
	Śaiva-Siddhanta, Siddhas e Nātha-Siddhas (1000-1200).
1501-2000	Império Britânico (1750-1947).

PARTE 2

TANTRA VIDYĀ

A Ciência do Tantra

KHAJURAHO - TEMPLO LAKSHAMANA

CAPÍTULO 8

PRINCÍPIOS DA FILOSOFIA TÂNTRICA

Neste capítulo, conceituaremos os principais termos da nomenclatura sânscrita usada no tantrismo, com o objetivo de estabelecer uma correlação com a terminologia do Vedānta, para proporcionar ao leitor uma correspondência entre as duas tradições e uma visão clara do significado e conceitos associados a cada termo.

Para o ocidental, a leitura de um texto contendo palavras em sânscrito é sempre uma barreira ao estudo e à compreensão das filosofias e religiões da Índia, principalmente em razão da variedade de sinônimos que se referem a um mesmo conceito, quando esse está descrito em condições distintas. Se compararmos com as línguas ocidentais, o léxico da língua sânscrita é muito rico, e a maioria de seus conceitos admite mais de uma designação, dependendo do sentido atribuído em cada situação. Por exemplo, as palavras brahman e ātman podem ser consideradas sinônimos na cultura dos Vedas, pois as duas se referem à mesma categoria filosófica: uma, significando o Absoluto presente no Cosmo, enquanto a outra se refere ao mesmo Absoluto presente no indivíduo, como seu núcleo de Consciência. No entanto, o fato de a língua sânscrita ter declinações cria certa dificuldade para o leitor não familiarizado, já que uma mesma palavra aparece com grafias diferentes em textos distintos, em função do caso de declinação. Por exemplo, em ātman e ātmā, o mesmo conceito é grafado na sua forma primitiva e no nominativo, ou o sujeito na oração.

Sob o aspecto filosófico, ambas as tradições possuem ramos advaitas, ou não dualistas, e, nesses casos, ambas expõem a tese de que a única realidade é um Ser Absoluto que se manifesta, emanando de Si um universo fenomenológico, o qual surge como Sua imagem refletida em sua própria consciência manifestada. Portanto, em princípio, somente há um Ser a ser nomeado, além dos fenômenos ilusórios emergentes da cognição do sujeito que observa.

Entretanto, este Ser Absoluto[64] é apresentado como tendo dois aspectos: o transcendente, no qual Ele permanece como o princípio da Consciência não manifestada, sendo testemunha de sua própria manifestação; e o imanente, no qual Ele, ao se manifestar, projeta seu poder como uma Consciência Dinâmica, capaz de agir e, ao mesmo tempo, ser o estofo ou suporte da ilusão projetada, gerando assim seu próprio espaço consciencial de atuação, pela manifestação do “Eu-Sou”, o princípio da vida no Cosmo.

Embora tanto os aspectos transcendentes quanto imanentes estejam além da dualidade de gênero, ambos têm polaridades vibracionais relacionadas às suas quintessências, que são, respetivamente, de natureza masculina e feminina. Assim, o poder imanente, ou a Śakti,

64. Que está além da dualidade macho-fêmea, por isso deveríamos usar uma referência neutra, inexistente na língua portuguesa.

é sempre uma vibração feminina que empodera as deusas reverenciadas nos rituais.

Portanto, nas diversas tradições, ao nos referirmos ao Absoluto, o Ser transcendente e não manifesto, que, por detrás da realidade manifestada e percebida, atua como seu estofo consciente e inteligente, usamos as designações sânscritas:

Paraśiva,[65] na tradição Śaiva;

Mahā-Ādi Devī, na tradição Śakta;

Prakaśa, na tradição Trika, como alternativa a Paraśiva;

Brahman Nirguṇa,[66] na tradição Vedānta Advaita.

Todos esses conceitos aceitam variadas sinonímias e adjetivações, que, de certa forma, os normalizam, quando queremos realçar sua natureza como um infinito campo consciencial, por exemplo:

Anuttara (a realidade última), Saṁvid (saṁ-√vid → compreensão, saber), Cit (percepção, consciência), Caitanya (consciência de si, sensação, alma, espírito, o Eu Real), Purṇa (o Todo), etc.

Quando nos referimos a esse mesmo Ser, agora como o aspecto imanente, princípio da vida e núcleo de Consciência ativa (cidrūpiṇī) que se manifesta gradativamente como um Ser individualizado, utilizamos as denominações genéricas:

Śiva, na tradição Śaiva;
Śakti, na tradição Śakta;
Vimarśa,na tradição Trika;
Brahman Saguṇa,[67] na tradição Vedānta.

Por outro lado, esse Ser imanente recebe uma designação especial quando o vemos como o aspecto mais elevado na hierarquia cósmica, uma divindade ou Deus:

65. As vezes grafado Paramaśiva.

66. Nirguṇa, literalmente "sem qualidade ou atributos".

67. Saguṇa, literalmente "com qualidade e atributos".

Śiva ≡ Mahādeva ou Maheśvara, na tradição Śaiva;

Śakti ≡ Mahādevī ou Maheśvarī, nas tradições Śakta e Trika;

Īśvara, na tradição Vedānta.

Portanto, o aspecto ou princípio imanente é o estofo de uma hierarquia cósmica que representa a vida em multiversos ou espaços consciênciais onde ela se manifesta, alguns acima da condição humana (lokas)[68] e outros abaixo desta (naraka).[69] Entretanto, em todos esses espaços, o princípio imanente da vida está manifestado em níveis de restrição variados, do nível "divino" ao nível humano, e deste aos níveis dos animais inferiores, dos vegetais e de outros seres fora da nossa compreensão. Mas, em todos esses espaços, o princípio de consciência é o mesmo e, para caracterizá-lo como a fonte individualizada da vida, ele recebe designações especiais. Assim, temos:

Kuṇḍalinī-śakti, nas tradições Śaiva e Śakta;

Vimarśa, na tradição Trika;

Ātmā (ou ātman), na tradição Vedānta.

Nesses três casos, o ser que é considerado a essência do Eu-Sou em cada ser vivo, a pessoa ou jīva, pode ser referido como antaryāmin e antarātmā, em alusão ao fato de ser o Regente Interior ou o Ser Interior,[70] também denominado o Eu-Sou dominante de cada indivíduo.

A palavra Prakāśa significa visível, brilhante, luminoso, em alusão ao fato de o Absoluto, substrato ontológico de toda a manifestação, ser percebido como um Sol radiante. Por isso, Prakāśa é um epíteto tanto para a palavra Paraśiva quanto para Mahā-Ādi Devī, o Ser transcendente cuja brilhância ilumina o Cosmo, dando-lhe vida.

68. Literalmente: mundos superiores ao físico.

69. Literalmente: mundos infernais ou atalas.

70. Antar ou antara, prefixo sânscrito que significa interior.

O aspecto imanente de Prakāśa é Vimarśa, termo que significa inteligência, o reflexo da consciência na manifestação, ou a sensação da vida, referindo-se ao reflexo criativo do núcleo de Consciência em sua própria manifestação, quando então percebe a si mesmo como um Ser vivente. Os termos vimarśa ou śakti-vimarśa são sinônimo de kuṇḍalinī-śakti, e, de certa forma, essa acepção se estende a todos os aspectos desse conceito como uma forma primeva de vibração e movimento, tais como: prāṇa, spanda, spandana e nāda, som primordial.

Entendemos que esta reflexão introdutória é importante, pois, embora a terminologia das diversas tradições indianas seja vasta, ela prima pela precisão linguística, a fim de proporcionar uma dialética filosófica precisa para o completo entendimento dos conceitos envolvidos. Por outro lado, é essa precisão que torna difícil a tradução desses conceitos para as línguas ocidentais, razão pela qual optamos por mantê-los em língua sânscrita e na transliteração internacional, pois os léxicos da língua portuguesa e inglesa não têm a mesma variedade de termos, de modo a permitir uma correta tradução dos conceitos originais. Por exemplo, na língua portuguesa, os termos sânscritos ātman e jivātman são traduzidos como alma, e, em inglês, como *soul*. No entanto, esses dois termos sânscritos representam conceitos distintos, e traduzi-los dessa maneira os unifica, o que não é correto.

SHRI YANTRA – A UNIÃO DAS POLARIDADES

E ENERGIAS MASCULINAS E FEMININAS

CAPÍTULO 9

ŚIVA E ŚAKTI

Na concepção do Tantra, o Cosmo é a manifestação do Absoluto, um Ser imaterial, eterno e infinito (apariscchinna), portanto, sem forma (arūpa) e atributos (saguṇa). Esse Ser é a causa primeva e quintessencial de toda a manifestação, e sua natureza (svābhāva) é uma Consciência (parasaṁvit) infinita, que não deve ser considerada como um atributo seu (guṇa), e sim sua própria natureza.

Esse Ser que está além da dualidade masculino - feminino é a única existência imutável por detrás de toda a ilusão emergente do processo de sua manifestação cósmica. Como vimos no capítulo anterior, o Ser Absoluto é onisciente e onipresente, e tanto existe em um estado transcendente à sua própria manifestação quanto em um estado imanente nela. Essa é uma verdade de difícil compreensão para nossa mente limitada, e um grande mistério que, por sua inefabilidade, se torna inexplicável pela linguagem. Entretanto, os sábios que tiveram a visão desse cenário, em virtude da aquietação da mente que leva a um estado de vacuidade, denominado estado sem ego, apreenderam essa realidade. Esse transe místico, ou estado alterado de Consciência, recebe os nomes de Kulānubhava ou Ātmābhava. As exposições filosóficas e teológicas das diversas tradições são genericamente denominadas Brahmavidyās, palavra que significa conhecimento do Absoluto. Nessas teologias, a manifestação cósmica é a descrição que revela uma Hierarquia Divina que contém seres manifestados em diferentes estágios de restrição da onisciência do Absoluto, que então revela como muitos. A hierarquia é formada por infinitos raios que emergem do centro (biṅdu) de poder e os vivifica. Portanto, a hierarquia é composta de infinitos seres em vários níveis de restrição consciencial, cada um sendo um raio emanado do Absoluto, que é fonte de toda vida.

Alguns seres estão próximos da condição humana, enquanto outros estão muito acima dela, e, neste caso, nós os vemos como deuses. Entretanto, por detrás das formas (rūpa) percebidas, somos todos raios de luz idênticos ao Absoluto que nos emanou de Si. O raio principal é considerado o princípio causal da manifestação divina, fruto quintessencial na transição entre a transcendência e a imanência. Nele, o aspecto consciencial do Absoluto tem duas faces, uma masculina e outra feminina, que coexistem em harmonia em seu veículo de manifestação, denominado Corpo Causal (Karaṇa Śarīra).

Assim, o corpo causal contém dois núcleos conscienciais, um masculino e um feminino, ou seja, Consciências de polaridade distintas. A vibração masculina permanece transcendente no corpo causal, enquanto a vibração feminina é imanente (Śakti) e, como tal, manifesta a hierarquia divina que denominamos Cosmo. O aspecto consciencial transcendente é denominado Śiva, e o aspecto consciencial imanente é denominado Śakti (ou Cidrūpiṇi). Portanto, a manifestação do Cosmo tem início quando os dois aspectos, que no corpo causal são um único Ser (ardhanārīśvara), se dissociam em dois poderes de polaridades masculina-feminina, do qual o feminino é a forma dinâmica que revela a Hierarquia com suas múltiplas dimensões conscienciais que compõem o Cosmo.

A manifestação cósmica nos obriga a usar terminologias que nem sempre são claras ao leitor, mas necessárias quando descrevermos um processo que é inefável. Assim, alguns substantivos e adjetivos usados no livro necessitam de esclarecimento para melhor compreensão, como é o caso do termo "dimensão consciencial", ou "espaço de Consciência". Esses termos se referem a uma percepção subjetiva que se torna uma realidade objetiva para quem a contempla pelos seus canais sensoriais, sejam eles do corpo grosseiro ou do corpo sutil; pois todos os corpos têm algum tipo de canal sensorial para a percepção da Consciência. Assim, independentemente do corpo veicular que usamos, tudo o que é apreendido do exterior ao corpo é uma interpretação mental dos canais sensoriais, o que pressupõe a existência de um vedor, ou seja, de um ser individualizado em um corpo. Então, o vedor percebe o Cosmo como constituído de dimensões que surgem no seu corpo mental e são percebidas pela Consciência, ou seja, as dimensões extrafísicas que emergem fantasmagoricamente como um ato mágico produzido pela Śakti, que, como Māyā, a Ilusão, sobrepõe uma forma ao sem forma, e objetiva o subjetivo.

Na tradição tântrica, o aspecto masculino é sempre estático e denominado Śava (ou cadáver), que somente se torna vivo pela cópula com sua consorte, Śakti. Por isso, algumas representações tântricas mostram a Deusa Śakti copulando sentada sobre o corpo de Śiva, que jaz como um cadáver sob Ela. Por essa mesma razão, a postura sexual mais utilizada nos rituais tântricos é a viparīta-ratī, na qual a mulher (sādhikā), assumindo a postura dinâmica da Śakti, se senta sobre o homem (sādhaka), que permanece passivo como um espectador do ato sexual em curso. No decorrer dessa cópula, as vibrações ou poderes relacionados à mística da criação são vivenciados pelo casal.

Nas tradições śaktas, o princípio causal é denominado Mahā-Śakti, que, como a quintessência única e soberana, manifesta a Si mesma tanto como o aspecto estático, em seu modo transcendente, quanto como o aspecto dinâmico e criador, em seu modo imanente. Para os śaktas, a mahā-śakti é Śrī Mā, a Mãe que concebe, dá à luz e nutre o Cosmo que sai de suas entranhas (garbha-yoni) para a existência plena.

A mahā-Śakti, como a vibração primordial e absoluta, também é denominada prāṇā-śakti-kuṇḍalinī, porque se faz presente como um núcleo de consciência que revela o Eu verdadeiro em todos os seres vivos que a vivenciam durante o controle do prāṇā em ritos associados à respiração. Nesse momento, ela é pura onisciência e sua natureza (svābhāva) é manifestar (sṛṣi) a si mesma como o princípio da vida, que é sentido durante o rito.

Por isso, o sábio Vyāsa a Ela se referiu dizendo: "Ela é o princípio da vida entronizado no coração de todos as criaturas".[71]

Assim sendo, os śaktas cultuam a feminilidade como um símbolo, e o corpo da mulher como o cálice sagrado que guarda o símbolo, que é o aspecto feminino do divino. Este aspecto, que coexiste tanto no homem como na mulher, é prakāśa-vimarśamaya, a kuṇḍalinī ou simplesmente kuṇḍali (enrolada), a misteriosa presença divina, que, como centro de poder, reside em nosso veículo de manifestação psicofísico, vivificando-o como o Eu-Sou, ou a Consciência em cada ser vivo.

Desse modo, tanto para os śaktas quanto para os śaivas, o aspecto divino cultuado no ritual passa a ser uma questão de afinidade e foro íntimo. Por isso, a representação do Ser Supremo, denominada ardhanārīśvara, é uma imagem iconográfica que contém os dois aspectos em equilíbrio: o masculino, no lado direito da imagem, e o feminino, no lado esquerdo. Assim sendo, os śaktas veneram o lado esquerdo feminino, que eles denominam Śrī Mā Devī ou Mãe, e os śaivas, o lado direito masculino, que eles denominam Śiva ou Mahādeva, o Senhor.

71. C. Mackenzie Brown. *The Devī Gītā*, p. 248.

CAPÍTULO 10

REFLEXÃO SOBRE A ILUSÃO

O Tantra não é uma tradição filosófica na acepção da palavra, pois sua proposta é desenvolver o conhecimento empírico oriundo da prática ritualística, em vez de refletir sobre crenças, dogmas e suposições metafísicas que possam ter conexão com a existência. Por isso, ele é definido como a arte da magia e do ritual, pois é nesses estados alterados da existência que o conhecimento sobre as questões existenciais e afloram. Portanto, o saber contido nas escrituras é transmitido de mestre para discípulo, dentro da tradição sampradāya, com o objetivo de dar suporte à prática mágica e aos rituais, e, ao mesmo tempo, servir de referência às sensações apreendidas pelo praticante durante os rituais. É esse conhecimento que permite ao discípulo caminhar com segurança em direção à verdade (satya) ao trilhar a sādhana tântrica.

Mas o que é essa verdade que procuramos conhecer, saber e vivenciar?

Esta é uma questão importante, cuja resposta, ou a intuição de qual ela possa ser, é fundamental para o autoconhecimento. Na maioria das tradições da Índia se ensina que, no sentido ontológico, a verdade é incognoscível, embora possamos vivenciá-la, ainda que de forma parcial e, por que não dizer, imprecisa. Nesse caso, a percepção da verdade – isto é, da Natureza e da Realidade – é pessoal, inefável e, portanto, intransferível (anirvaca). Por isso, embora o mestre não consiga passar a seu discípulo suas próprias experiências, ele lhe mostra o caminho da sādhana tântrica para que o discípulo tenha suas próprias vivências e, então, possa ser auxiliado na sua compreensão.

Sendo assim, entendemos que refletir sobre a verdade vivenciada pelos mestres é tão essencial à compreensão do Tantra, que nos propomos a fazê-lo nesta introdução à cosmogonia da Tradição, que busca a verdade, conforme ensinada por Abhinavagupta e Ādi-Śaṇkara, ao postularem a tese de Māyā, a Ilusão.

As religiões tentam entender a cosmogênese como um ato de criação. Mas as tradições advaitas, que incluem o Vedānta, o Kaula e o Trika, trabalham com a tese da Ilusão, que admite uma hipótese alternativa oriunda da cosmologia védica:

> O Cosmo, percebido pelos sentidos, é uma percepção ilusória criada na mente do observador, que interpreta os impulsos sensoriais e lhes dá forma e corpo. Assim, a ilusão percebida não é nem irreal (asat), nem real (sat), e sim uma imagem falsa ou incorreta (mithyā) da essência imaterial que está sendo observada. Por detrás dessa ilusão, a essência imaterial e invisível aos sentidos é um oceano de luz e bem-aventurança, denominado Prakāśa-Vimarśamaya.

Porém, o que queremos dizer ao afirmar que o Cosmo é uma ilusão? A resposta deve ser procurada na própria definição do conceito não dualista de ilusão (māyā). Várias tradições tentaram responder a essa questão com elaboradas dissertações filosóficas que procuram identificar a ilusão com Kalā (a atividade), com Śakti (a Consciência Dinâmica do Absoluto) e com Mūlaprakṛti (a matéria primeva). No entanto, essas argumentações somente deslocam o foco do problema, que permanece na esfera da dialética filosófica. Alguns entendem a ilusão como algo objetivo, outros como algo subjetivo – relacionada com os aspectos psicológicos da percepção humana, tal como na afirmação: "cada um vê a mesma coisa de forma diferente". Entretanto, a ilusão de que falamos é uma categoria muito mais profunda e metafísica do que um aspecto psicológico da percepção, e está relacionada com a exposição da Teoria da Ciência, que trata dos fundamentos epistemológicos do modelo idealista da Teoria do Conhecimento, ou seja, da relação entre o sujeito que observa e o objeto observado.

O caminho de investigação mais simples passa pelo entendimento da ilusão como uma limitação dos meios de cognição sensoriais e das possibilidades de conhecimento por meio deles, pois nossos sentidos têm limitações e não apresentam para a Consciência – o Eu-Sou que observa – uma "imagem" que seja a expressão real daquilo que é observado. Assim sendo, tudo o que é conhecido pelos sentidos é ilusório, ou seja, imagem falsa sobreposta pela mente à realidade observada.

A imagem que temos do Cosmo desde tempos imemoriais é fruto dessa percepção sensorial. Mesmo nos últimos séculos, com a utilização de instrumentos físicos de observação, continuamos construindo a imagem do Cosmo em nossas mentes com auxílio dos condicionamentos, ou interpretadores da realidade, que são resíduos (saṁskāra) das ações do processo evolucionário. Infelizmente, tudo o que apreendemos, e as explicações que damos ao que percebemos, são construções mentais elaboradas com base no conteúdo da mente e não refletem a Realidade que se esconde intocável por detrás do observado. Por isso, o Śiva-sūtra menciona nos dois primeiros versos do capítulo primeiro:

1. Atma caitanya (o Eu-Sou é um núcleo consciencial de sentir e experienciar).
2. Jñānam Bandhaḥ (o conhecimento "sensorial" aprisiona).

Nesse texto, a palavra sânscrita jñānam foi traduzida como "ignorância", mas, para auxiliar a compreensão do leitor, o termo correto para ignorância é avidyā ou ajñāna. Portanto, esse verso nos ensina que aceitar o conhecimento oriundo da percepção empírica sensorial nos aprisiona, pois todo conhecimento cognitivo é ilusório, e a forma percebida nunca corresponde à verdade oculta por detrás das aparências.

Se a Doutrina da Ilusão fosse levada mais a sério pelos que se dizem doutos, estaríamos diante de uma revolução filosófica que mudaria para sempre nossa visão e compreensão do Cosmo e da Vida.

Antes de dar continuidade ao texto, é necessário um adendo para esclarecer o conceito de estrutura psíquica como um todo, e em particular o conceito mente. Nas tradições da Índia, a estrutura psíquica é um órgão associado ao corpo sutil, denominado antaúkarana, palavra sânscrita que significa "órgão interno". Esse órgão interno tem por estofo citta, a quintessência do próprio Cosmo, e dela emergem: a) a mente (manas), constituída pelos resíduos mnemônicos de tudo o que foi vivido e efetuado pela pessoa, que, em síntese, podemos considerar como sendo as cicatrizes das ações cármicas. É para esse órgão que também convergem os impulsos sensoriais, que ele os interpreta em função de seus conteúdos para a percepção da Consciência, o Eu-Sou. No Homem ordinário, a Consciência é sequestrada para esses conteúdos, que proporcionam as fantasias e os atrativos do dia a dia; b) o órgão da egoidade (ahaṁkara), que significa "fazer eu", o *locus* de onde emergem o ego e a personalidade; e **c)** o *locus* do discernimento supremo (budddhi), a dimensão que se abre para a Luz, razão pela qual aqueles cuja Consciência nele permanece são denominados um Buddha, o iluminado. Esse adendo objetiva um esclarecimento quanto ao uso das palavras psique e mente, que são conceitos da Psicologia relacionados ao *locus*, onde se processam a cognição e os pensamentos, e que, na tradição védica, denomina-se antaḥkarana, uma acepção para o que seja a Pessoa que nela vive durante o estado de vigília e de sono com sonhos.

Os sábios de todas as tradições nos ensinam que somos oriundos da Consciência Divina e que, ao caminharmos rumo à individuação, executamos um processo ativo-cognitivo, que vai deixando na Psique do veículo que se manifesta os resíduos (saṁskāra) da ação realizada nesse processo. Esses resíduos vão se aglutinando durante a evolução e resultam no que chamamos de psique, a qual, como mencionado, é a interface entre os próprios conteúdos da Realidade extrospectiva que os sentidos interpretam e apresentam à mente para o testemunho da Consciência. É nessa interface que a ilusão se manifesta, e a Pessoa vive no Estado de Vigília.

Assim, surge uma falsa realidade extrospectiva, dita objetiva, mas que, em verdade, é uma imagem subjetiva formada na psique e vivenciada pelo núcleo da Consciência. Em outras palavras, o Cosmo é criado na psique do indivíduo; como diz a escritura (Antarārthavāda), tudo reside na mente e é percebido pela natureza consciencial do Eu-Sou.

Tal como as tradições do Vedanta e do Tantra, a Teoria da Ciência também põe em reflexão a natureza do conhecimento adquirido pela cognição e sua correlação com o que é observado.

Dessa reflexão, emergiram duas correntes filosóficas que debatem o conceito de Realidade: as filosofias Realista e Idealista. Os seguidores do realismo afirmam que o mundo é real por si, independentemente de haver ou não um sujeito que o observa. Em outras palavras, a realidade seria absoluta e não dependeria de um observador. Por outro lado, os seguidores da percepção idealista afirmam que o Cosmo não é irreal, ou seja, ele existe, mas sua natureza é relativa e depende do observador. Ou seja, é o observador que, com sua mente condicionada, dá ao mundo aparência e atributos. Na ausência de um observador, existe apenas a quintessência vibracional de onde toda a ilusão emerge. Essa também é a percepção da Teoria Quântica.

As filosofias advaitas trabalham com a hipótese idealista. Entretanto, as pessoas comuns, que não estão preocupadas com a natureza do conhecimento, geralmente adotam um ponto de vista pragmático, optando pelo realismo ingênuo – uma visão simplista que não faz uma análise crítica da natureza do conhecimento e da relação entre o sujeito (ahaṁ) e o objeto a ser conhecido (idaṁ), ou seja, o vedor e o que é visto. Para o realista ingênuo, as características observadas são verdadeiras e próprias dos objetos, e não interpretações que a mente faz dos estímulos sensoriais. Essa posição é comum entre os materialistas e a maioria dos dualistas (dvaita), que aceitam a separação entre o Eu-Sou e o mundo, o indivíduo e o todo.

Os sábios que compartilham a posição idealista e professam a crença não dualista sabem que o mundo é uma ilusão, e que a única realidade é o Absoluto, independentemente da forma como o percebemos. Esta sábia percepção é resumida em importantes sentenças ou mahāvakhyas, que são uma síntese da percepção dos mestres:[72]

- Tattvamasi (Tu és aquele): uma asserção que identifica o indivíduo com o Todo, porque o pronome demonstrativo "aquele" é genérico e não especifica alguma coisa em particular.
- Aham Brahmāsmi (Eu sou o Absoluto): uma afirmação da identidade do Eu-Sou (aham), como o Absoluto (Brahman, Śiva ou Śakti).
- Ayamātmā Brahmā (Este Ser é o Absoluto): tal como na sentença anterior, uma identificação de um ser qualquer com o Absoluto. Uma maneira de dizer que o individualizado é idêntico ao Todo.
- Sarvan khalu idaṁ Brahma (Tudo isto é realmente o Absoluto): outra asserção que confirma a sentença anterior.

▼

72. As palavras Aquele e Absoluto, nas sentenças que se seguem, devem ser interpretadas como designativas do Divino, seja como Śiva ou como Śakti.

A ciência moderna[73] aponta para a visão idealista, quando nos mostra que 5% da matéria bariônica, que compõe tudo o que é observado e palpável, é constituída por entidades elementares que, em essência, são somente vibrações no vácuo quântico. Logo, essas entidades não têm as características nem as qualidades materiais observadas, embora sejam responsáveis pela nossa percepção da materialidade que observamos no Cosmo. O restante, ou seja, 95%, é constituído de energia e matéria escura. Logo, o Cosmo conhecido pelos sentidos é realmente um artefato emergente da cognição sensorial. Essa conclusão é endossada pelos sábios da Índia antiga que afirmavam que tudo no Cosmo é formado de oscilações (vṛit-spanda, paramaṇus) em movimento no vazio (śūnyatā) primordial. Segundo eles, essas oscilações são "obrigadas" a morar (jagati), ou seja, ficam estacionárias, o que lhes confere uma estabilidade aparente que permite sua observação.

Uma das mais modernas teorias da física de partículas, denominada Teoria das Supercordas, vai ao encontro da visão das tradições da Índia ao mostrar que a matéria é realmente formada por vibrações oscilantes no vazio. Assim, tudo no Cosmo é formado por agregados dessas vibrações sutis, independentemente de serem percebidas como coisas materiais. É o observador que vê matéria onde somente existe um vazio vibracional que manifesta a onisciência e o poder da Śakti, a deusa que manifestou, mantém e nutre o Cosmo.

O Tantra reconhece este vazio vibracional e lhe dá o nome de Sūṇya ou Ākhāsa. Entretanto, como afirmamos exaustivamente, esse vazio não é o nada; ele é consciência (Cidākhāsa) e poder (Śakti-cidrūpiṇī), que, ao se manifestar, se envolve em um véu que oculta sua natureza (svābhava) e cria a ilusão. Como tal, a Śakti-cidrūpiṇī, também chamada de Vimarśa,[74] é a doadora da vida, que se coloca em movimento por meio de seu desejo de ser (iccha) e poder de ação (kriyāśakti).

73. Filosofia denominada "Idealismo da Mecânica Quântica".

74. Palavra sânscrita derivada da raiz verbal √mṛś, com o significado de sentir, perceber, compreender.

Assim, aprendemos que o estofo ou quintessência de todo o Cosmo é um campo vibracional de Luz, que os tântricos chamam de Jagadambā ou Mãe-Cosmo.

▼

É nesse vazio ontológico que ocorre o ritual de maithuna, no qual os corpos se unem e se fundem na busca dessas vibrações quintessenciais que manifestam o poder e o amor, gerando um êxtase luminoso que faz do homem e da mulher um único ser. A cópula tântrica é isso: o despir da materialidade para vivenciar o êxtase orgástico na imaterialidade constitucional da Vida.

CAPÍTULO 11

ĀBHĀSAVĀDA – A COSMOGONIA TÂNTRICA

No início havia o vazio, mas o vazio não era o nada; o vazio era um campo infinito e eterno de Consciência (Cit ou Citi) e poder (Śakti). De outra forma, foi dito: "no início havia Śiva (ou Brahman) e com Ele Vāk",[75] palavra que tem origem na raiz verbal sânscrita √Vach, cujo significado é o poder manifestado pela palavra, ou a emissão sonora do poder.

O Cosmo, como manifestação do desejo (kāma) ou vontade (icchā) divina, é um bailado, no qual a Consciência vela sua verdadeira natureza (āvaraṇa) e projeta (vikṣepa) formas sobrepostas (adhyāropa) à sua essência, que é sua natureza própria (ādhāra). As formas sobrepostas à realidade última são os figurantes da dança

75. No Latim, *Vox*.

cósmica, cuja coreografia apresenta um movimento vibracional que baila em ressonância com os sons fundamentais da criação.

Nesta performance, que se inicia com a manifestação cósmica, Śiva é Na arāja,[76] o Senhor da Dança, que, em sua coreografia, descortina o Cosmo (Jagat)[77] e cria a ilusão da criação, transformando as imagens e formas projetadas por sua Consciência. Por isso, Ele também é denominado Kāla, o Senhor do Tempo, porque o tempo é a métrica do desenrolar da dança cósmica, cuja mutação contínua conduz a uma expansão e contração entre as diversas Eras.

Erroneamente, Śiva é denominado o Destruidor, mas, em verdade, Ele é o Senhor da "química" do Cosmo, onde não existe destruição e tudo se transforma, em conformidade com a "Coreografia Divina".

A Dança de Śiva foi imortalizada em um belo bronze do período Chola,[78] século X-XII d.C., que está exposto no Templo de Chidambaram, localizado no Estado Tamil Nadu, ao sul da Índia. Nesse bronze, þiva é representado dançando a manifestação do Cosmo. Sua figura tem quatro braços, cujas mãos falam por meio dos gestuais (mudrās): em sua mão direita – mais elevada –, Ele segura o tambor (ḍamaru) que representa o som místico da criação (nadā-śabda); em sua mão superior esquerda, em ardhacandra mudrā, segura a chama da dissolução, e o equilíbrio entre a criação e a dissolução é visível no sorriso indiferente do dançarino cósmico. Sua segunda mão direita, em abhaya mudrā, expressa proteção ao "dizer" "nada temas, eu te protejo"; sua segunda mão esquerda aponta para baixo em um gestual denominado gaja-hasta mudrā, que simboliza a libertação da ilusão. Sob seu pé direito, ele domina o anão que simboliza a ignorância (apasmāra puruṣa), que deve ser destruída antes que a libertação possa ser conquistada; e o seu pé esquerdo, ligeiramente elevado, é um convite para nos aproximarmos de sua essência divina. Prakāśa, o esplendor da Divina Luz da manifestação está representado no prabhā-maṇḍala, o círculo de luz e fogo que o circunda.

---

76. Na a, dançarino Rāja, Real.
77. A palavra sânscrita para Universo, Jagat, significa "aquilo que está em movimento".
78. Pronuncia-se chola.

A dança cósmica de Śiva (tāṇḍava) é a expressão do ato criador, cuja coreografia é dividida em três partes: emissão (sṛiṣi), preservação (sthiti) e dissolução (saṁhāra).

Como dito no início deste capítulo, o vazio não é o nada, e sim Consciência e Poder. Com sua dança, Śiva produz a emissão das partículas e antipartículas que emergem do ākāsa, em um bailado vigoroso (spin), no qual emissão e dissolução se entremeiam com ressonâncias que dão presença a novas partículas (reṇus), as quais surgem aos pares durante os primeiros nanossegundos da manifestação do Cosmo, o que os cosmólogos denominam Big-Bang.

Essa dança cósmica apresenta muitas coreografias, e as filosofias da Índia têm diferentes descrições delas, cada uma expondo sua visão sobre as causas materiais e instrumentais que deram origem ao Cosmo, fazendo uso de uma linguagem que depende da cultura e da língua falada em cada região em que a tradição nasceu. Então, podemos dividir as tradições tântricas em dois grupos, conforme sua Cosmogonia: satkāryavāda e asatkāryavāda.

Satkāryavāda: são as tradições que aceitam a existência de uma causa primária transcendente e pré-existente, da qual o Cosmo é seu efeito (kārya). Neste grupo, encontramos principalmente o Vedānta e o Sāṁkhya, o primeiro com sua cosmologia denominada māyāvāda ou vivartavāda, que afirma que o efeito é a percepção ilusória da manifestação do princípio causal. O segundo, com sua cosmologia denominada pariṇāmavāda, que afirma que a manifestação é um processo pelo qual a causa se transforma (pariṇāma) no efeito. Os Tantras também estão incluídos nesta classificação e, como uma tradição advaita qualificada, também aceitam a postura tradicional do Vedānta. Entretanto, diferentemente dessa escola que considera a ilusão como algo que deve ser ignorado na busca pelo Eu-Sou, os Tantras consideram que a ilusão deve ser conhecida e vivenciada como meio de se atingir esse mesmo Eu-Sou. Assim, o Vedānta afirma: somente existe um, e o Tantra nos ensina que durante a cópula eles não são dois.

Asatkāryavāda: são as tradições que não aceitam a existência de uma causa pré-existente da qual o efeito teria sido originário. Neste grupo, encontramos tradições ateístas e materialistas (cārvakās), que consideram que o Cosmo não teve uma causa.

A cosmogonia tântrica, denominada Ābhāsāvāda,[79] (palavra sânscrita composta e derivada de ābhāsā, que significa "esplendor, luz, aparência, reflexão", e vāda, que significa "doutrina ou explanação"), é a cosmogonia do Esplendor. Essa denominação é uma referência ao esplendor da manifestação cósmica que, com sua magnífica luminosidade, dá esplendor aos que a contemplam. Assim, a doutrina do Esplendor expõe a concepção advaita, considerando o Cosmo uma percepção cognitiva falsa ou ilusória, que não deve ser entendida como irreal e desprezada, porque a ilusão é somente uma máscara que deve ser vivenciada e experienciada em sua complexa interação vibracional.

A Deusa Bhuvaneśvarī apresenta sua visão no texto intitulado Devī Gītā:

No início dos tempos, eu existia sozinha e nada havia para contemplar, embora eu seja conhecida como pura onisciência, altíssima inteligência e o ser supremo. Assim, mesmo estando além da razão e da linguagem, eu afirmo ser indescritível (anivarśanīyā), incomparável e incorruptível. Do meu Ser evolui um poder denominado ilusão (māyā). Esse poder não é nem real, nem irreal, tampouco real-irreal, pois então haveria uma incongruência. Mas, apesar de tal característica ser indefinida, a entidade ilusória tem sempre subsistido.

Tal como o calor é parte intrínseca do fogo e a luminosidade, do Sol, o poder da ilusão (māyā) é parte inerente a mim. No interior da ilusão, as ações dos seres, os próprios seres e as eras se dissolvem e desaparecem, como no despertar de um sono profundo.

Unindo-me com esse meu poder inseparável, eu me torno o Ovo Cósmico, e, por meu próprio poder de ilusão (māyā), uso minha

79. Literalmente, reflexão sobre o esplendor da revelação, luz.

capacidade de querer (icchā) e desejar (kriya). Conforme minhas experiências prévias, e em conformidade com os resultados das ações anteriores, misturo os elementos primários e, desejosa de gerar, dou início à revelação do Cosmo.

Assim, pelo reflexo (cid-ābhāsa) do poder de minha onisciência ativa (cidrūpiṇī), a ilusão é denominada causa eficiente do Cosmo (nimitta-kāraṇa). Alguns a denominam o "poder da austeridade", outros de "poder da escuridão", e outros ainda de "conhecimento". Mas eu sou inata e sábia, e, embora os adeptos da tradição Vedānta tratam a ilusão como sendo ignorância, os śaivas e os śaktas a ela se referem como inteligência, um dos muitos nomes do meu poder.

Portanto, a Consciência Divina é eterna, pois não tem começo nem fim, e nenhuma qualidade ou atributo que são "coisas" da cognição. Ela não tem corpo, forma, nem dentro ou fora; não é isto nem aquilo; não está aqui nem lá, mas está em toda parte. Ela é Luz (prakāśa) como Ser, ou Ser como Luz. Ela não tem mente, por isso não é pensar. Ela sente, vê, testemunha, sabe e é. Estando além das qualidades, ela transcende os aspectos feminino e masculino e, embora contenha tudo, não está em nada, e nada a contém.

Este Ser Absoluto é a realidade última, e sua natureza manifesta dois aspectos em constante equilíbrio e harmonia: Prakāśa(ou Śiva), o princípio da autorrevelação, a Luz sem a qual nada se manifesta e pela qual tudo pode ser conhecido, e Vimarśa (ou Śakti), o princípio pelo qual sua absoluta onisciência observa, vê a si mesma e se manifesta.

Sua natureza é se manifestar, embora não haja uma razão para isso, pelo menos não acessível à compreensão humana. Seu aspecto dinâmico se volta sobre si mesmo em uma introspecção e, ao mesmo tempo que esse processo ativo reduz sua Consciência, ela se reflete como infinitos núcleos, ou raios de sentir e ser, tal como os raios de uma roda que emergem do seu centro. Então, vendo sua "infinitude" como algo fora de Si, ela permite que surja a multiplicidade.

Esta é a essência da cosmogênese: o Ser infinito e Uno (Kula) é a causa primária da hierarquia (akula) de seres individualizados e das dimensões conscienciais por eles vivenciados em seus múltiplos níveis de restrição.

Este é o esplendor dos Tantras.

CAPÍTULO 12

A MANIFESTAÇÃO DA ŚAKTI – OS TATTVAS

A descida do poder divino da Śakti Devī é uma experiência que pode ser descrita em etapas, denominadas tattvas, palavra sânscrita que significa estado verdadeiro ou real, realidade. Assim, cada tattva representa um nível, espaço ou dimensão de consciência, com redução do seu poder e da sua infinitude em um processo de descenso que leva à individuação.

A descrição da manifestação divina em etapas permite que possamos entendê-la como se fosse um processo quantizado, onde somente alguns níveis são permitidos, ainda que na minha percepção o processo possa ser contínuo. Entretanto, a descrição do contínuo é muito mais complexa e difícil em razão da pouca nitidez e diferenciação entre seus interstícios espaços interdimensionais.

A formação das estruturas, ou princípios, que definem as etapas da manifestação recebem na descrição do tantrismo Trika diferentes nomes, em função do nível de transformação, da profundidade da transformação e de seu conteúdo.

A realidade suprema é denominada Paramaśiva, e sua natureza (svābhāva) é manifestar-se. Assim, como um Ser supremo, Ele tem aspectos intrínsecos que coexistem em harmonia e equilíbrio, e por isso é denominado prakāśa-vimarśamaya, ou seja, constituído (maya)[80] de luz (prakāśa) e poder (vimarśa).

Nesse estado, Ele é Prakāśa, a consciência compreendida como o estofo ontológico de todas as percepções. Nele, seus aspectos "Eu" e "Isto" estão em equilíbrio absoluto e indiferenciado.

Quando surge a percepção criativa que dá origem ao Eu e ao Isto, estabelecendo a diferenciação entre a Consciência de si mesmo e da diversidade extrospectiva, o Absoluto recebe várias denominações, tais como: Vimarśa, Śakti, Citi ou Parāvāk, a palavra.

Entre seus poderes, temos os diferentes aspectos da Śakti:

Cit, como consciência pura e transcendente, é o primeiro aspecto, o poder de autorrevelação ou automanifestação.

Ānanda, como harmonia e bem-aventurança, é o segundo aspecto, o poder de equilíbrio. Em sua harmonia, , Ānanda é Śiva (Prakāśa) e Śaktī (Vimarśa), sem distinção. Śiva representa o aspecto masculino e estático, e Śaktī representa a feminilidade dinâmica da atividade que ora se inicia.

Icchā, é sua vontade ou desejo criativo, o poder expresso como desejo e vontade de Ser, um aspecto conhecido como Sadaśiva.

Iñāna é conhecimento, cognição. Um princípio também denominado Īśvara, o Senhor, pois, neste nível, temos a visão do divino como um Deus pessoal.

Kriyā é o quinto princípio, o poder de assumir todas as formas. Por isso, este princípio é denominado Śuddha-Vidyā, ou conhecimento puro.

80. Não confundir maya, que significa "feito de", com māyā, "ilusão".

Resumindo, temos:

onisciência (Cit)
↓
equilíbrio (Śiva ↔ Śakti)
↓
desejo de Ser (icchā)
↓
cognição, percepção espaço-temporal (Iñāna)
↓
formas, ação e individualização (Kriyā-Śuddha Vidyā)

Por meio desses poderes, inicia-se a manifestação e o uno torna-se muitos. Os primeiros cinco princípios, ou Tattva, são dimensões conscienciais da experiência cósmica, também conhecidos como princípios puros da manifestação (śuddha-vidyā):

Primeiro Tattva – Śiva Tattva

O primeiro tattva é o movimento criativo inicial de Paramaśiva. Por meio dessa ação, Ele libera seu poder vibracional, denominado Ādi-Śakti.

Segundo Tattva – Śakti Tattva

O segundo tattva é o poder vibracional liberado como Ādi-Śakti, que se manifesta como a realidade e o princípio do poder.

É a Śakti que polariza a Consciência em Eu-Sou (Ahaṁ) e isto (idaṁ), ou seja, entre o sujeito e o objeto, o vedor e a visão. A Śakti é parte de Śiva, e um não existe sem o outro. São os dois lados de uma mesma moeda (dvam-dvas), e nesse tattva predominam o equilíbrio e o aspecto Ānanda (bem-aventurança) do Absoluto.

Terceiro Tattva – Sadaśiva ou Sādākhya Tattva

No terceiro tattva, o desejo (icchā) de criar é o princípio que gera o poder, pois o poder tem sua origem no desejo. A experiência nesse estágio é: "Eu sou isto", com ênfase no Eu. A predominância do Eu em relação ao Isto significa que, embora haja uma percepção da dualidade, esta é ainda uma experiência nebulosa, em que o Eu vê o Isto como parte de si, por ainda estar indefinido ou indistinto nas profundezas da consciência.

Quarto Tattva – Īśvara Tattva ou Aiśvarya Tattva

No quarto tattva, o estágio da manifestação surge com o princípio da cognição. Agora, o Isto começa a ser mais bem definido (sphuta) e se "desprende" do Eu. Tem início o desabrochar do Cosmo, pois neste princípio predomina o conhecimento empírico (Iñāna). Neste estágio a experiência é "Isto sou Eu", mas a ênfase está no Isto.

Quinto Tattva – Sadavidyā[81]

Neste tattva predomina o princípio da ação (Kriya Śakti) e existe maior equilíbrio entre o Eu e o Isto. Assim, surge a diversidade na unicidade (bhedābheda-virmaśātma). É nesse estágio que se inicia a separação dos estágios superiores ou puros dos inferiores, denominados impuros, porque toda apreensão é contaminada pela ilusão.

Em seguida, temos os tattvas inferiores ou princípios da experiência individual e limitada, quando aparecem as restrições denominadas respectivamente māyā, a ilusão e os cinco restritores ou kañcukas.

81. Também denominado Śuddhavidyā.

Sexto Tattva – Māyā

Com o prosseguimento da atividade (carma) de manifestação, a consciência envolvida nos resíduos da ação cármica vai se restringindo, e os canais cognitivos, que ainda são muito sutis, vão canalizando e velando a percepção consciencial. Esta é uma fase de transição, na qual surge o princípio da ilusão ou Māyā Tattva.

Deste estágio em diante, tem início uma sequência denominada "impura" ou aśuddhādhvā, porque a verdade está sendo "contaminada" e ocultada pelo véu da ilusão. É nessa etapa que surgem os restritores (kañcukas) conscienciais que diferenciam o vedor da visão. As restrições são decorrência da limitação da percepção consciencial que vai perdendo liberdade e tornando-se cada vez mais finita e localizada. Nesse processo, também denominado aśudha-māyā, o núcleo de Consciência infinito (Eu) é coberto ou oculto pelos cinco kañcukas, tornando-se um centro de Consciência envolto por um Ser limitado e finito.

A ilusão e os restritores dão origem à percepção da diferença entre o sujeito e o objeto, porque o Eu-sou, que é um núcleo consciencial infinito, passa a se ver finito e localizado, e a ver sua infinitude como algo externo e fora de Si. Assim, surge a percepção de Eu e Isto, ou o Eu e o não Eu.

Sétimo Tattva – Kalā

Kalā é o tattva que representa a redução do poder de agência, atividade ou movimento. Esta restrição impede que o núcleo de consciência se manifeste livremente como um Ser infinito e se expanda.

Oitavo Tattva – Vidyā

Neste tattva, o saber ou a capacidade de conhecer é reduzido pela limitação da atuação do Eu a alguns estados ou espaços de consciência, como vigília (jāgarita), sono com sonhos (taijasa), sono sem sonhos (suṣupta) e o estado denominado turīya ou quarto estado. Limitada a poucos níveis conscienciais, ela aprofunda sua individualização pela perda de sua infinitude.

Nono Tattva – Rāga

Neste tattva, a consciência se apega à ilusão, agora vivenciada como objetos e coisas fora de Si. Assim, surgem os sentimentos de posse e de perda, e com eles são reduzidas sua bem-aventurança (ānanda) e autossatisfação, dando origem ao sofrimento e à dor.

Décimo Tattva – Kāla[82]

Neste tattva, a percepção do Eu com relação às transformações e modificações é alterada, dando origem ao tempo que, quando percebido em sequência, origina uma percepção ordenada dos eventos em passado, presente e futuro. O tempo aprofunda o sentimento de finitude, dando ao Eu uma dimensão local e temporal.

Décimo Primeiro Tattva – Niyati

Este tattva é a restrição final e significa que o processo chega a seu destino, em termos de limitação. Niyati é a ordem fixa das coisas, destino. Ou seja, a infinita Consciência foi reduzida a um finito núcleo consciencial com limitações de causa, espaço e forma, fazendo com que ela se sinta definitivamente um fenômeno localizado no espaço-tempo.

82. Não confundir Kāla, o tempo, com Kalā, ou poder de ação.

Desta etapa em diante, tem início a individuação como o surgimento de um Eu pessoal (ego):

Décimo Segundo Tattva – Puruṣa

> Por meio da ação da vontade (icchā māyāshakti), Śiva (ou Śakti) limitou sua onisciência (Cit) e poder (Siddhi) e "transformou-se" em Puruṣa, o ser individualizado, a Pessoa que experiencia e goza a existência como um ser agente (bhoktā). Puru§a é a unidade que renasce para a evolução de sua estrutura de manifestação, aprimorando seus veículos sutis (imateriais) e grosseiros (materiais). Puruṣa é uma manifestação subjetiva de þiva, ou da Śakti, porque a referida "transformação" é somente um estado consciencial no qual Ele ou Elas são um ser com as duas polaridades (ardhanariśvara), ora assumindo o papel de semente cósmica (masculina), ora assumindo o papel de útero do Cosmo (feminino). Como cada polo não tem existência isolada, eles gravitam em torno de um eixo imaginário, em uma contínua circunvolução, que gera a aproximação (amor) e a fusão (maithuna), que durante um lapso infinitesimal de tempo (lakṣna) recria a unicidade. Śiva – Śakti é Puruṣa, a Pessoa.

Décimo Terceiro Tattva – Prakṛti

> A consciência agora ativa em Puruṣa gera o agente da percepção, o ato de perceber e o objeto a ser percebido e experienciado (bhogyā). Esse "pano de fundo cósmico" é denominado Prakṛti, a matriz de toda objetividade.
>
> Ela (Prakṛti) pode ser descrita como contendo três qualidades ou atributos (guṇas): sattva, rajas e tamas, que, em seu estado natural ou não manifesto, estão em perfeito equilíbrio:

Sattva é dito ter a natureza da luz, luminosidade. Entretanto, do ponto de vista psicológico, a palavra deve ser entendida como transparência, alegria e paz. Sob o aspecto das relações éticas, caracteriza o princípio da bondade e da generosidade.

Rajas é dito ter a natureza da atividade, que se manifesta como o estado psicológico responsável pelo desejo e pela paixão. Sob o aspecto ético, surge como ambição e avareza.

Tamas é dito ter a natureza da escuridão e da inércia. Do ponto de vista psicológico, deve ser entendido como insensibilidade, falsidade ou maldade. Sob o aspecto ético, manifesta-se como o princípio da degradação e da decadência.

Na tradição Trika, a Prakṛti é dita ser Śāntā Śakti (poder ativo) de Śiva e as gunas são vistas como polarizações das Śaktis correspondentes à Iñāna (conhecimento), kriyā (atividade) e icchā (vontade), respectivamente.

Décimo Quarto Tattva – Mahat

Mahat é o princípio, considerado como sendo o Corpo Causal do poder manifestado e o invólucro sutil do poder da consciência no macrocosmo (samaṣi).

Décimo Quinto Tattva – Buddhi

Buddhi é o reflexo do princípio associado ao Mahat no microcosmo (vyaṣi); o corpo causal do poder manifestado (prānāvṛit-kuṇḍalinī) nesse espaço consciencial. Buddhi é o princípio do poder, do sentir e do saber, e nele reside o Dharma.

Décimo Sexto Tattva – Antaḥ-karaṇa

O Antaḥ-karaṇa (instrumento interno) representa a estrutura psíquica e seus componentes, já descritos anteriormente: manas, ou mente instintiva e condicionada; buddhi, o locus da Luz, onde a iluminação ocorre; ahaṁkāra, o princípio da personalidade e do id; e Citta, o estofo onde toda a manifestação vibra e produz seus efeitos.

Os tattvas a seguir são os princípios da experiência sensível:

Décimo Sétimo → Vigésimo Primeiro Tattvas – Jñānendriyas

Os cinco tattvas denominados jñānendriyas ou buddhhindrīyas são produtos evolutivos do ahaṁkāra, portanto são os tattvas da experiência cognitiva. Esses cinco poderes sensoriais são respectivamente: olfato (ghrāṇendriya), paladar (rasanendriya), visão (cakṣurindria), tato (sparśendria) e audição (śravaṇendriya). Por meio desses poderes, a consciência manifestada experimenta a realidade subjetiva como sendo objetiva e exterior a si mesma. Na Tradição Trika, os sentidos são considerados poderes divinos e sagrados da manifestação por serem vivenciados no ritual como facilitadores da unicidade.

Vigésimo Segundo → Vigésimo Sexto Tattvas – Karmendriyas

O cinco tattvas denominados karmendriyas também são produtos evolutivos do ahaṁkāra, portanto são tattvas da experiência ativa. Estes cinco poderes são: a fala (vāgindriya), o agir pelo uso das mãos (hastendriya), a locomoção (pādendriya), a excreção (pāyvindriya) e a atividade sexual (upasthendriya), manifestadora da vida. Por meio desses poderes, a consciência manifestada manipula e age sobre a realidade subjetiva como sendo objetiva em si mesmo.

Vigésimo Sétimo → Trigésimo Primeiro Tattvas – Tanmātras

Os cinco tanmātras são considerados produtos evolutivos primários, criados pela cognição. A vibração primeva, sutil e imaterial é movimentada pela atividade da consciência e sutilmente percebida como as sementes dos estímulos sensoriais. Estes poderes são: o som (śabda-tanmātra), o tato (śparśa-tanmātra), a forma (rūpa-tanmātra), o sabor (rasa-tanmātra) e o odor (gandha-tanmātra).

Os tanmātras estão relacionados com os sentidos, porque é por meio deles que a ilusão da materialidade aparece no espaço cognitivo gerado pela ilusão. Da evolução ou aprofundamento cognitivo dos tanmātras, surge a substancialidade percebida no mundo material.

Os cinco tattvas da materialidade:

Trigésimo Segundo → Trigésimo Sexto Tattvas – Bhūtamāntras

Os bhūtanmātras ou pañca-mahābhūtas são produtos evolutivos secundários criados pelos cinco tanmātras. A vibração sutil e primeva, movimentada pela atividade da consciência, é modificada e percebida como elementos materiais pela percepção sensorial. Estes poderes são: o ākāśa ou vazio, modificação vibratória gerada pelo śparśa-tanmātra; vāyu ou ar, modificação vibratória gerada pelo śabda-tanmātra; teja ou fogo, modificação vibratória gerada pelo rūpa-tanmātra; ápas ou água, modificação vibratória gerada pelo rasa-tanmātra; e pṛthivī ou Terra, modificação vibratória gerada pelo gandha-tanmātra.

O aspecto físico ou material é constituído pelos pañca-mahābhūtas, que, dispostos como vibração organizada no espaço e no tempo, dão aparência aos elementos químicos que constituem o corpo físico do Ser manifestado.

Concluindo, o ritual tântrico propõe um caminho inverso para a desmaterialização do Ser. Assim, durante o ritual, é importante perceber a subjetividade e a imaterialidade dos tanmātras e dos bhutamātras, bem como o papel dos sentidos na transformação do imaterial em material, pois o ritual pede a vivência das vibrações sutis despidas dos atributos a elas sobrepostos pelos sentidos. Então, a consciência utiliza seus canais cognitivos e ativos para vivenciar a vibração **spandana**, de maneira a manifestar seu estado natural ou sahaja, onde somente há Luz e poder.

▼

Durante o ritual de maithuna, a beleza, a sutileza e a luminosidade estão no encontro dos corpos sutis que, livres da materialidade, se amalgamam para que os oficiantes celebrem a unicidade primordial.

RESUMO DOS TATTVAS

Tattvas	aspecto	significado
Śuddha Tattva		
Śiva Tattva	Cit	Consciência pura, unicidade.
Śakti Tattva	Ānanda	Consciência Dinâmica, multiplicidade.
Sadāśiva Tattva	Sat-icchā	Eu sou isto, Eu Sou!
Īśvara Tattva	Iñāna	Isto sou eu! Isto!
Śuddhavidyā Tattva	Kriyā	Eu sou isto!
Māyā	Poder da ilusão	O Eu e o Isto
Āśuddha Tattva		
Kañcukas		
Kāla		Limitação temporal
Niyati		Limitação espacial
Rajā		Ligação com as coisas do mundo
Vidyā		Limitação no conhecimento

Kalā		Limitação na atividade
Princípios da Individualização		
Puruṣa	Cit, Caitanya	Princípio espiritual
Prakṛti	Cidrūpinī Śakti	Matéria primeva
Buddhi		Mente espiritual
Ahaṁkāra		Ego; egotismo; "persona"
Manas		Mente condicionada, karmaphala
Princípios da Experiência Sensível		
Jñānendrias	Órgãos da cognição	cakṣu (olho) darśana
nāsikā (nariz) āghrāṇa	Órgãos da ação	vāk (cordas vocais) ñ kathana pāṇi (mão) śilpana pāda (perna) caraṇa pāyu (ânus) varjana upastha (genitália) janana
jihvā (língua) āsvādana	Estruturas sutis	pṛthivi; ap, tejas; vayu; ākāśa
karṇa (ouvido) śravaṇa	Estruturas sutis	Materialização dos tanmātras
tvak (pele) sparśana		
Karmendrias	Órgãos da ação	vāk (cordas vocais) kathana
pāṇi (mão) śilpana		
pāda (perna) caraṇa		
pāyu (ânus) varjana		
upastha (genitália) janana		
Tanmātras	Estruturas sutis	pṛthivi; ap, tejas; vayu; ākāśa
Bhutamatras	Estruturas sutis	Materialização dos tanmātras

CAPÍTULO 13

A ALQUIMIA KUṆḌALINĪ

A alquimia relacionada à ascensão da kuṇḍalinī (kuṇḍalinī-prabhodha) e seus efeitos psicofísicos constitui um assunto difícil de ser abordado, em razão de sua subjetividade. Por isso, devemos interpretar com prudência as descrições das vivências que encontramos nos textos e nas escrituras, porque, com certeza, elas não refletem uma verdade absoluta e válida para todos, mas uma experiência individual e subjetiva.

É assim que sinto a questão. Embora tenha tido uma experiência pessoal extremamente significativa e esplendorosa – para usar um adjetivo que me parece correto –, sinto-me impotente em tentar descrevê-la, seja pela impossibilidade de verbalizá-la em sua grandiosidade, seja porque não há como saber se a sensação de consciência expandida – que estava sendo vivenciada – teve, ou não, algo a ver com a ascensão da Kuṇḍalinī. Isso se torna ainda mais difícil, pois não há como saber o que está acontecendo no momento, tampouco depois, quando tudo fica meio vago e distante.

Entretanto, posso afirmar que tive uma expansão de consciência que me permitiu vivenciar o "Cosmo" como um infinito oceano de luz, harmonia e amor, o que mostrou que a experiência da condição humana no estado de vigília é de uma pobreza pouco significante. Realmente, pude sentir a diferença e comparar nosso restrito espaço consciencial com um estado que parece ser o descortinar do misterioso e desconhecido além.

Assumi para mim mesmo que foi uma experiência da manifestação da Kuṇḍalinī, porque sua ocorrência foi precedida ou concomitante com algumas percepções que fazem parte de seu "quadro sintomático" da ascensão da Serpente de Fogo. No início, senti ou percebi um ruído que descrevo como semelhante ao rasgar de um pano, que em alguns textos é mencionado como um zumbido de abelhas, uma espécie de hūṁkāra. Depois, foi muito claro que eu estava fluindo por um túnel luminoso que desembocou em um oceano de Luz que não sei explicar, principalmente porque a sensação era de uma viagem dentro de um holograma de geometria fractal, extremamente sutil e composto de estranhos padrões que se repetiam. Seria esse túnel de luz o nāḍī brahmadvāra? É difícil dizer, pois, embora os textos falem de três túneis,[83] um no interior do outro, não há como identificá-los em uma experiência pessoal desse tipo.

Outras percepções interessantes são: a sensação de o corpo estar eletrizado; de um formigamento (pipīlikā) nos membros e face; alguns tremores (calattā); além de percepções luminosas (sphurattā) associadas a uma sensação de "inflação" do corpo, que também são inseridas no contexto da elevação da Kuṇḍalinī. Alguns desses efeitos não são agradáveis e produzem enjoo, mas, em nenhum momento, perdi a consciência e o controle da situação.

83. O túnel central é denominado citriṇī (ou brahmānī) e está envolto no vajrā (ou citrāni), que está envolto no suṣumnā, também denominado brahmadvāra.

Essa experiência veio corroborar a suposição de que a kuṇḍalinī é, de fato, a própria Consciência que se expande do cakra Mūlādhāra para o Sahasrāra, o que explicaria o porquê da sua passagem por um túnel de Luz. Por outro lado, qual seria a relação entre o cakra coronariano e o locus consciencial Buddhi? De fato, não sabemos, mas como a iluminação é descrita como a elevação da Consciência do centro denominado Manas para o Buddhi, talvez haja uma relação entre os cakras e os conteúdos do antaḥkarana.

Como vemos, o assunto é complexo e merece uma ampla reflexão, pois se trata da mais importante e maior aventura que podemos vivenciar na condição humana, ou seja, a busca de nossas origens e a descoberta da natureza infinita de nosso próprio Ser.

▼

A maioria dos textos que trata do assunto descreve a kuṇḍalinī como uma "energia", uma ondulação vibrante de poder que foi posta em movimento. Assim, essas descrições ou interpretações acabam passando a ideia de que a Kuṇḍalinī é algo que "reside em nós" em estado latente, algo que possuímos, como na expressão "tenho um corpo, uma mente". Entretanto, isto não me parece real. A mim parece que a Kuṇḍalinī é, de fato, um aspecto ou sensação de nosso próprio Espírito-Consciência, ou o Eu-Sou, e não algo que o Eu-Sou tem ou possui.

Embora o Eu-Sou seja uma experiência inefável e incognoscível, ele é uma imagem do Absoluto e, como tal, também admite dois aspectos: o estático e o dinâmico. O aspecto estático – na linguagem tântrica – é Śiva (Prakāśa), a consciência transcendente que está além do espaço e do tempo. O aspecto dinâmico é Śakti-ciḍrūpinī, também denominada Vimarśa-śakti ou Kuṇḍalinī. Esse último aspecto, embora seja dinâmico e imanente, se restringiu e se limitou a um espaço restrito de consciência, denominado estado de vigília, que alguns denominam equivocadamente de princípio estático da consciência e afirmam que ele deve ser posto em movimento, quando, na realidade, somente deve ser expandido por meio do nāḍī suṣumnā em direção aos portais (cakra) que nos levam à Luz Infinita dos espaços e dimensões conscienciais superiores.

A identificação entre a Kuṇḍalinī e o que denominamos o Eu-Sou é fácil de ser intuída, se lembrarmos que nas tradições advaitas, entre as quais temos as tradições Kaula e Trika, somente o Eu-Sou é real; tudo mais são percepções fenomenológicas e ilusórias de sua atividade ou manifestação. Seu aspecto dinâmico é de fato a Kuṇḍalinī, pois, caso contrário, ela também seria um fenômeno ilusório e emergente da cognição, e sua elevação, uma utopia. Assim, a correspondência entre o núcleo de consciência que denominamos Eu-Sou com a Kuṇḍalinī é verificada durante "sua ascensão", pois a principal sensação é que somos nós que estamos ascensionando, através de um túnel de intensa luminosidade, que nos leva do espaço de consciência de vigília a um espaço de consciência búdica. Portanto, a sensação que fica é que de fato o poder serpentino ascendente é o próprio Eu-Sou em movimentação, que abandona sua esfera vivencial na mente instintiva e condicionada (manas), para ir em direção à esfera irrestrita onde a Luz é eterna (buddhi). Assim, a Kuṇḍalinī-śakti não deve ser considerada algo que nos pertence, mas, sim, aquilo somos em nossa mais íntima quintessência: um poder infinito e eterno.

Ao elevarmos a Kuṇḍalinī, estamos de fato nos libertando das limitações impostas pela manifestação para agir e ascender à nossa origem, uma experiência que os sábios e videntes do passado denominaram com muita propriedade pela palavra sânscrita Līlā, cujo significado é brincadeira ou diversão. Isso sugere que a experiência da manifestação cósmica deve ser entendida e vivida, ou seja, uma diversão na qual nós somos cocriadores nos universos das vibrações e das formas.

Assim, o objetivo da sādhanā tântrica, também denominada Kuṇḍalinī Yoga, é elevar nosso Ser à sua máxima expressão, para vivenciarmos a vida no universo das formas com a maestria que nos permite participar da "criação".

O conhecimento místico da Kuṇḍalinī-śakti nos ensina que sua ação está centrada na percepção e atuação da vibração primordial, denominada spandana, spanda-śakti ou prāṇa-spanda, que são os "reflexos vibracionais" da Consciência no estofo de sua própria atividade. Este estofo é constituído pelos veículos ou corpos (kośas), em que o Eu-Sou se manifesta como um Ser individualizado. Neles, a vibração primordial flui através de uma rede sutil de nāḍīs,[84] que interliga os lótus ou cakras,[85] centros pelos quais o Eu flui de um espaço de consciência para outro. Assim, cada cakra atua como um portal que permite o fluxo e refluxo da Consciência, entre as diversas dimensões conscienciais nas quais ela se manifesta.

A rede dos nāḍīs ultrapassa os limites do corpo físico, embora esteja aparentemente circunscrita aos limites do corpo sutil, denominado prāṇāmayakośa. Os nāḍīs mais importantes são em número de 14, sendo os três primeiros considerados os principais:[86] suṣuṁnā, iḍā, piṅgalā, pūṣā, hastijihvā, yaśasvini, kuhū, śankhinī, alambuśā, gāndhārī, viśvodarā, payasvinī, sarasvatī e vārunī. Com exceção dos quatro últimos, os dez primeiros também estão mencionados no texto Gorakṣaśataka.

Os nāḍīs iḍā, piṅgalā e suṣuṁnā também são respectivamente denominados gaṅga, yamunā e sarasvatī, em uma referência aos rios de mesmo nome. Na região de Prayag, esses rios se encontram para dar continuidade ao Rio Gaṅga (Ganges), do qual o Yamunā é um afluente; o Sarasvatī também foi no passado, estando atualmente extinto. Esta junção (yukta-triveṇi) tem um significado especial e simbólico, por isso Prayag é considerado o local sagrado onde, a cada 12 anos, se realiza a importante festa religiosa Mahākumbha Mela.

Quanto aos corpos, tanto nos Vedas quanto nos Tantras, existe uma variada descrição didática. De acordo com as escrituras, podemos considerar três corpos: o corpo material (sthūla śarīra), o corpo sutil ou imaterial (sūkśma śarīra) e o corpo causal (karaṇa śarīra), também imaterial, e mais sutilíssimo que o corpo sutil. O veículo

84. Palavra sânscrita que significa literalmente tubo, órgão tubular, canal. Também denominado sirās.
85. Palavra sânscrita que significa vórtice ou roda.
86. Vasiṣha Saṁhitā, Kaivalyadhama S.M.Y.M. Samiti, Lonavla, p. 10.

material é denominado annamayakośa, ou corpo (kośa) feito de (maya), alimento (anna). O veículo sutil pode ser subdividido em três partes: prāṇamayakośa, manomayakośa, vijñānamayakośa. Já o corpo causal, ou ānandamayakośa, é o corpo de bem-aventurança.

Embora todos os corpos se originem no causal, eles têm funções e aspectos distintos porque seus estofos vibram em frequências distintas, e essas ressoam de maneira diversa ao serem apreendidas pelos canais sensoriais.

Dos três componentes do corpo sutil, o prāṇamayakośa é aquele que os interliga como um cordel prânico que permite que a consciência se manifeste. A ação do prāṇamayakośa sobre os bhūtamātras que compõem a materialidade produz o fenômeno conhecido como aura, que é uma luminescência perceptível em certas condições.

O manuseio consciente das vibrações do prāṇamayakośa é um poderoso processo de cura, porque reequilibra a materialidade da biologia corporal.

CAPÍTULO 14

OS CAKRAS

O conhecimento sobre os cakras permanece uma incógnita. Às vezes, tenho a sensação de que se fala mais sobre eles do que realmente se sabe. Uns os veem como centros de força ou poder, outros como lótus, rodas girantes, etc. No entanto, acredito que quase nada sabemos sobre seu verdadeiro papel na alquimia sutil, além de que eles parecem ser portais que interligam os diversos espaços de consciência, nos quais o Eu-Sou pode se manifestar.

A palavra cakra significa literalmente roda. Esta designação foi atribuída a esses centros de convergência dos nāḍīs, porque os videntes (Ṛṣīs) os visualizaram como uma roda, turbilhão ou algo girante.

As escrituras descrevem somente os cakras mais importantes, que são em número de seis, conforme o texto Ṣa Cakra Nirūpaṇa, e sua localização – se é que podemos usar este termo, pois eles não são estruturas físicas – é ao longo de um conduto sutil denominado meru-daṇḍa,[87] percebido "sobre" a coluna vertebral. Entretanto, parece que existem outros cakras em várias posições do corpo sutil, principalmente nas regiões correlacionadas com as palmas das mãos e a sola dos pés, por onde o poder da consciência flui na forma de uma vibração prânica sensível.

Na sequência principal, a ordem dos cakras é a seguinte: mūlādhāra (entre o ânus e a genitália); svādhiṣhāna (entre os genitais e o umbigo); maṇipūra (próximo à região umbilical); anāhata (próximo ao osso externo); viśuddha (na região da laringe); e ājñā (na testa, entre as sobrancelhas).

A posição exata dos cakras, em relação ao lado do corpo em que eles estão voltados (frente ou costas), parece não ser conhecida ou relevante. Entretanto, a experiência de cada um permite identificar posições, por meio de sensações subjetivas, cujas descrições nem sempre são unânimes. Por exemplo, a mim me parece que o ājñā está voltado para a frente, enquanto sinto o anāhata como se estivesse vibrando nas costas. Dos outros cinco cakras, não tenho clara percepção das suas posições.

Ao lado do suṣumnā, existem dois nāḍīs importantes, que estão relacionados com o processo usado na ativação da Kuṇḍalinī. Esses canais sutis são chamados śiras, respectivamente śaśi e mihira. O primeiro também denominado é nāḍī-iḍā e o segundo, nāḍī-piṅgalā. Esses canais sutis são descritos na escritura *Saṭ Cakra Nirūpaṇa* como tão finos e brilhantes quanto os fios da teia de aranha.

Cada cakra está associado a um elemento e uma cor sutis com correspondência entre as cores do espectro visível, e, principalmente, uma deusa regente, a Śakti de poder do cakra, além de um bījamantra que "estimula" sua manifestação. O quadro a seguir relaciona essas características, com exceção das cores, que, por serem subjetivas, não são percebidas com unanimidade:

87. Literalmente, bastão de Meru.

OS CAKRAS E SUAS CARACTERÍSTICAS					
Cakra	Elemento	Bīja	Pétalas	Śakti ou Deusa	Lokas[a]
sahasrāra	-	-	1000		Satyaloka
ājñā	-	oṁ	2	Hākinī	Tapoloka
viśuddha	Ether	haṁ	16	Sākinī	Janaloka
anāhata	Ar	yaṁ	12	Kākinī	Maharloka
maṇipūra	Fogo	raṁ	10	Lākinī	Svarloka
svādhishāna	Água	vaṁ	6	Rākinī	Bhuvarloka
mūlādhāra	Terra	laṁ	4	Dākinī	Bhūloka

[a] Lokas ***são universos, mundos ou espaços de consciência acima do mundo material, em direção aos mundos mais sutis.*** Bhūloka ***corresponde ao espaço de consciência materi-al.*** Pretaloka ***é o espaço imediatamente após o material, para onde vão aqueles que perderam o corpo físico, e assim por diante***

A maioria das descrições usa uma linguagem iconográfica altamente simbólica e de difícil interpretação. Mesmo assim, vamos resumir para o leitor algumas das principais características descritas no *Ṣaṭ Cakra Nirūpana*, que não estão contempladas no quadro anterior:

Mūlādhāra: este cakra tem quatro pétalas ou está ligado a quatro naḍīs. Suas pétalas são de cor vermelha e têm inscritas as consoantes: va, śa, ṣa e sa em cor dourada. No centro, existe um quadrado onde está inscrito o dharā-bīja: "Laṁ", o mantra de vibração do cakra, e a imagem da deusa Śakti Dākinī, que preside o cakra, representada repousando sobre um elefante. Seu yoni é representado por um triângulo com o vértice para baixo e tem em seu interior um liṅga, que simboliza a união do masculino com o feminino. Enrolada no liṅga, três voltas e meia, pode-se ver a Kuṇḍalinī.

Svādhiṣhāna: este cakra tem seis pétalas ou está ligado a seis naḍīs. Suas pétalas são de cor dourada e têm inscritas as consoantes: ba, bha, ma, ya, ra e la, em cor branca brilhante. No centro, podemos contemplar o varuṇa-bīja "Vaṁ", e a Deusa Śakti Rākinī que preside o cakra, sentada sobre um peixe.

Maṇipūra: este cakra tem dez pétalas ou está ligado a dez naḍīs. Suas pétalas são de cor amarela brilhante e têm inscritas as consoantes: ḍa, ḍha, ṇa, ta, tha, da, dha, na, pa, pha. No centro, podemos contemplar um triângulo que simboliza o fogo, com o āgni-bīja "Raṁ" e a Deusa Śakti Lākinī, que preside o cakra.

Anāhata: este cakra tem 12 pétalas ou está ligado a 12 naḍīs. Suas pétalas são de cor verde brilhante e têm inscritas as consoantes: ka, kha, ga, gha, ṅa, ca, cha, ja, jha, ña, a, ha. No centro, podemos contemplar uma estrela de seis pontas, o vāyu-bīja "Yaṁ" e a Deusa Śakti Kākinī, que preside o cakra, representada sentada sobre um antílope negro.

Viśuddha: este cakra tem 16 pétalas ou está ligado a 16 naḍīs. Suas pétalas são de cor azul ou violeta púrpura e têm inscritas as vogais: a, ā, i, ī, u, ū, ṛi, ṛī, lṛi, lṛī, e, ai, o, au, aṁ, aḥ. No centro, podemos contemplar uma estrela de seis pontas, o ākhāśa-bīja "Haṁ" e a Deusa Śakti Sākinī, que preside o cakra, sentada sobre um elefante negro. Ela tem cinco faces e usa como colar uma serpente enrolada no pescoço.

Ājñā: este cakra tem duas pétalas ou está ligado a dois naḍīs. Suas pétalas são de cor branca ou azul-claro, conforme a escritura, e têm inscritas as consoantes: ha e kṣa. No centro, podemos contemplar um liṅga com uma serpente enrolada, e o bīja "oṁ" sobre a Deusa Śakti Hākinī, que preside o cakra, representada sentada sobre um lótus. Em algumas representações, a deusa representa Ardhanariśva, uma imagem da unicidade masculino-feminino no Ser Supremo.

Observamos que não há unanimidade nas representações, especialmente em relação às cores, e que cada texto e artista procuram uma linguagem própria. Por isso, lembramos que elas somente devem ser vistas como representações didáticas e artísticas.

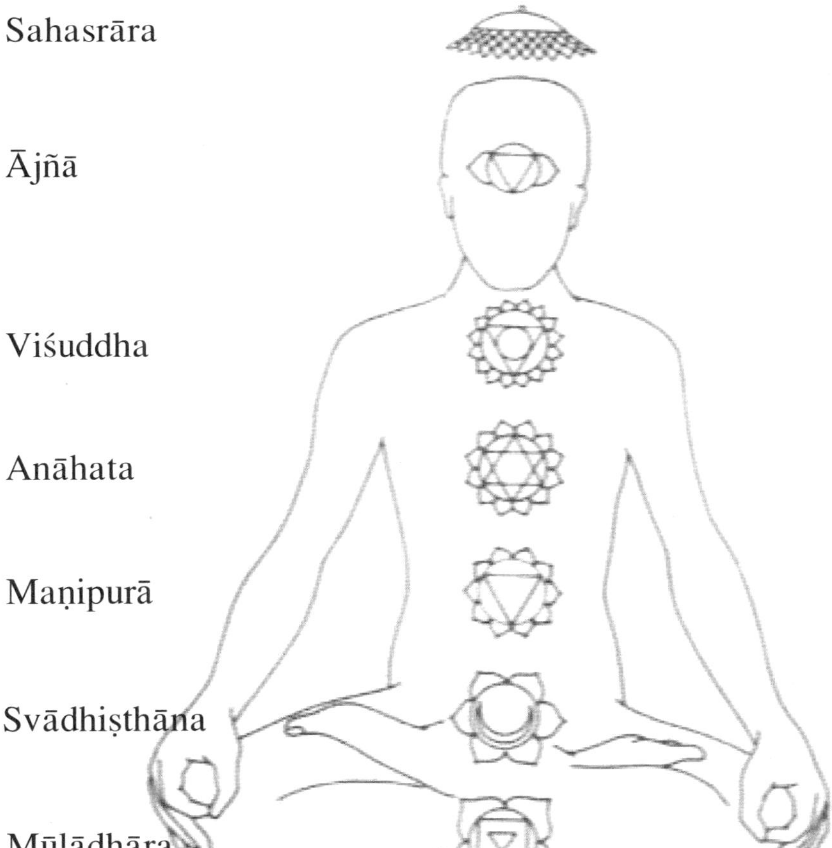
Sahasrāra
Ājñā
Viśuddha
Anāhata
Maṇipurā
Svādhiṣthāna
Mūlādhāra

CAPÍTULO 15

O DESPERTAR DA SERPENTE

O despertar da Serpente de Fogo é um dos objetivos do tantrismo, que, ao elevá-la do cakra mūlādhāra ao cakra sahasrāra, manifesta um estado consciencial importante nos rituais em geral e na cópula, o maithuna. Embora existam algumas pesquisas sobre os resultados biológicos e psíquicos dessa elevação, quase nada se sabe sobre o processo além do que as escrituras nos relatam, pois essa experiência é subjetiva e inefável. Um levantamento da literatura mostra que nenhuma referência à Kuṇḍalinī ou ao sistema de cakras é encontrada nas primeiras upaniṣads,[88] o que indica que a cultura védica a ignorava ou não dava muita importância à "alquimia sutil",

88. C. Mackenzie Brown. *The Devī Gītā*, p. 181.

tendo como prioridade os aspectos éticos e morais do Dharma, além de outros ensinamentos.

Entretanto, os Tantras dão importância à Kuṇḍalinī, porque ela é a vibração fundamental da manifestação do Absoluto, a consciência individualizada que habita o cakra raiz, proporcionando nossa existência no estado de vigília. Seu "despertar" nos permite acessar níveis mais elevados de consciência e constitui o objetivo maior das disciplinas da sādhana tântrica.

Sabemos que, em algumas ocasiões, Ela é posta em ação espontaneamente e, como resultado dessa expansão consciencial, surge um estado de iluminação que pode ser perene ou transitório, caso, após sua ascensão, retorne ao seu local de origem.

Na escritura denominada Tantrāloka (TĀ), Abhinavagupta faz distinção entre três tipos de Kuṇḍalinī: pūrnakuṇḍalinī, prāṇakuṇḍalinī e ūrdhvākuṇḍalinī. A primeira é o poder divino como um todo (pūrna); a segunda é o poder divino manifestado como a vibração da vida (prāṇa); e a terceira é o poder divino como a serpente desperta que se move para cima (ūrdhvā).

O termo "kuṇḍalinī" é uma palavra sânscrita com o significado de circular, "aquilo que está enrolado", e é assim denominada porque, em seu estado dormente, é visualizada como estando enrolada como uma serpente, com três voltas e meia,[89] na imagem de um liṅga no centro do cakra mūlādhāra.

A localização do cakra mūlādhāra na base da espinha é uma "forma de expressão", pois na realidade os cakras são elementos da anatomia do corpo sutil e, portanto, "estão" em outro espaço de consciência, em uma dimensão imaterial. Essa "forma de expressão" tem a ver com a sobreposição dos corpos sutis (imaterial) e físico (material), cujos "órgãos" mantêm certa correspondência, apesar de estarem em dimensões conscienciais distintas. Acreditamos que esta

89. Embora existam algumas considerações sobre essas três voltas e meia, as explicações não me parecem satisfatórias nem como símbolo, nem como aspecto metafísico. Em minha experiência, o enrolamento da Kuṇḍalinī não foi observado com esse detalhe.

interação ressoe entre os corpos material e sutil, permitindo assim uma influência dos cakras sobre órgãos da fisiologia humana.

A ciência do Kuṇḍalinī Yoga que enfatiza a transmutação dessa vibração sagrada em altos estados de consciência tem auxiliado a preservar esse conhecimento até nossos dias.

Na escritura Devī Gītā, a Deusa Bhuvaneśvarī indica como a Kuṇḍalinī deve ser ativada e posta em movimento ascendente. Essa recomendação a mim parece a única que realmente mexe com a alquimia sutil, podendo ser praticada sem perigo por qualquer pessoa.

> Pratique a respiração controlada à moda dos iogues. Mantenha a consciência no cakra raiz (mūlādhāra cakra), pois entre o ânus e a genitália reside a Śakti Kuṇḍalinī. Ative-a com a respiração em fole e ela acordará. O mantra que é mais utilizado nesta etapa é o hāṁ-sā-sā-hāṁ.
>
> Ela deve ser puxada para cima até o mais alto centro, furando os três nós (granthis), Brahmā, Viṣṇu e Rudra, que são os impedimentos maiores. A prática associada a esse exercício é o samavṛtiprāṇāyāma, que consiste na focalização da consciência na respiração, de baixo para cima e de cima para baixo. A inspiração e a expiração têm a mesma duração (sama). É importante sentir a vibração associada ao respirar, na forma de uma oscilação sutil (spandana), que ressoa cakra após cakra, ao ser levada de baixo para cima ao longo da coluna. Os mantras mais utilizados nesta etapa são os mesmos do exercício anterior.
>
> Visualize a Śakti suprema indo em direção ao centro de Śiva (bindu). A união produzirá um néctar de ambrósia, sentido como um líquido vermelho viscoso e incandescente, semelhante ao do sangue menstrual, o qual, quando bebido pela Śakti Māyā, assegura o sucesso da união.
>
> Satisfazendo as divindades regentes dos seis cakras por meio da oferenda deste néctar, que, após ascender, descende, o sábio a leva de volta ao cakra raiz, o seu local natural ou suporte (mūlādhāra).

Como é possivel perceber, o texto foi elaborado com uma linguagem cheia de simbolismos. Cabe ao praticante cuidadoso e preparado vivenciá-lo por meio da experiência ritualística. Este é o caminho tântrico: fazer, sentir e aprender. Por isso, o ritual é o mestre de todos os mestres.

Essa presença divina é associada ao Espírito Santo das antigas tradições e religiões abraâmicas, que o veem como um ser masculino. Entretanto, no tantrismo, esse Ser é considerado um princípio feminino, a Śakti, o símbolo da deusa Mãe. Nas escrituras de Nag-Hammadi, compostas por 13 códices um total de 50 textos, encontramos ensinamentos de vários contemporâneos de Yeshua (Jesus) de Nazaré, havendo passagens que sugerem uma menção à Kuṇḍalinī. Por exemplo, na escritura denominada "Exposição sobre a Alma", traduzida da língua copta para o inglês, encontramos a seguinte passagem: [90]

> "Os sábios da Antiguidade deram à alma um nome feminino. Entretanto, ela é feminina em sua natureza, pois ela tem seu útero e, durante o tempo em que esteve unida com o Pai, ela era virgem e andrógina. Mas, quando ela desce dentro de um corpo e vem para esta vida, cai nas mãos de muitos ladrões que fazem uso dela por seu poder e a seduzem com presentes. Em resumo, eles a maculam e Ela perde sua pureza".

No Evangelho Secreto de São João, [91] também da coletânea de Nag-Hammadi, encontramos a passagem:

> "E quando Ela (Sophia) viu (a consequência do) seu desejo, este se transformou em uma serpente com face leonina. Seus olhos eram como dois fogos luminosos ou relâmpagos. Então, Ela a envolveu (a serpente) em uma nuvem luminosa e a colocou num trono no meio da nuvem, onde ninguém podia ver (mūlādhāra), exceto o Espírito Santo, denominado a Mãe dos viventes".

---

90. *The Exegesis of the Soul*, tradução de William C. Robinson Jr.
91. Tradução de Frederik Wisse.

Por outro lado, lembramos que o maior ensinamento em relação ao método usado para o despertar da Serpente de Fogo é que não há método algum. Cada caso é um caso, e o praticante deve ousar e tentar. O primeiro passo é uma mudança radical na percepção dos objetivos da vida, revisando nossas prioridades e valores, tanto em relação ao próximo quanto à nossa própria natureza. Depois, devemos adquirir maestria na quietação da mente e, em seguida, brincar com os mudrās, os bīja-mantras e o prāṇa, inspirando, expirando e vivenciando os resultados, seguindo sem medo e com muita paciência pelas limitações impostas pela mente, até que o objetivo supremo da iluminação ocorra. Entretanto, é bom lembrar que toda prática deve estar inserida em um contexto místico e sagrado. Por isso, alguns textos sugerem o uso de práticas físicas, como contração anal, bandhas, balanceios do corpo, etc. Contudo, a Kuṇḍalinī é um princípio espiritual e o corpo pouco nos oferece como uma ferramenta para despertá-la. Alguns estudos não muito convincentes retratam casos de pessoas que tiveram a Kuṇḍalinī desperta após um acidente físico, como queda, batida de automóvel, etc. Porém, isso não deve ser entendido como resultado do abalo mecânico sofrido pelo corpo, muito provavelmente é o abalo psíquico e emocional associado ao evento. Como núcleo consciencial, a Kuṇḍalinī é susceptível a qualquer tipo de perturbação que seja canalizada pelos sentidos e que coloque a Consciência no cakra raiz.

Todavia, é sempre bom lembrar que ***mens sana in corpore sano*** é um princípio importante. Portanto, o cultivo do corpo visando à saúde física e mental faz parte do conhecimento tântrico e é condição necessária à prática de uma sādhana vitoriosa. Assim, juntamente com as práticas do *Haṭha-Yoga*, que auxiliam a resistência física, o alongamento do corpo e a flexibilidade da coluna, o adepto não deve esquecer que a alimentação equilibrada, saudável e natural, bem como o temperamento calmo e comedido em todas as atividades diárias, são fatores importantes para o balanceamento psicossomático, que aquieta a mente e permite a transcendência do Eu para outros espaços conscienciais.

CONCLUSÃO

A sabedoria tântrica nos revela uma cosmogênese que transcende o conhecimento científico e descortina uma hierarquia cósmica que se aplica tanto ao nível do macrocosmo quanto ao nível do microcosmo. Em ambos os casos, essa hierarquia revela uma teologia e uma alquimia que enredam as vibrações imateriais, cujas interações complexas dão origem ao fenômeno da vida.

Embora seja difícil definir o que é vida, nesse contexto complexo, sabemos que onde a Consciência se manifesta a vida emerge. Junto a ela, surgem as transformações que sugerem a linha do tempo e as formas que definem o espaço.

Essa é a mais importante aventura a ser descoberta: uma odisseia que teve início com o princípio eterno e imortal da Consciência imanente. Ao se manifestar e emitir suas infinitas Luzes, como infinitos seres, essa Consciência deu início à finitude espaço-temporal que percebemos como o Todo. Dentro dele, vivenciamos a magia da manifestação no equilíbrio entre Ele e Ela, ou Śiva e Śakti.

PARTE 3

SADHANA TÂNTRICA

CAPÍTULO 16

SĀDHANA

A palavra sādhana tem origem na raiz sânscrita √sadh e significa esforço, prática ou disciplina espiritual. Nesse caso, a palavra disciplina deve ser entendida no seu sentido natural e amplo, ou seja, um consenso entre o mestre (guru)[92] e o discípulo (śiṣya), no estudo, na prática e na observância dos preceitos da tradição.

Como uma disciplina espiritual, a sādhana pode ser compreendida como um regime de internato, onde os discípulos convivem com o mestre, estudando e praticando. Entretanto, a sādhana também pode ser uma opção individual. Nesse caso, o praticante estabelece seu método de estudo e suas práticas diárias para adquirir conhecimento,

92. Aquele que traz a luz.

equilíbrio e paz interior – que são os primeiros e verdadeiros passos rumo ao discernimento espiritual e à Luz Suprema. É importante lembrar que esse trabalho solitário exige uma forte autodisciplina; portanto, não é um caminho para os fracos e indecisos (tamásicos).

Essas considerações são válidas em todas as sādhanas, orientadas dentro de uma tradição tântrica ou não.

Nas tradições Tântricas, o discípulo ou praticante é muito mais exigido. Ao iniciar a revisão de seus valores, irá se confrontar com o conteúdo de sua mente, nela encontrando instintos, falsas verdades e preconceitos que serão sérios obstáculos a seu desenvolvimento na prática tântrica. Assim, surge à sua frente o primeiro desafio: romper com uma série de condicionamentos para deixar de agir como um homem boi (paśu), aquele ser humano incapaz de decidir seu próprio caminho e, portanto, segue a "manada". Então, a sādhana tântrica deve ser vista como um processo que somente tem início com a convicção de que o Tantra é o caminho, e ele segue a via tântrica por toda a sua vida, de maneira a assegurar a aderência ao método e o aprofundamento nesse imenso universo mágico.

O tantrismo é considerado a arte do ritual e da magia, porque o ritual é sua principal ferramenta para a amplificação daquilo que somos em nossa essência. Essa "amplificação" ou expansão consciencial nos permite vivenciar uma verdade maior que aquela apreendida no estado de vigília (viśvanāra), e isso é uma das condições necessárias, embora não suficientes, para assegurar a liberação ou mokṣa. Entretanto, antes de refletirmos sobre quais são as outras condições necessárias para a liberação, devemos entender primeiro o que é essa liberação que os adeptos de todas as tradições esotéricas tanto procuram.

A palavra sânscrita mokṣa é entendida como resultado de um processo[93] de emancipação, liberação ou libertação das ligações com as coisas da vida, sem o qual não nos livramos do ciclo de nascimentos e mortes. Portanto, mokṣa é o ato ou efeito de liberar-se, condição em

93. A palavra processo está sendo usada no sentido de que nada é instantâneo na senda espiritual, mas resultado de um árduo trabalho de longo prazo, com início, meio e fim.

que o Ser se manifesta livre do conteúdo cármico da estrutura mental, apreendendo o mundo e nele agindo com livre-arbítrio, sem influência dos resíduos do carma.

Lembramos que a psique é uma estrutura psíquica que se comporta como se fosse bipolar. Em um polo, temos sua parte instintiva, denominada manas, o repositório das saṁskāras e vāsanās,[94] resíduos das atividades pretéritas desta e de outras vidas. No estado de vigília, esse polo atua como uma interface cognitiva e ativa entre o Eu e o mundo exterior, sendo o centro de convergência dos estímulos sensoriais e de divergência das ações resultantes desses estímulos. Portanto, é para o polo manas que convergem os estímulos sensoriais, que, após serem analisados em conformidade com seus conteúdos, dão origem aos estímulos que desencadearão as ações a serem realizadas. Assim, cada indivíduo age em conformidade com o conteúdo de sua mente instintiva sem direito de decisão. Isto não é livre-arbítrio, é automatismo.

Do outro lado do dipolo psíquico, temos buddhi, que é a parte da estrutura psíquica não influenciada pelos resíduos do carma, onde o Eu pode se manifestar com livre-arbítrio. Assim, quando o Eu se liberta das amarras de manas e se centra em buddhi, temos mokṣa, um estado de consciência em que Ele se expressa em conformidade com sua própria natureza, ou seja, um Ser Luz, um Buddha. Portanto, o objetivo maior desse caminho é a ascensão da Consciência ao polo Buddhi, onde se vivencia a Luz do Dharma. [95]

A sādhana tântrica é *modus vivendi* que permite ao praticante conquistar esse estado consciencial, e o ritual é a ferramenta do processo em que ele ocorre. No entanto, a transferência de poder[96] é um processo delicado que pede esforço, autocontrole e temperamento divino (divyabhāva), sem o qual o ritual não é interiorizado e o modo de vida tântrico não é atingido.

---

94. A palavra sādhana significa o resíduo mnemônico das ações do passado, e vāsanā, a inclinação à repetição das ações que geraram o resíduo.
95. Dharma é "aquilo" que sustenta ou mantém a harmonia e o equilíbrio do indivíduo e do Cosmo.
96. A palavra poder é relacionada com a natureza do Eu, a Śakti-kuṇḍalinī, que é o Ser Real de todas as coisas vivas, e esta é a acepção desta palavra neste texto.

Embora nossa natureza (svābhāva) seja divina, a vivência da vida no polo manas afastou-nos de nossa origem, porque, para manifestar a vida no mundo físico, o Eu-Sou aprendeu a edificar um veículo material que fosse poderoso e capaz de sobreviver em um universo em que muitas espécies atuam juntas como atores de uma "competição", na qual somente sobrevivem os fortes. Assim, como o resultado de suas ações, cicatrizes cármicas (saṁskāra) de egoísmo e agressividade foram sendo acumuladas em manas e continuam agindo de maneira soberana no homem comum (paśu), dirigindo-o em suas ações sem que ele perceba.

Vivendo dessa maneira, o discípulo se prende ao ciclo de nascimentos e mortes, e a vida material está assegurada como uma experiência a ser vivenciada pelas pessoas ordinárias. Entretanto, embora o objetivo da sādhana tântrica seja propiciar a liberação das amarras criadas por esses instintos, o Tantra não os considera como "inimigos", mas, sim, como algo inerente à nossa vida no mundo das formas.[97] Assim sendo, aprendemos que é importante manter os instintos sob controle a fim de manifestar nossa natureza divina. Esse é o paradoxo tântrico: aceitar que os instintos existem como fruto da evolução, mas sabendo ser necessário controlá-los para sacralizar as ações no dia a dia, e viver sob a visão sagrada do Absoluto ou Paramārtha,[98] em oposição à visão simplista e relativa (Yyāvahārika)[99] do homem comum, que, desconhecendo a natureza de seus impulsos interiores, deixa que esses impulsos ajam por ele.

▼

Isso é a sādhana tântrica, uma disciplina espiritual que não impõe regras e proibições, mas procura a divinização da natureza humana e das ações do cotidiano com indulgência responsável, ou seja: "Para que o homem encontre o divino, é necessário que ele se revele divino".

97. Mundo material ou Bhūloka.
98. A altíssima verdade ou conhecimento espiritual.
99. A visão da vida comum, cotidiana.

Nesse caminhar, o espírito devocional é aceso pelo ritual, que eleva o núcleo de Consciência, que estava individualizado, a um nível interno e elevado (buddhi) onde o praticante sente o fluxo (krama) da infinita Luz[100] do seu dharma pessoal.

Esse caminho nos leva ao autoconhecimento, embora a maioria das pessoas não tenha noção do que isso significa. Como já dissemos, autoconhecimento não é um saber intelectual que se adquire nos livros, e sim a sabedoria que vem do inconsciente pessoal com a descoberta de nossa identidade divina. Essa descoberta produz um momento mágico, cujas cinzas revelam uma forma de paixão bhakta capaz de transmutar o discípulo, modificando sua visão do mundo, seus valores e objetivos na vida. Assim, ele passa de uma condição tamásica para uma condição rajásica e, posteriormente, para uma condição sattvíca, onde existe apenas paz interior e harmonia na maneira de ver e de viver a vida.

Nesse processo, o tempo tem um papel importante. No início, o discípulo oscila entre aspectos rajásicos e tamasícos, entremeados de momentos sattvícos. Gradualmente, a condição sattvíca vai ganhando espaço, e ele começa a conquistar a mente instintiva (śama), passando a ser mais calmo, sábio, espiritual, refinado, livre das paixões[101] e da materialidade.

O mundo exterior continua o mesmo, assim como suas ações, mas suas intenções por detrás das ações mudam. Agora, o discípulo age sacralizando a vida. Este modo de ver e viver a vida é uma forma ritualizada de ser, em que a vivência da natureza divina é a condição necessária e suficiente para sua iluminação.

> "Entrega a Mim todos os teus pensamentos e luta. Se a tua mente e o teu coração em Mim fixares, certamente a Mim chegarás."[102]

---

100. A palavra Luz está sendo usada neste capítulo no sentindo de Prakaśa, o núcleo onisciência, verdadeiro Eu do indivíduo manifestado, o mesmo que Kula-kuṇḍalinī.

101. Ao livrar-se das paixões, o discípulo pode vivenciar o amor em sua plenitude, porque o amor é o exercício da vivência da união entre Śiva e Śakti, quando a dualidade se torna unicidade.

102. *Bhagavad Gītā* 8,7.

Portanto, é aprendendo quem somos e quem não somos, percebendo nossa identidade com a Consciência Divina e vendo o divino em tudo, que penetramos na essência do poder. Por isso, a sādhana tântrica é um caminho de liberdade em direção à liberdade.

Transcender os limites da cognição sensorial e atingir níveis de consciência além do estado de vigília é o propósito maior do ritual tântrico. O Tantra nos ensina que o ritual permite transcender a mente instintiva (manas), a maior abafadora do esplendor, que a consciência livre poderá vivenciar.

Muitas tradições propõem caminhos para a vivência dessa experiência mágica, mas, diferentemente delas, o caminho tântrico é suave. Não exige austeridade e abstinências, além da total entrega ao dharma. Esse modo simples e livre de viver a religião é poderoso e se baseia na tese de que tudo o que existe na vida é parte da manifestação da inteligência divina, portanto sagrado. Por isso, o Tantra não exige a renúncia da vivência plena da vida, apenas pede que, por detrás das ações, as intenções sejam sempre sagradas. Entretanto, os mestres tântricos não são ingênuos e sabem que a via tântrica não é um caminho indicado para as pessoas que desconhecem seus conteúdos mentais e como esses conteúdos direcionam suas vidas. Portanto, esse caminho é somente indicado para aqueles que não mais aceitam viver no mundo dos instintos e condicionamentos, e se sentem aptos a viver no oceano de luz, onde todos os seres formam uma unidade absoluta e partilham sua existência sem restrição.

Mas quem está preparado para trilhar esse caminho dourado? Poucos, somente alguns. Por isso, o Tantra oferece várias vias, e o discípulo pode escolher a mais apropriada para levá-lo ao estado natural (sahaja) de ser, tornando-o apto a partilhar sua vida com a essência do Todo. Esse caminho é adequado para aqueles que já conquistaram o temperamento divino (divyabhāva). Para aqueles que ainda têm o temperamento do homem comum, de instinto animal (paśubhāva),[103] recomenda-se o caminho dos Vedas e os

103. Paśu, da raiz verbal √ Pas, atar, ligar (aos instintos e condicionamentos da mente).

rituais védicos, porque essas pessoas ainda não estão preparadas para a transmutação da alquimia tântrica, que exige completo autodomínio dos instintos e liberdade dos condicionamentos.

Sabemos que a via tântrica é muito ritualizada, o que se deve ao fato de o ser humano ter perdido a perspectiva de sua verdadeira natureza. Ele deixou de acreditar em si mesmo, não consegue transpor os limites de sua mente finita e condicionada para vivenciar a experiência do estado natural de ser. É como se estivéssemos no meio de um pesadelo, sem saber como acordar para sair dele. Essa é uma imagem perfeita, pois tanto o estado de sono com sonhos (ou com pesadelos) quanto o estado de vigília são dois momentos conscienciais separados pelo tênue véu da ilusão. Assim, o estado de vigília é um tipo de sonho, e precisamos aprender a despertar para viver a verdade. Por isso, a via tântrica é um poderoso auxílio que nos ajuda a fazer a transposição de um estado de ser comum para um estado de ser divino.

O que diferencia uma via tântrica da outra é a natureza do mestre e quanto ele é capaz de inspirar em seu discípulo um saber que vai além do conteúdo das escrituras. Cada Tantra tem um saber e uma linha ritualística, e cada linha possui um propósito em relação à vida. A melhor linha é aquela que procura o poder (siddhis), ensinando que o objetivo não é exercê-lo nas atividades da vida comum, mas, sim, na sua autotransformação.

Nessa concepção, o poder é um instrumento para a vivência plena do Eu-Sou. Então, a liturgia pouco importa, porque o mais importante é a percepção que o devoto tem de cada rito e dos seus objetivos. Assim, continua válido o princípio de que, na ação (carma), o que importa é a intenção. Por isso, as liturgias foram delineadas como uma linguagem simbólica que "fala ao coração", capaz de trazer à tona lembranças arquetípicas que fazem parte de nossa história pessoal. É prudente assegurar que a via escolhida seja eficaz para garantir a autorrealização, sem o risco de penetrarmos nas esferas inferiores, onde não predomina o amor. Por isso, as liturgias não se constituem em procedimentos ritualísticos (vratas) arbitrários, mas em uma sequência cuidadosamente elaborada pelo mestre para proporcionar que o discípulo tenha uma experiência mística segura. Sendo assim, continuamos lembrando que, nesse contexto, tudo depende da intenção e do coração do devoto. Portanto, em todas as etapas da vida, como em todas as fases do ritual, sempre é a intenção que faz a diferença entre a derrota e a vitória. Sendo assim, procure em sua mente instintiva e condicionada quais são os motivos reais das suas ações.

Por outro lado, a linguagem esotérica da maioria dos rituais foi estabelecida em um passado longínquo, retratando a cultura e a época de um povo. Assim, sua transposição para o momento presente é uma manobra delicada, que deve ser efetuada com cuidado, de modo a não alterar a essência original da cerimônia e, ao mesmo tempo, manter a consonância com a cultura e os valores de nossa época. Esse aspecto é particularmente importante no contexto social atual, pois a relação considerada normal entre casais é a monogâmica, e alguns rituais tântricos envolviam ritos sexuais com vários casais em conjunto, talvez porque, naquela época, a liberdade existencial fosse maior que no presente estágio da nossa sociedade. Nesse contexto, os rituais de cópula somente devem ser praticados entre pessoas que aceitem livremente a união sexual como sacramento, pois um dos princípios fundamentais da magia é a inviolabilidade dos valores do praticante e de seu dharma pessoal.[104]

Por todas essas questões, a tradição Kaula tem três linhas devocionais pelas quais a deusa é cultuada em um rito de adoração: a linha Prākṛta, a linha Madhyamā e a Kaulikottama.

A linha Prākṛta envolve um ritual externo (bahya-pūjā), que utiliza elementos materiais, e o culto da deusa é efetuado no templo vivo do corpo de uma mulher. Esta linha é considerada o caminho do herói (vīracāra), porque o ritual secreto ou rahasya pūjā (pañcatattva) pede que o devoto seja capaz de não se deixar influenciar pelas forças instintivas da sexualidade, dominando-as e utilizando-as como poder para a autorrealização. Logo, essa via é indicada àqueles que veem o ato sexual como uma união sagrada, e não mais se excitam pela visão das "coisas eróticas".

104. Visão pessoal ou própria do Dharma, que sustenta o indivíduo na vida.

A linha Madhyamā é um caminho misto, e seus adeptos praticam rituais externos e internos. Nesta linha, os cultos devocionais internos de veneração da deusa, denominados antar-yāga ou mānasa-pūjā, são cultos fundamentais para a prática dos ritos (vratas) mais elevados, que incluem rituais externos com elementos variados, sem excluir o ritual de maithuna.

A linha Kaulikottama é o caminho dos devotos que, tendo ultrapassado a fase ritualística externa, veneram a deusa somente em rituais internos denominados upasāna bhakta.[105]

Nenhuma dessas vias é superior ou exclui a outra, pois são apenas opções para os devotos de diferentes temperamentos.

Por outro lado, devemos entender que a essência do ritual não reside somente em seus aspectos litúrgicos, sejam estes externos ou internos, pois a natureza e a atitude interior do praticante são muito mais importantes que a forma. Em outras palavras, a maestria é sinônimo de espontaneidade em saber como fazer para exteriorizar as emoções que fazem acontecer a magia, sem perder a visão sagrada e a percepção de que, por detrás da ilusão, todos somos um. A espontaneidade e pureza de coração dão a tônica do ritual, por isso dizemos que não existe ritual forte ou fraco, branco ou negro,[106] moral ou imoral. O ritual é sempre amoral, e o que define seus resultados é a atitude e intenção do praticante, que, ao agir no mundo sutil, pode estar construindo ou destruindo, harmonizando ou desarmonizando. O praticante se coloca, portanto, na posição de mago "negro" ou mago "branco", conforme ele exerce o dharma ou o adharma.

O ritual de maithuna busca a unicidade (yoga) por meio da união entre dois participantes de polaridades diferentes – masculina e feminina – e deve sempre ser considerado um ritual de magia branca onde a troca amorosa das vibrações sutis dos participantes manifesta o deus que os habita. Se Deus é a expressão do amor, como o ritual que celebra esse amor poderia ser considerado uma forma inferior de magia?

---

105. Ver *Śakti and Śakta*, John Woodroffe, Capítulo XXVI, p. 334.

106. Magia negra ou abhicāra.

Nos rituais, sejam eles individuais ou coletivos, o resultado depende também do estado psicológico dos praticantes no momento do rito. A maestria também envolve passar por cima das dificuldades do dia a dia para assegurar um estado psicológico puro e favorável, caso contrário, o resultado do ritual será prejudicado. Se um dos participantes se descontrolar durante o ritual, ele pode bloquear tanto sua manifestação como prejudicar o grupo. Este fato foi lembrado e comentado por Abhinavagupta, ao se referir a um ritual de cópula grupal: [107]

> "A Consciência suprema que está partilhada entre todas as criaturas vivas, embora contida pelo efeito constritor da mente condicionada, entra em estado de unicidade e expansão quando se reflete uma nas outras, fluindo sobre todos os seres do grupo que participam do ritual (cakra-pūjā), como se fossem vários espelhos conjugados. Dessa forma, sem nenhum esforço e com uma intensa beleza, Ela volta sua totalidade em direção à unicidade, fazendo do grupo um concentrador de poder e bem-aventurança. Por esse motivo, quando um grupo está unido durante uma performance de dança, execução de uma canção ou ritual de magia, sempre existirão prazer e harmonia enquanto estiverem juntos e imersos no contexto da reunião, diferentemente do que ocorre quando cada um atua por si fora do grupo. A vibração consciencial permanece fluindo com tons de alegria e felicidade, durante todo o ritual grupal, mesmo quando considerada individualmente, atingindo um estado de união que leva a uma completa e perfeita bem-aventurança. Isso ocorre sempre na ausência de fatores restritores, como inveja, ciúmes, censura, ódio e depressão. No entanto, se um dos presentes não estiver concentrado, absorvido, e sua mente estiver vivenciando formas impuras, a vibração da consciência grupal será tocada por esse elemento heterogêneo, e se sentirá retraída e diminuída em sua universalidade. Por essa razão, durante um rito de adoração coletivo (cakrapūjā), todos devem permanecer atentos e focados no ritual, mantendo a

107. Abhinavagupta, *The Triadic Heart of þiva*, p, 61.

concetração para não se dispersarem nem se tornarem a causa de uma constrição grupal. Na prática do círculo (cakra), todos podem adorar todos os corpos, de todos os presentes, porque como todos estão compenetrados na plenitude da consciência do Todo, é como se cada corpo fosse nosso próprio corpo e um único corpo".

▼

Nesse ponto da descrição dos rituais, é importante lembrar que esses momentos mágicos nem sempre envolvem um rito de maithuna, mas sempre manipulam o poder sexual em busca de um efeito mágico, porém verdadeiro, de acordo com a necessidade do praticante.

Dessa forma, percebemos que os rituais de magia são profundamente influenciados por uma mistura eclética de alquimia e psicologia, sendo que a alquimia, por si só, já é uma fusão entre o conhecimento filosófico e o teológico. Por isso, a alquimia e a psicologia dos rituais tântricos descrevem cerimônias nas quais os participantes manipulam elementos consagrados, que são utilizados durante o rito como uma linguagem esotérica que facilita a interiorização e a expansão da Consciência. Todavia, o uso desses elementos deve ser considerado quanto à sua eficácia, compreendendo que são somente instrumentos de manifestação do poder e não têm poder intrínseco. Assim, temos uma visão clara do que eles são e de como estão inseridos no mundo mágico do Tantra.

A metafísica tântrica nos mostra que o Cosmo é o resultado de um processo de manifestação do Absoluto, que, por meio de sua vontade (icchā), poder (śakti) e capacidade de ação (kriyā), traz o Cosmo à existência, tirando-o da transcendência, a fim de que ele surja como um fenômeno emergente da cognição sensorial de cada ser manifestado. Esta cosmogênese é tanto a base fenomenológica do maior ato mágico da "criação" cósmica quanto a base de nossa ação no mundo sutil do ritual. Pelo exercício da vontade, fazemos emergir formas-pensamento direcionadas pelo poder do Eu-Sou que servem de intermediárias nos processos de magia, ao manifestarem a vontade do participante.

Assim, a magia do ritual revive a magia da cosmogênese.

Portanto, tudo que é mentalizado durante o ritual são imagens emergentes da ação da Consciência-poder. O princípio básico da magia está na Consciência-poder, o Eu-Sou, e na capacidade do mago em colocá-la em ação. Para que a ação ritualística seja efetiva e a magia ocorra, é necessário que o núcleo de consciência seja expandido para além dos limites da cognição sensorial, elevando-se para um estado de onisciência que transcenda o estado natural de vigília, onde, longe dos adjuntos limitantes da mente instintiva, possa manifestar livremente a vontade do praticante. Logo, o resultado do ritual depende muito mais desse estado alterado de consciência que do uso de "receitas" mágicas, talismãs, mantras ou qualquer outro elemento típico da magia, principalmente quando esses são mal-utilizados por serem malcompreendidos. Por exemplo, uma prece ou mantra recitado sem intenção ou vibração vital tem pouco valor, pois são apenas sons ou movimentos labiais destituídos de poder e destino. No entanto, preces e mantras entoados pelo "coração" são muito eficazes, pois são entoados com maestria, pondo sua intenção no ato de agir. Se não for assim, tudo vira *mise en scène*, um tipo de coreografia sem nenhum efeito de magia prática. Logo, um elemento ritualístico somente é utilizado como instrumento de poder, quando o oficiante lhe outorga a vibração vital (prāṇapraṣhita) pela insuflação do princípio consciencial.

Quanto à forma, o ritual tântrico pode ser entendido como tendo pelo menos dois aspectos pelos quais a magia pode ser vivenciada, e a escolha entre um e o outro depende do temperamento do praticante e da sua facilidade em penetrar no universo místico e transcendente da magia.

Como vimos na exposição das linhas ritualísticas da tradição Kaula, podemos classificar os seus rituais em ritual externo, ou bāhya-pūjā, e ritual interno, ou antara-pūjā.

Na linha Prākṛta o ritual é sempre externo e na linha Madhyamā podem ser tanto internos como externos. Na linha Kaulikottama os rituais são todos internos.

O ritual externo, também denominado material, exotérico ou objetivo, sempre pede o uso de elementos materiais, que são os meios ou as chaves que facilitam a penetração do praticante nas esferas de consciência, onde a magia pode ser exercida com mais liberdade. Durante esse tipo de ritual, as vibrações contidas nos materiais e elementos ritualísticos são usadas para o exercício da magia e da vontade-poder. Por isso, cada linha ou tradição utiliza uma forma litúrgica diferente para a prática de seus rituais externos, sempre efetuados em locais fechados e em segredo. O ritual externo é chamado de "objetivo", por ser uma ação que se desenrola no espaço sagrado sensorial-cognitivo, que é um espaço exterior ao praticante, denominado "mundo objetivo", no qual ele manipula os elementos materiais que servem de oferenda para as divindades. Essa forma também é denominada sthūla, palavra sânscrita que significa grosseiro, no sentido de material, e não rude. Quanto aos elementos utilizados nesse tipo de ritual, o oficiante deve ter consciência de que eles são apenas suportes para a exteriorização da vontade-poder do Eu-Sou. A queima de um incenso ou o acendimento de uma lamparina votiva, por exemplo, não possuem nenhum poder intrínseco, a menos que seu uso não seja direcionado pela consciência do oficiante. Em outras palavras, um incenso queimado sem nenhuma intenção consciente é somente um aroma para perfumar o ambiente, tal como um mudrā sem sentido interior é um gestual inútil!

O ritual interno, esotérico ou subjetivo é denominado sukṣma, palavra sânscrita que significa sutil, em uma alusão ao sutilíssimo espaço consciencial onde ele é realizado. Esse rito não necessita de elementos materiais, pois, na esfera transcendente da Consciência, o sentir e o querer são os elementos mais importantes a serem manipulados por ela. Portanto, embora essa forma de ritual possa fazer uso de imagens simbólicas ou signos, esses são criados e manipulados na consciência do praticante e somente têm existência nesse espaço sutil. É comum referir-se às visualizações como imagens mentais, mas, nesse caso, a palavra "mental" não está sendo usada no sentido de centro intelectual da linguagem e do pensamento, mas, sim, na acepção da interface com as dimensões espirituais na qual a Consciência se manifesta. Portanto, enfatizamos que nesse tipo de ritual toda ação é consciencial, ou seja, uma expressão do Eu-Sou como Śakti-cidrūpinī, o aspecto dinâmico do divino (Śakti-Kuṇḍalinī), e não uma simples imagem mental oriunda da imaginação e da fantasia.

Uma das mais importantes práticas de ritual interno é o investimento de poder (śaktopāya),[108] um rito da tradição Trika, linha Spanda da Caxemira, que, atuando na esfera mental (cetas), faz a reconversão dos pensamentos (vikalpa) para uma região mais profunda da psique, em direção ao núcleo da Consciência, sua fonte ou origem. Essa prática é baseada no domínio das sensações e percepções (pramāṇa), por meio das quais os poderes dos sentidos emergem juntos no ato de manifestação da Consciência divina, responsável pelo universo fenomênico. Por isso, no ritual Tântrico, os sentidos cognitivos são considerados instrumentos sagrados da manifestação do poder e respeitados como um dom divino.

Todas as tradições tântricas utilizam, de uma forma ou outra, os rituais externos e internos, pois um não exclui o outro e ambos se complementam. Também, como já enfatizamos, não há um modo inferior e outro superior: a prática ritualística deve ser considerada amoral, e somente a intenção do praticante faz a diferença com respeito aos resultados. Logo, o ritual denominado "5M" (ou "3M")[109] pode ser tanto uma cerimônia ou ritual externo quanto interno, pois, apesar de a cópula usar as vibrações densificadas da matéria do corpo físico, a atitude interior dos praticantes pode flutuar em um vasto universo de vibrações, que podem pender para um lado ou outro, dependendo da natureza dos participantes. No caso de praticantes que já adquiriram a maestria do Tantra, o ritual é, com certeza, muito mais sutil e interno do que externo e material.

Aqui, cabe uma observação de natureza prática, comparando a perspectiva védica com a tântrica no que se refere à função e uso dos sentidos na vida e no ritual. Na cultura tradicional dos vedas, ensina-se

108. Literalmente: chegada do poder.

109. Respectivamente: vinho, carne, peixe, cereais torrados e cópula, ou somente vinho, carne e cópula.

que os sentidos devem ser sufocados por nos ligarem ao lado fenomenológico e profano da vida, atando-nos ao mundo do desejo e fazendo-nos sofrer. Nos Tantras, ao contrário, não se aconselha abafar os sentidos, e sim seduzi-los com amor para que eles atuem como instrumento de transcendência e contato com a "chama divina" que habita nossos corações. Para o tântrico, a vida não tem lado profano; portanto, sufocar os sentidos significa conflito e desequilíbrio, o que produz desarmonia interior e impede a transcendência.

Os mestres tântricos nos mostraram com muita sabedoria que o que aprisiona o homem no mundo não depende dos sentidos cognitivos, mas, sim, do significado que damos ao mundo que eles nos revelam. Se tudo no mundo é resultado da manifestação divina, como os sentidos poderiam nos impedir de realizarmos a união com Ele, sendo eles os próprios poderes da nossa atuação? Por isso, o Tantra nos ensina a viver na ilusão sensorial para, transcendendo-a, penetrar na Chama Sagrada, que é sua verdadeira essência e origem.

Transcender a ilusão é o objetivo do ritual, cuja palavra em sânscrito é pūjā, vocábulo que tem raízes etimológicas nas sílabas sânscritas "pu", com o significado de puru§a – a pessoa – e "jā", com o significado de janma renascer, acordar, levantar. De acordo com essa derivação, o ritual é uma ação que leva o oficiante a uma nova vida, porque estimula nele a presença do sagrado, conduzindo-o ao despertar para uma nova percepção da Existência.

Embora o termo pūjā seja o mais conhecido, existem vários sinônimos, todos eles significando reverência, veneração e adoração, como: arcanā, vandanā, saparyā, arhaṇā, namasyā, arca, bhajanā, etc.

Assim, o caminho espiritual ritualizado do Tantra torna-se um estilo de vida que proporciona os meios e as práticas pelos quais a força de vontade é desenvolvida e o poder espiritual é liberado no despertar da Consciência. Esse caminho constitui-se em uma ritualização da vida cotidiana, por meio do exercício e treinamento do corpo e das faculdades psíquicas, até que, com a perfeição, os poderes latentes se manifestem como fruto do crescimento interior. Isso envolve várias habilidades, tais como as técnicas de meditação para aquietação da mente instintiva, a vivência do estado de vacuidade (śunya), o desenvolvimento de uma força de vontade inquebrantável (tapas) nas ações do dia a dia, as práticas do Yoga, o uso dos mantras e gestuais, a intimidade no uso e controle da vibração sutil (spandana) do prāṇā, etc. Tudo isso exige uma reflexão sobre a natureza e os objetivos dos rituais e como eles podem auxiliar na aquisição das habilidades necessárias para nossa autorrealização.

CAPÍTULO 17

A NATUREZA DOS RITUAIS TÂNTRICOS

Muito já foi dito sobre a natureza dos rituais tântricos e de sua magia, mas é importante distinguir o que difere um ritual tântrico de magia de uma atividade religiosa do dia a dia.

Algumas pessoas dizem que magia é uma ação que escapa à normalidade ou não é explicada pelas leis naturais. No entanto, essa colocação é uma falácia, pois nos remete a outra questão: definir a linha divisória entre o que é normal e anormal, bem como descobrir quais são as leis naturais que explicam a normalidade, para, por exclusão, definirmos o que é mágico ou sobrenatural.[110]

110. Em realidade tudo é natural, embora algumas coisas possam ser sobrenaturais.

Com o avanço do conhecimento, entendemos por que, no passado, alguns fenômenos mágicos eram considerados milagres, por não terem explicação científica. Todavia, à medida que compreendemos melhor a alquimia interior da alma, os "milagres" perdem o rótulo de sobrenatural, pois sua naturalidade é reconhecida. Isso não significa que um saber "científico" esteja tomando o espaço da magia, mas, sim, que nós estamos compreendendo melhor o mundo mágico da alquimia que nos envolve. Podemos até tentar descrevê-lo usando a linguagem paracientífica. Nesse caso, a palavra "descrever" cabe bem, pois, a rigor, a ciência não tem o poder de explicar o mundo, cabendo a ela somente descrevê-lo.

Portanto, é sensato pensar que os mundos mágicos e não mágicos são o mesmo mundo. Um é visto como objetivo, simples e real em si, enquanto o outro é subjetivo, complexo, e cuja "realidade" somente é percebida na Consciência do observador ou do oficiante do ritual, que compreende o que realiza durante o rito. Corroborando essa visão, a escola epistemológica chamada Idealismo da Mecânica Quântica – uma das mais profundas interpretações das últimas fronteiras da física moderna – reconhece que o único mundo verdadeiro é aquele que reside na Consciência do investigador. Com isso, na ausência do vedor, o mundo deixa de ser aquilo que pensamos que ele é, para ser aquilo que de fato é: vibrações de poder na consciência do Uno. Nesse sentido, o vedor não é uma simples testemunha da existência do mundo, mas o agente que sobrepõe características, atributos e qualidades sobre o vácuo quântico, transformando-o, ilusoriamente, em uma realidade palpável.

Essa também é a percepção das tradições não dualistas, nas quais a realidade somente existe sob a atenção do observador ou praticante, que tem o poder de alterá-la durante os ritos de poder. Então, ciência e magia se unem, com a ciência tornando-se mágica ou a magia se transformando em ciência. Assim, podemos definir a magia como "toda ação que gera um resultado real, porém inefável, ou seja, inexplicável pela linguagem, mas facilmente compreendido por aqueles que a vivenciaram em sua inefabilidade". Quem viveu a experiência sabe!

O mago tântrico não tenta explicar a sua magia, tampouco descrevê-la; ele a executa e sente. Para ele, a vivência mística durante o êxtase traz todas as respostas que a mente não compreende e a linguagem não pode dar. Por isso, ele tem o próprio método de trabalho e o respeita, sabendo que é uma expressão do poder sagrado.

Mas o que é esse poder e onde ele reside? A resposta já foi sugerida: o poder é a essência do Eu-Sou, o núcleo de Consciência individualizado que transita em vários espaços conscienciais. Porém, quando a pessoa comum está no estado de vigília, parecendo desconhecer sua própria natureza, o Eu-Sou deixa que as fantasias mentais direcionem sua vida, até que a pessoa perceba a necessidade de mudança e busque conhecimento, para caminhar na senda da Luz. A razão de sua ignorância, impotência ou desconhecimento tem raízes tanto na ilusão quanto na restrição psicológica imposta pela moralidade equivocada da maioria das religiões, que induz o devoto a um sentimento de pequenez que o impede de ousar e flutuar para outras dimensões, nas quais sua essência pode se manifestar em plenitude. Quando isso ocorre durante um estado de êxtase, às vezes por força do acaso, o indivíduo entra em pânico e corre ao psiquiatra achando que enlouqueceu. De fato, ele não está de todo equivocado, porque esse acaso é fruto do descontrole e da má estrutura da mente, o que caracteriza uma patologia mental. Infelizmente, o médico só pode tratar os sintomas.

CAPÍTULO 18

O DIA A DIA TÂNTRICO

O dia a dia do tântrico deve ser igual ao de qualquer outra pessoa, exceto por sua visão diferenciada em relação às "coisas da vida". Para ser um sādhaka ou uma sādhikā, não é necessário renunciar ao mundo e viver isolado em uma caverna. Muito pelo contrário, sendo alguém que vê o sagrado em todas as coisas, ele sempre estará imerso na Luz, ainda que aqueles com quem compartilha a vida possam estar imersos na sombra. Um tântrico não deve ver maldade em nada, embora não seja ingênuo a ponto de se deixar atingir pela desarmonia que existe no mundo ao seu redor.

Novamente, isso pode parecer um paradoxo: ver o sagrado em tudo e, ao mesmo tempo, admitir a existência de desarmonia nesse mesmo todo. Entretanto, a contradição desaparece quando temos a compreensão de que o todo é uma complexa interação de vibrações conscienciais em diferentes estágios de restrição.[111] Embora esse contexto complexo seja a expressão do equilíbrio e da perfeição, não precisamos aceitar e compartilhar todas as suas interações. Então, vivenciamos somente o que é útil para nosso propósito de autorrealização, ou seja, experienciar o livre-arbítrio, que nos leva a uma opção de vida que permite escolher o que antes era compulsório e envolto no véu da ilusão.

O livre-arbítrio é um primeiro passo na direção da liberdade espiritual (mokṣa), atuando como uma mola propulsora para o exercício do ritual devocional (upāsana). Nesse aspecto, a experiência do ritual tem um papel muito mais importante que o estudo das escrituras, pois nos revela uma realidade maior que qualquer descrição intelectualizada. O estudo da letra é de pouca valia quando não se tem a experiência do sagrado, e perde toda a sua importância quando essa experiência é vivenciada. (Vivekacūḍāmaṇi, 59 – Shrī Śamkaracārya)

A diferença entre o dia a dia do tântrico e do hindu ortodoxo é que, embora ambos tenham os mesmos propósitos e intenções em relação ao autoconhecimento e à liberação espiritual, há uma divergência quanto ao método. Diferentemente dos tântricos, para os hindus ortodoxos o prazer (bhoga) é incompatível com o desejo de união com o divino. Entretanto, sabemos que isso não é necessariamente verdade, pois o corpo não é um obstáculo à liberação, mas um poderoso aliado na senda que a ela conduz, quando usado com sabedoria. Essa é a razão pela qual o tântrico é denominado herói. Ele segue o caminho mais difícil e não tem medo da sua natureza instintiva e mundana, penetrando em suas entranhas e aprendendo seus segredos para dominá-la. Citando um verso do texto "Mahākāla Saṁhitā":[112]

111. Indivíduos primitivos e indivíduos iluminados, partilhando uma existência comum.

112. John Woodroffe, *þakti and þakta*, p. 307.

> "Eu não torturo meu corpo pela prática da austeridade, não faço peregrinações e não perco meu tempo lendo os Vedas. Eu faço meu refúgio aos Teus pés, minha amada e divina Śakti Mā".

Para esse devoto, o dia começa com abluções matinais em sua casa, em um templo ou, de preferência, nas escadarias (Gate) de um rio, já que os rios são considerados moradas das deusas e fontes da vida, que trazem fertilidade dos céus para a terra. Depois das abluções, ele traça na testa o tri-pūṇdra, com cinzas sagradas, coloca seu mālā de rudrākṣa e, então, dá início ao primeiro dos três mais importantes rituais do dia (trikālasandhyā). Assim, seu dia é sempre dividido em três momentos especiais, quando então faz sua veneração à Devī Gayatrī em seus três aspectos, ou seja, pela manhã, ao redor das 6 horas, ela é reverenciada como Brahmānī – a que traz a vida. Ao meio-dia, ela é reverenciada como Vaiṣṇavī – a que preserva a vida. E, à noite, ao redor das 18 horas, ela é adorada como Rudraṇī – a que dissolve o mal para regenerar a vida no dia que se segue. Assim, Brahmānī, Vaiṣṇavī e Rudraṇī são as três faces da Ādi-Mahāśakti, tanto na visão Śakta da Trimūrti quanto nas três fases do dia.

A escritura denominada Gandharva Tantra, em seu capítulo II,[113] descreve o devoto como alguém de inteligência privilegiada (Dakṣa), que tem o domínio dos sentidos (Jitendrya), não injuria ninguém (Sarva Hinsā Vinirmukta), faz somente o bem (Sarvaprāṇihite Rata), é puro de alma (Śuci) e vive na fé não dualista e imerso na deusa, que é seu único refúgio.

Sob o aspecto pessoal, ele deve ser comedido e reservado. Sua opção de fé não é secreta, mas ele não divulga seus ensinamentos a quem não está preparado para conhecê-los. Evita falar sobre seu processo iniciático e suas conquistas, pois essa conversa é dispersante e leva à perda do poder, estimulando as oscilações do ego.

O verdadeiro tântrico é vegetariano e a carne consumida no ritual é considerada um elemento simbólico, ingerido como sacramento, não por necessidade pessoal, mesmo porque sua opção alimentar não aceita violência contra qualquer ser vivo.

113. John Woodroffe, *Śakti and Śakta*, Capítulo XXVI, p. 335.

Cabe, portanto, ao tântrico mostrar o verdadeiro Tantra, para que as pessoas tenham uma visão correta dos ensinamentos e não associem o tantrismo a uma forma de magia negra (abhicāra), praticada em orgias e ritos sexuais considerados obscenos pelas mentes infectadas por falsas verdades.

CAPÍTULO 19

RITUAIS TÂNTRICOS E SEUS ELEMENTOS

Sabemos que o objetivo de um ritual é a experiência mística da expansão do núcleo consciencial, que é a essência de cada um de nós, isto é, a vibração primeva, denominada na alquimia tântrica pelo termo Cit-Kuṇḍalinī, que, de fato, é o que somos.[114] Portanto, é necessário deixar claro que o poder que se expressa por meio dela não é algo que temos, mas, sim, o que realmente somos. Logo, as palavras que se seguem devem ser consideradas como sinônimos:

Kuṇḍalinī Devī = Brahman Saguṇa = Ātman = Cidi = Antarātmā = Eu-Sou.

114. O termo cit-kuṇḍalinī é o mesmo que "Eu". Por isso, a ascensão da Kuṇḍalinī é, de fato, nossa própria ascensão aos portais ou cakras dos espaços em que podemos nos manifestar.

É um equívoco atribuir poder ao nosso veículo de manifestação, que é a interface ativo-cognitiva denominada mente. As pessoas que falam sobre o poder da mente talvez o façam por ignorância do que ela realmente é, por imprecisão de linguagem ou por força de expressão. A mente, em sua totalidade, não tem nenhum poder em si mesma. Ela é apenas um veículo transitório e mortal, sede dos pensamentos, instintos e resíduos do carma. Além de não ter poder, atua como um adjunto limitante e abafador da expressão máxima do Eu-Sou, que é o verdadeiro princípio da Consciência e do poder.

Com isso, o objetivo de um ritual é deslocar a Consciência da esfera ou polo da mente instintiva e condicionada para o polo denominado Buddhi, onde podemos vivenciar e partilhar a verdadeira Luz de nossa paternidade divina. Manas e Buddhi são os dois polos dessa complexa interface ativa-cognitiva que usamos como veículo[115]. Ao sair da esfera instintiva (Manas), que contém os resíduos do carma (saṁskāras), penetramos na esfera de luz infinita (Buddhi) para manifestarmos a divindade que somos.

Assim, com o propósito de contornar o poder abafador da mente, utilizamos durante o ritual upacāras, ou elementos, que atravessam a barreira da mente e libertam a infinitude da Consciência, a qual o homem comum não acessa no estado de vigília. Libertados das limitações impostas pela ignorância (avidyā), que nos identifica com o corpo e a mente, podemos invocar a divindade, recebendo-a em nossos corações para nos tornarmos idênticos a Ela.

Os instrumentos de poder usados nos rituais são variados, e sua seleção depende do oficiante. Sabendo que o ritual é uma linguagem que invoca símbolos arquetípicos e outros signos utilizados como instrumentos ritualísticos, é importante que eles sejam usados conscientemente, como uma forma de expressão do poder inerente ao Eu-Sou, de acordo com experiência de cada oficiante. Assim, a Consciência age por meio de símbolos, sempre que esses estiverem associados a uma imagem, a um sentir ou desejar (icchā), que expressa (kriyā) a consciência-poder (śakti-cit-kuṇḍalinī).

115. O antaḥ-kāraṇa

Isso é a magia. Isso é o Tantra.

O ritual tântrico, por sua própria origem, compartilha elementos importantes com outras tradições e artes, como foi exaustivamente mencionado: o uso dos mantras, as posturas de meditação (dhyānāsana), o uso dos fechos ou bandhas, os gestuais ou mudrās e, principalmente, o uso consciente da vibração primeva spandana-prāṇa, que é a expressão máxima daquilo que somos e o poder maior que utilizamos para invocar nossa divindade interna.

Todo ritual tem uma sequência de procedimentos preparatórios que têm como objetivo a limpeza e desobstrução psíquica do local e dos participantes, bem como a sutilização e a consagração deles em duas cerimônias denominadas Bhūtaśuddhi e Nyāsa.[116]

PRINCIPAIS ELEMENTOS DO RITUAL

Mantra: a arte do uso dos mantras, ou mantra sādhana, é um dos mais importantes elementos do esoterismo tântrico e a mais potente forma de linguagem e expressão para a manifestação da consciência. Entretanto, essa arte não deve ser confundida com o que se denomina japa-mantra, que é uma forma de declamação de preces ou recitação de hinos de louvor. Embora os hinos, as preces e as ladainhas também sejam denominados mantras, seu uso no tantrismo é restrito às oferendas e à veneração das divindades, e não como linguagem de poder no ritual. Quase sempre esses mantras polissilábicos seguem uma métrica própria, como a métrica gāyatrī, com sequências de oito sílabas, e são recitados para preparação do ambiente psíquico e psicológico.

Os mantras de poder, denominados bīja-mantra ou bījākṣara, são usualmente monossilábicos ou dissilábicos e têm por objetivo a invocação da divindade associada ao mantra. Quase todos esses mantras são sons nasalados ou aspirados e podem ser utilizados de três formas:

116. Estes dois ritos serão descritos no capítulo 22, a Preparação do Ritual, que trata de sacralização.

- A forma audível, quando o mantra é vocalizado.
- A forma surda, ou mental, quando o mantra é expresso sem som audível.
- A forma visualizada pela Consciência, quando o mantra é sentido em sua essência e vivido na transcendência sem uso de nenhuma linguagem, ou seja, a pura expressão de uma intenção.

Como um signo acústico, o significado esotérico do mantra é a vibração (vṛttispandana) que representa a divindade, enquanto seu significante é a vibração sonora, sempre pronunciada em idioma sânscrito, que é a língua materna do ritual tântrico (śruti-gocara). Nesse caso, a vocalização mântrica produz tanto um efeito material quanto imaterial.

A ciência dos mantras considera quatro estágios:

- O primeiro, denominado parā, é o signo vocálico transcendente, a vibração primordial que se quer invocar.
- O segundo, denominado paśyanti, é a expressão mental por detrás das formas (significado).
- O terceiro, denominado madhyamā, é a forma acústica (significante).
- O quarto, denominado baikharī (vaikharī), é a vibração sonora audível que traz o poder do mantra ao mundo da materialidade.

Essas quatro etapas devem ser fruto de uma única ação "sentida" e usadas de maneira consciente, seja o mantra audível ou não.

Cada deusa tem seu bīja-mantra, e este é sempre uma interjeição de poder, para nos despertar à sua presença e manifestação. O som anasalado associado a esta classe de mantras é denominado anusvāra (símbolo de Śiva), cuja representação gráfica é um sinal em forma de meia-lua crescente com um ponto (bindu) sobreposto à escrita, como no "pranava"[117] de origem védica, que é grafado como:

117. Nome de Deus pronunciado em uma única sílaba.

ॐ ou OM̐

O praṇāva da Tradição Śakta é transliterado como Hrīṁ ou Hrīm̐, e seu som anasalado invoca Adi-Śakti em qualquer um de seus múltiplos aspectos, principalmente como Tripuraśundarī ou Bhuvaneśvarī. O pranāva de origem śaiva é transliterado como Hūṁ ou Hūm̐, e seu som anasalado invoca o Deus Śiva.

Portanto, no tantrismo, os bīja-mantras são usados para despertar nossa consciência para a presença da divindade em nossos corpos. Em verdade, sendo a divindade onipresente, ela sempre está conosco, mas nem sempre nós estamos atentos a Ela. Assim, durante o ritual, o oficiante utiliza os mantras para se expandir e se elevar até a presença divina. Por isso, essas vibrações de poder devem sempre ser utilizadas dentro de um contexto sagrado.

O som aspirado é uma forma de vocalização especial e importante no tantrismo, por representar a vibração sutil da Śakti. Sua grafia é representada por dois pontos no final da palavra escrita em devanāgarī e, na transliteração clássica, é indicada por uma letra "ḥ", denominada visarga, como no mantra:

haṁsaḥ

Cada deus ou deusa tem seu bīja-mantra específico. Assim, temos:

Hrīm̐	bīja-mantra da Deusa Bhuvaneśvarī
Srīm̐	bīja-mantra da Deusa Lakṣmī Devī
Krīm̐	bīja-mantra da Deusa Kālī Devī
Strim̐	bīja-mantra da Deusa Durga Devī
Klīm̐	bīja-mantra da Deusa Kāmeśvarī Devī
Aim̐	bīja-mantra da Deusa Sarasvatī Devī
Hūm̐	bīja-mantra do Deus Śiva
Gam̐	bīja-mantra do Deus Ganeśa

No texto śakta denominado Devī Gītā,[118] a Deusa prescreve que a meditação em seu nome místico "Hrīṁ" realiza a identidade entre Ela e o devoto.

Os mantras dissilábicos são empregados com frequência, de forma isolada ou em combinação com outros mantras. Por exemplo, o mantra svāhā, associado ao poder feminino do Deus Agni, pode ser utilizado como fechamento de mantras associados à devī, como no exemplo:

Oṁ Mahākālī Svāhāḥ

Os mantras Sā-Haṁ (literalmente, Eu sou ela), com referência a Śakti, e So-Haṁ (literalmente, Eu sou ele), com referência a Śiva, podem ser usados na prática de japa-ajapa, associados ao controle do prānā. A seguir, alguns mantras polissilábicos:

OM Hrīm Gauryai namaḥ	Direcionado à Deusa Gauri, para ajudar nas coisas da vida.
OM Śriṁ̐ Hrīṁ̐ Śriyai namaḥ	Direcionado às deusas para fortuna em curto prazo.
OM jñaṁ̐ Sah Vaṣt	Para prolongar a vida, evitar acidentes e doenças.
Striṁ̐ Huṁ̐ Pha	Para eliminar o sentimento de culpa.
Huṁ̐ Strīṁ̐ OM	Para atrair pessoas do sexo oposto.
OM Klīṁ̐ Kṛṣṇāya Namaḥ	Para dar poder e propiciar milagres!
Gauri Candrikā Namaḥ	Para dar saúde, felicidade e combater vibrações negativas.
OM Hūṁ̐ Haṁ̐ Saha	Com a repetição deste mantra, pode-se postergar a morte.

118. Capítulo 4, versos 4.41–4.43.

Como enfatizamos anteriormente, a entoação de um mantra deve sempre ser concomitante com a intenção que se deseja realizar, e seu uso é tão importante no tantrismo que, muitas vezes, o Tantra é denominado Mantra Sādhana.

▽

Yantra: no universo tântrico, as manḍalas e os yantras são símbolos que exemplificam relações de ordem e multiplicidade, entre as formas primevas associadas aos signos arquetípicos que representam a ordem do Cosmo e as deusas que regem essa ordem.

Portanto, os yantras são fractais representativos dos arquétipos cósmicos, ou seja, um diagrama pictórico e representativo das divindades femininas que manifestam a multiplicidade universal. Cada yantra é associado a uma deusa, e as diferenças entre os vários yantras está na disposição e quantidade dos triângulos e círculos que os circunscrevem, além do número de pétalas e das cores desses elementos geométricos.

Como suporte para o ritual de meditação, o yantra substitui a imagem pictórica da deusa que ele representa. Durante o ritual, o yantra deve ser observado continuamente até que suas características geométricas e cores comecem a atuar de maneira subliminar na mente do praticante, produzindo uma transformação na direção daquilo que a deusa representa. Sob esse aspecto, a mente faz uma leitura do yantra, como se fosse uma leitora digital ao ler um código de barras, e o fruto dessa leitura é o início de um processo de transformação em direção à divindade representada no yantra.

Como suporte meditativo, o yantra é uma excelente representação da divindade, pois, sendo um modelo simplificado que não mostra uma figura humana, ele serve para a gradual evolução das ligações neurais, à medida que a mente vai se aquietando e buscando os significados subliminares às formas geométricas do yantra. Seu uso na meditação estimula a visualização de imagens e experiências interiores, relacionadas com os conteúdos evolucionários. Esses modelos geométricos sugerem uma visão da divindade a ser cultuada, que desabrocha de maneira contínua, mexendo e modificando a pessoa que, sem nenhuma intenção, as observa. Como o yantra é um signo que carrega uma experiência viva dos modelos arquetípicos da tradição tântrica, seu uso tem especial significado nas fases preliminares dos rituais.

A maioria dos triângulos com o vértice para baixo simboliza o yoni, a vulva da deusa, e um ponto no centro de dois triângulos sobrepostos e invertidos sugerem uma cópula.

A escritura Tantrarāja Tantra identifica 960 yantras e considera o Śrī Yantra o mais importante de todos, por sintetizar os demais. Embora seja difícil determinar a data da elaboração do primeiro yantra, sugere-se que ele seja antigo, pois é mencionado em textos do século VIII d.C., como o Saundaryalāhari (Ondas de Beleza), atribuído a Adi-Śankara.

O Śrī Yantra é uma configuração de nove triângulos (tri-koṇa) entrelaçados e centrados em um ponto (bindu). Cinco triângulos têm os vértices para baixo, representando a feminilidade relacionada à Deusa Śakti, e quatro os têm para cima, representando a masculinidade associada ao Deus Śiva. Os triângulos se entrelaçam ao redor do ponto biṅdu, em referência à união entre o masculino e o feminino. Por ser constituído por nove (nava) triângulos representativos da yoni,[119] ele também é denominado Navayonī Cakra.

Mudrā: os mudrās são gestuais de poder que expressam uma intenção da Consciência durante o ritual. Os gestuais são utilizados em conjunto com os mantras, dentro do contexto que o ritual enseja e pede. Portanto, muito mais importante que a forma ou maneira de executar um mudrā, é a intenção subconsciente por trás da ação. O gestual dá energia e vigor à ação ritualística, o que permite que a śakti (poder) possa ser desperta e liberada de forma subliminar. Assim, não é a postura exata da mão ou dos dedos o fator determinante para o sucesso da ação ritualística expressa com o uso do mudrā, mas, como sempre, é a intenção que o pede. O oficiante deve ter liberdade de usar gestuais como forma de linguagem pessoal, mesmo

119. Yonī é um termo sânscrito que significa "vulva". Símbolo da energia procriativa.

que seus gestos não sejam clássicos ou reconhecidos como símbolos de linguagem em outras artes. Por isso, aconselhamos que o praticante ensaie seus próprios gestuais, deixando-os acontecer ao acaso para sentir o poder associado a essa forma de expressão.

Alguns gestos enfatizam a abertura da aura, expondo o devoto ao fluxo (krama) da presença divina. Outros a fecham, impedindo a invasão por vibrações negativas e atuando como bandhas (fecho). Saber distinguir um do outro é importante para o resultado do ritual. Os gestuais são usados em várias práticas mágicas que não são tântricas nem hindus, como no Candomblé e na Umbanda, religiões de matriz africana, como uma forma de infundir poder ao ato.

Portanto, os gestuais podem e devem ser usados como elementos auxiliares para a expansão do poder consciencial, seja para proteção pessoal, seja para a proteção do local onde o ritual será realizado. Entre os gestuais clássicos, alguns são usados para infundir o poder ou abençoar, enquanto outros são empregados para receber o poder ou para proteção pessoal. São considerados gestuais de infusão de poder ou bênção:

- Añjali mudrā (gestual de reverência);
- Pataka-mudrā (gestual do descenso do poder);
- Triśula-mudrā (gestual do tridente, proteção de Śiva).

São considerados gestuais de aquisição de poder:

- Padmakośa-mudrā (gestual do cálice do lótus);
- Puṣpapua-mudrā (gestual do vaso de flores).

São considerados gestuais de proteção:

- Mukula-mudrā (gestual do botão de flor);
- Svāsthya-mudrā (gestual auspicioso);
- Nagabandha-mudrā (fecho da serpente).

▼

Āsana: as posturas ou āsanas usadas nos rituais tântricos variam conforme a natureza e a sensibilidade do devoto. Em geral, para ritos devocionais como as meditações, utilizam-se: siddhāsana, padmāsana, sukhāsana ou vajrāsana. Para o ritual de maithuna ou cópula, as posturas mais comuns são:

- **Viparita-ratī**, com a mulher sentada sobre o homem, que permanece deitado em decúbito dorsal.
- **Jānujugmāsana**, também denominada latā-sādhanā, postura em que o casal permanece com as pernas entrelaçadas.
- **Yab-Yum**, os dois se abraçando, com a mulher sentada no colo do homem.

Todas essas posturas permitem a imobilidade do homem, que permanece estático durante o ritual, simbolizando a consciência transcendente de Śiva, dando completa liberdade para a mulher atuar como a Consciência Dinâmica (Śakti).

Nesses rituais, o movimento da mulher decorre da respiração sincronizada e de um sutil balanço que ela executa para assegurar a ereção no decorrer do ritual. Esse movimento sutil permite a continuidade do ritual, enquanto as consciências presas no sentir da respiração permanecem com a mente vazia, favorecendo o controle do orgasmo e permitindo que as vibrações sutis (prāṇavṛttis) sejam geradas.[120] Assim sendo, o poder (prāṇa-kuṇḍalinī) é estimulado e liberado para que a divindade o utilize no propósito do ritual, que é um ato mágico de unicidade pela junção dos corpos.

Controle do Prāṇa: a técnica de controle da vibração primeva, denominada spandana-prāṇa, é um dos elementos fundamentais na prática tântrica e, ao mesmo tempo, um dos menos conhecidos em sua

120. Vibrações podem ser vistas como imateriais ou sutis e materiais.

verdadeira essência. Frequentemente, o prāṇayāma é confundido com a atividade da respiração controlada, que, na realidade, funciona apenas como um tipo de suporte psicofísico para essa prática e tem um importante efeito biológico. No entanto, a palavra prāṇayāma, derivada da fusão vocálica das palavras prāṇa e ayāma, refere-se à condução ou controle da vibração primeva. Essa prática estimula a percepção dessa vibração fundamental (śakti-parispanda), que é a própria essência da divindade presente em nós, conforme revelado nas escrituras:

Prāṇā,[121] o princípio da essência divina, é a Śakti.

Então, o que é o prāṇa e onde ele é encontrado?

A tradição antiga nos ensina que somos um citātmā,[122] o Eu-Sou, ou a Consciência manifestada em cinco corpos (kośas). Esses cinco corpos estão entrelaçados pelo corpo prânico (prāṇamayakoṣa), que os interliga como um fio (sūtrātmā). Assim, em nossa manifestação como indivíduos (jīvātma), temos tanto uma natureza sutil quanto uma menos sutil, conhecida como grosseira ou material. A natureza sutil é energética e imaterial, pura vibração (vṛitti-spanda), que recebe variada denominação dependendo da tradição. Como uma vibração-movimento (prāṇā-kuṇḍalinī), ela é vista um corpo prânico. Essa vibração primeva é da natureza do estofo cósmico e, portanto, como um exercício espiritual, o controle do prāṇā é uma prática de manipulação interior da quintessência. A explicação para essa associação é obtida com a prática da respiração consciente e controlada, que, além de estabelecer uma ligação sutil com a circulação prânica, também auxilia a escapar das flutuações da mente. Lembramos que a associação entre as duas práticas somente é relevante no início do controle do prāṇā, pois, após certo tempo, percebemos a independência entre os dois exercícios e a necessidade de se efetuar o controle do prāṇā[123] à parte do processo respiratório. Conforme dito na escritura Hatharatnavali:

121. Brahma-sūtra, I, i, 23.
122. O Eu-Sou, o ser incorpóreo, princípio da vida e das sensações, o Self, ou a Consciência.
123. Brahma-sūtra, I, i, 23.

> "O exercício de prāṇāyāma sem inalação ou exalação é denominado kevala-kumbhaka, e, quando essa prática é dominada, nada nos três mundos (bhuḥ, bhuvaḥ, suvaḥ) é inatingível".

Assim, como um exercício que combina a ventilação pulmonar e a vibração primeva, temos a prática espiritual em dois níveis: exterior e interior. No primeiro, energizamos o corpo material pela inspiração (pūraka) e expiração (rechaka), entremeadas por retenção (kumbhaka), que pode ser efetuada com os pulmões vazios (bahyā-kumbhaka) ou cheios (āntara-kumbhaka). A prática da ventilação pulmonar controlada revitaliza o corpo, atuando sobre a fisiologia celular, que é um processo de combustão lenta (oxidação celular), e proporciona um acúmulo de gás carbônico no sangue (acidose); equilibra o sistema nervoso simpático e parassimpático, regulando as principais funções vitais e aquietando a mente pelo efeito narcótico do próprio gás.

O controle do prāṇa é mais que um processo de ventilação e absorção de oxigênio para alimentar a fisiologia celular. Para compreendê-lo, é necessário transcender a visão biológica e bioquímica e ver a matéria corporal como um complexo agregado de vibrações primordiais que interagem com o prāṇa, que é seu substrato quintessencial.

Com o tempo, a prática e o domínio das vibrações quintessenciais dos corpos nos mostram um caminho de harmonização da fisiologia do corpo biológico, com possibilidade para a cura das doenças, se soubermos usar, e dirigir, a Consciência para os locais em que haja desarmonia, independentemente de qual seja a origem. Essa experiência nos mostra que o corpo físico ou material é, na verdade, sutil e imaterial ao ser percebido em sua natureza última, a quintessência por trás das partículas subatômicas que compõem a materialidade percebida. Nesse contexto, o maithuna emerge como uma esplendorosa experiência, pois a união é vivida no nível da imaterialidade.

Para não sobrecarregar o leitor com uma desnecessária metafisica alquímica, resumimos a natureza do prāṇa dizendo que essa vibração quintessencial é a percepção mais sensível do poder da Śakti, pois é a energia (ojas) e a Consciência (Citi) que nos proporcionam a vida. Por isso, os homens santos (sādhu) executam seus milagres usando o prāṇa como poder divino, pois o prāṇa é a segunda forma de vibração mais sutil entre as formas manifestadas. Mais sutil que o prāṇa, somente āpaḥ ("águas" primordiais). Assim, o prāṇa é oriundo de āpaḥ e origem do etéreo espaço cognitivo (ākāśa), também origem das formas manifestadas pelo movimento dirigido pela Consciência.

Então, temos:

āpaḥ → prāṇa → ākāśa → reṇu (dakṣa) → matéria

Āpaḥ, prāṇa e ākāśa não são diferentes em essência, mas em grau de sutilidade, sendo que todos devem ser considerados faces distintas da ação da Śakti no gerar da manifestação cósmica. Existem muitos exercícios de prāṇayāma na ciência do *Haṭha Yoga*, mas dois deles são suficientes para a manipulação consciente do prāṇa:

- ❖ Nadī Shodhana;
- ❖ Samavṛtti prāṇayāma.

Nadī shodhana tem por objetivo a purificação da malha de nadī no corpo sutil (Sukṣuma Śarīra), em particular do conjunto diretor da energia sutil (Prāṇa-Ojās), que são os naḍīs: idā (naḍī lunar), piṅgalā (naḍī solar) e o suṣumnā (naḍī central).

O suṣumnā ou merudaṇḍa interliga todos os cakras, do sahasrāra no topo da cabeça ao mūlādhāra na base da coluna, entre o ânus e os genitais. Do mūlādhāra, sai pelo lado esquerdo (lado do coração) o naḍī-idā (lunar); e pelo lado direito, o naḍī piṅgalā (solar). Os dois naḍī sobem em direção ao sahasrāra, cruzando-se em cada cakra e alternando de lado até o ajñā chakra. Então, direcionam-se as respectivas narinas, ou seja: idā na narina esquerda e piṅgalā na direita. A ligação com as narinas está relacionada ao fato de que o olfato é o mais primitivo dos sentidos e o único diretamente ligado ao sistema límbico.

▼

Os adeptos do Tantra também utilizam alguns elementos materiais durante o ritual, que, conforme com a tradição ou a natureza do devoto, pode ser reduzido a um número mínimo sem prejuízo ao desenvolvimento da cerimônia. Dentro desse conceito de simplificação, recomendamos não mais que cinco upacāras (Pañca-upacāra), que é um número adequado e dá graça ao ritual sem complicá-lo desnecessariamente.

Estas Pañca-upacāra são:

Puṣpa	flor para oferecer à deusa
Tailaka	óleo para untar o corpo
Dīpa	lamparina votiva para sacralizar o entorno
Dhūpa	incenso para abrir o ritual
Gandha	perfume para sutilizar o ritual

Esses cinco elementos simbolizam, respectivamente: Terra, Água, Fogo, Ar e Ether (vazio), que são sentidos de forma sutil e usados no decorrer da cerimônia.

O rosário é denominado mālā e feito de semente de rudrākṣa, planta do gênero *Elaeocarpus Ganitrus Roxb*, uma semente com significado especial para os tântricos por simbolizar o terceiro olho de Śiva.

Os rosários feitos com essas sementes podem ter 54 ou 108 sementes, incluindo a conta usada como "fecho", denominado Sumeru. O uso do mālā é sagrado, portanto exige consagração periódica pela prática do ritual prāṇapratiṣhā ou imersão da vibração divina pelo sopro.

Ao colocar o rosário, o praticante faz de seu corpo um local sagrado e propício para a prática ritualística, protegendo-se das vibrações negativas que o ambiente possa conter e se abrindo para o sagrado.

Entendemos que o rosário não deve ser considerado um amuleto, pois não tem poder em si, mas, ao consagrá-lo imergindo-o na vibração sagrada primordial, o oficiante o torna uma fonte poderosa de Luz e Poder. Para mantê-lo energizado, a prática de prāṇapratiṣhā deve ser repetida diariamente, com a intenção de criar um forte campo de vibração, conforme o propósito para o qual ele foi consagrado. Além desses elementos, também são utilizados um pote (khumbha) com água (āp), para aspersão e alimentos para serem consumidos.

No ritual dos 5Ms ou 3Ms, os elementos usados – vinho, carne, peixe e cereais torrados – devem ser escolhidos e sacralizados antes do início do ritual. Essas upacāras são dispostas em taças e pratos, no interior do círculo em frente dos praticantes, e serão aspergidas com água, após a consagração pelo fogo.

Lembramos que o uso dos elementos ritualísticos serve apenas para facilitar a manifestação do poder. Portanto, deve trazer beleza à cerimônia sem complicá-la desnecessariamente, caso contrário perde-se o foco principal, que é a vivência da unicidade durante o maithuna.

CAPÍTULO 20

DIKṢA PŪJĀ – RITUAL DE INICIAÇÃO

> "Após realizarem o sacrifício conforme o ritual Kaula, eles agora podem iniciar seus discípulos da mesma maneira. Entretanto, somente um a cada cem mil possui a qualidade para ser membro do clã dos Kaulas e participar dos rituais". [124]

O Tantra é uma tradição que pede a iniciação do postulante, antes que ele possa fazer parte do grupo e partilhar dos conhecimentos, segredos e rituais. Entretanto, não devemos pensar que a iniciação transformará o postulante em um discípulo qualificado por um ato mágico.

124. Jayaratha, *Tantrāloka*, Jr.186b.2-187.

> "O discípulo foi borrifado com água contendo os yoni-tattva, para ter seus caminhos abertos. Ele está em pé, diante do guru. O guru, governado pela Śakti, tem sua mente fixa nela. Toda flamejante, ela vai dos pés ao topo da cabeça queimando as amarras do discípulo. Este rito é uma intensa descida de poder sobre o discípulo, seu alento vital e seus corpos internos (sutis) e o externo (material), que foram purificados por ela (a Śakti). Este ritual inunda o discípulo com intensa alegria, leveza, tremor e sensação de rodopio ou tontura." [125]

As transformações pelo descenso de poder ocorrem apenas em casos especiais, quando um postulante, já tocado pela Luz do Dharma, encontra um mestre iluminado ou a caminho da iluminação, com poder de transformar aquele que almeja intensamente ser transformado. Essa situação é muito rara e não acontece com as pessoas comuns, que precisam vivenciar intensamente o querer e a disciplina da sādhana, antes que possam ser realmente iniciadas. Quando o guru percebe que os sintomas da "limpeza sutil" não se manifestaram – seja porque a descida do poder foi fraca ou porque o discípulo está muito fechado em suas amarras mentais –, ele utiliza outro sacramento, "queimando" o discípulo interna e externamente com a rudrāśakti.

> "Rudrāśakti é um rito muito forte, que tonteia o discípulo jogando-o ao chão, de forma que a Śakti possa tomar conta dele." [126]
>
> "O Śakti bījā (ĪṀ) deve então ser colocado em seus membros, e o mantra HA, com suas 12 pétalas, deve ser infundido no 'círculo do seu coração'."

Esse é um método de iniciação forçada, que obriga o discípulo a aceitar a presença da energia sutil, que Abhinavagupta denomina "rudrāśakti". Trata-se de um espírito feminino que "incorpora" o discípulo para "amolecer" suas amarras.

125. Idem, Jr.206d.2.
126. Idem, Jr.211b.1.

Um método de iniciação mais simples somente é possível após um período de postulado junto à comunidade. Durante esse tempo, o discípulo desenvolve sua vontade e ardor interior que o levam a um ponto em que ele apenas necessitará de uma pequena energia de ativação para que ocorra a maior transformação de sua vida. Quando esse momento chega, realiza-se a iniciação ordinária, ou dīkṣā.

A palavra dīkṣā vem da raiz sânscrita √dyati, que significa "aquilo que corta ou destrói". O objetivo da iniciação é criar o momento mágico, no qual o sādhaka ou a sādhikā rompe com os liames do passado para viver o futuro sob outra perspectiva – a visão tântrica da vida.

A iniciação é um momento especial, no qual o postulante abre seu coração para a tradição tântrica, disposto a abandonar todos os hábitos e instintos (vāsanās) que o atavam a um comportamento mundano e autodestrutivo. Dessa forma, ele atinge um novo estado de existência e vida plena, alinhado ao conceito tântrico de autoconhecimento e sacralização das ações do dia a dia.

Por isso, o Tantra é uma via que exige uma iniciação ou rito de passagem, ministrado por um guru experiente, que leva o postulante ou discípulo (śiṣya) a abandonar a concepção profana das coisas do mundo e penetrar no universo das coisas sagradas.

As iniciações ou ritos de passagem usados no tantrismo podem ser de dois tipos, efetuados em sequência. O primeiro é o ritual de consagração, denominado (prathiṣhā),[127] e o segundo é o ritual de iniciação propriamente dito (dīkṣā).

No ritual de consagração, o discípulo é aceito e agraciado com a transmissão de poder (śakti-pāta). Trata-se de um rito no qual ele recebe do mestre a insuflação da vibração sagrada, que tem o objetivo de despertar sua consciência para uma nova realidade de vida. No ritual de iniciação, o discípulo é admitido na comunidade tântrica e tem acesso ao conhecimento e às práticas esotéricas e exotéricas da Tradição. Ambos os rituais são sempre secretos e efetuados em um círculo fechado ou "às escuras". A correta consagração se faz acendendo oito lamparinas de pavio vermelho em óleo de manteiga

127. Ou abhiṣeka.

(*ghee*), dispostas ao redor do discípulo para serem oferecidas às oito Kulas (deusas). Kuleśvara e Kuleśvarī também são reverenciados diante de uma concha cheia de "néctar da felicidade". Com este rito denominado a "mão de Śiva", o guru consagra o discípulo aspergindo nele o líquido sagrado (abhiṣeca).

Entretanto, há exceções para aqueles que já nasceram liberados na atual existência (videhamukti).[128] Essas pessoas possuem a maestria sobre a mente e seus instintos. São sábios que têm a visão clara do seu próprio dharma (svādharma) e uma poderosa força interior que os conduz à união (yoga) com sua divindade de fé, a deusa. Para essas pessoas, a senda tântrica passa a ser o corolário de um caminho solitário, iniciado há muitas vidas, e que elas agora vivenciam com maestria.

Contudo, esses casos devem ser considerados exceções. Trata-se de pessoas especiais, que há muitas vidas vêm se dedicando à sādhanā e, portanto, agora iniciam a coleta dos frutos. Alguns indivíduos relembram uma iniciação ocorrida em vida anterior; outros dizem que foram iniciados na atual existência por um Ser Divino durante um sonho. Nesse caso, a experiência onírica também resgata algo que ocorreu no passado, cuja vivência durante o sono serve de marco para um retorno à sādhanā. É interessante notar que esses casos especiais ocorrem em sua maioria durante a puberdade, quando o sādhaka ou a sādhikā está com sua espiritualidade "em chamas" pelo despertar da sexualidade.

Para todos aqueles que não nasceram liberados e necessitam penetrar no caminho de autoconhecimento para sua realização, o ritual de iniciação é um ponto de mutação que assegura seu ingresso no mundo mágico do misticismo, no qual adquirem uma nova visão do mundo e de si mesmos. O discípulo não deve pensar que a iniciação é um ritual que irá transformá-lo de forma mágica, independentemente de suas reais intenções e possibilidades. A iniciação é um marco, mas o fruto somente será colhido por aqueles que, com muito empenho e amor, se dedicarem para receber a luz que o guru lhes oferecer.

---

128. Por terem sido liberados em vidas passadas. A liberação ocorre sempre em vida (jīvāvamukti).

Os tipos de iniciação variam entre tradições, mestres e discípulos. Algumas vezes, pode ocorrer que o discípulo seja iniciado pelo mestre, e nem tenha se dado conta disso. Nesses casos, sua transformação pessoal foi um processo contínuo, até que, em determinado momento, ele percebe quanto mudou em um curto período. Foi a presença do guru, seu olhar, seu sorriso ou seu prāṇā, que, penetrando no coração do discípulo, produziu uma notável transformação, levando-o a viver a sādhana de maneira diferente daquela que até então ele estava vivendo.

Outras vezes, o ritual de iniciação é formal e tem um significado especial, tal como a outorga de poder. Entretanto, esse tipo de iniciação é raro. Nem sempre é possível encontrar um mestre capaz de tal ato de poder, ou um discípulo digno de recebê-lo e apto a seguir pelo dourado caminho do "fio da navalha".

Diz-se que um discípulo está apto a ser iniciado quando seu caráter e sua força de vontade são suas armas e ele não mais se deslumbra com os poderes (siddhis) que possa adquirir. Essas são condições exclusivas daqueles cujo amor pelo sagrado é maior que qualquer outra coisa que a vida lhes possa proporcionar. Por isso, os mestres dizem que a melhor iniciação somente é acessível para aqueles que morreram para a transitoriedade da vida e nasceram para a eternidade de Ser.

Na literatura mística, constantemente lemos que, "quando o discípulo está pronto, o mestre aparece". A frase é verdadeira, mas devemos lê-la em seu sentido esotérico. O mestre que aparece é a infinita luz da sabedoria cósmica, que infunde no discípulo o conhecimento do Dharma. Às vezes, pode ocorrer que a sabedoria cósmica faça os caminhos do discípulo cruzarem com os de um mestre "humano", capaz de auxiliá-lo a queimar etapas. Isso é possível, mas não tão comum, pois os mestres de verdade são em número menor que aqueles que os buscam! Por isso, os proponentes devem escolher com cuidado a tradição que desejam seguir e verificar com discernimento se essa tradição é dirigida por um bom mestre.

Nas boas tradições Tântricas, a iniciação é dada por um mestre ou uma mestra, independentemente de o discípulo ser homem ou mulher. Em outras, o guru tem sempre o sexo oposto do discípulo, pois, dependendo do tipo de ritual, a diferença de polaridade (masculino-feminino) entre guru e discípulo é importante durante o rito de passagem. Por exemplo, o Guhyasamā Tantra especifica que a iniciação deve sempre ser dada por uma mulher. Já na Tradição Sahajiyā, o discípulo masculino é sempre iniciado por um guru feminina, que, por sua vez, foi iniciada por um guru masculino.

A diferença de polaridade entre o masculino e o feminino também é importante em rituais ordinários, como na iniciação por insuflação do alento vital. Nesse rito, o guru expira seu alento, que é inspirado pelo discípulo, boca a boca. Ao expirar novamente, o discípulo devolve o alento ao guru, que o purifica e oferece de volta purificado. Esse ciclo contínuo cria uma corrente vibracional que transforma o prāṇā em apāṇa e vai purificando o discípulo.

Ao exalar seu alento vital, o guru emite o mantra "Ā", que auxilia na penetração do poder de sua Consciência no interior do discípulo, até que seu alento vital atinja o brahmarandhra do iniciado e suas Consciências permaneçam estáticas, em um imenso vazio. Então, o guru entoa o mantra OṀ, tornando-se um com o discípulo. Esse rito é conhecido como svādhyāya-yajñā. Esse tipo de iniciação não é um rito óbvio, pois o mestre deve ser capaz de exteriorizar o poder de sua Consciência com o alento, para que, ao penetrar o discípulo, ele atinja o centro Viṣuvat, quando então seus alentos entram em equilíbrio. Por sua vez, o discípulo deve ter a sensibilidade para absorver o alento do mestre, permitindo que o poder da Consciência dele o penetre, sentindo e compartilhando não somente o estado de bem-aventurança do mestre, mas também a sua imanência.[129]

---

129. Lilian Silburn. *La Kuṇḍalinī, L' Énergie des Profondeurs*.

Abhinavagupta descreve vários ritos de iniciação que introduzem o alento pela "via mediana" (madhyaprāṇakuṇḍalī):

Mantravedha:[130] o guru coloca sua consciência no cakra do coração (anāhata) do discípulo e penetra em seu interior instalando o mantra (ahaṁ).[131]

O uso deste mantra estabelece no discípulo um intenso desejo de conhecer seu próprio eu. Trata-se, como afirma Abhivagupta, de uma ação entre dois corações. Por essa iniciação, o guru pode auxiliar o discípulo a elevar sua própria Kuṇḍalinī, tocando seu coração e entoando o mantra Ā.

Nadavedha: o caminho por meio da ressonância mística. Trata-se da iniciação por meio da ressonância entre o poder da consciência do guru e o coração do devoto a ser iniciado. Essa ressonância leva o som místico (nāda) do guru ao coração do iniciado, fazendo-o ressoar e vibrar em harmonia com ele.

Binduvedha: iniciação pelo "poder viril". Abhinavagupta descreve esse rito iniciático com as palavras:

> "Ó Maheśānī, mestre cujo poder viril brilha como uma chama luminosa, ilumina a consciência do discípulo, projetando o poder viril entre suas sobrancelhas (bindu). Se o discípulo estiver puro e bem aberto, ele a absorve. Caso contrário, o guru deposita no coração do discípulo sua essência, o viril, que lá é transformada em um sutil fluxo seminal. Esse fluxo, partilhado entre o mestre e o discípulo, se estende por todo o corpo para ir em direção ao bramarandhra".[132]

Śaktavedha: o caminho do poder ou da energia. Abhinavagupta descreve esse rito iniciático por meio das palavras:

130. A palavra vedha significa religioso, virtuoso, bom, forma de adoração. Mantra virtuoso.

131. *La Kuṇḍalinī, L' Énergie des Profondeurs*, p. 114.

132. Abertura sutil no topo da cabeça.

"Ó Bela! Por meio da elevação vibrante dos músculos inferiores do tronco (uccāra), o mestre exerce um poder ascendente, acordando a serpente enrolada no centro triangular".

Esse verso é difícil e necessita uma explicação. O termo sânscrito uccāra tem duplo significado: tanto se refere a uma contração muscular – da musculatura do reto –, que se espalha de baixo para cima pelo corpo (mattagandha) para elevar a Kuṇḍalinī, quanto a uma ascensão consciente e cheia de poder. Ou seja, é uma contração que não tem efeito físico, mas coloca a consciência e o poder no local. Quando essa contração é rítmica e associada ao som natural (huṁ),[133] ela faz com que o alento penetre na via média (suśumna) e force a elevação do "poder da serpente". Essa iniciação é um processo de ressonância entre o poder do guru e o discípulo, no sentido de que, ao elevar sua própria Kuṇḍalinī, o guru projeta sua Consciência no interior do discípulo, elevando também a dele.

Abhinavagupta menciona outros rituais de iniciação, que exigem um guru qualificado e iniciado nos segredos (rahasya) místicos dos Tantras. Entre esses rituais, temos outra iniciação com mantras, em que o guru usa o "fonema do fogo" (svāhā) para que o germe da ilusão (visualizações) transponha, pelo poder da vontade, os nós (granthis), permitindo que o discípulo se una com sua divindade. Esse tipo de ritual pressupõe um poder ou capacidade do guru para penetrar no corpo do discípulo, levando consigo a energia "ígnea" que rompe os bloqueios e abre o caminho para a ascensão da serpente dourada (Kuṇḍalinī). Outro rito iniciatório semelhante ocorre quando o guru penetra em um dos três nāḍīs do discípulo (iḍā, piṅgalā ou suṣumnā) e eleva seu alento, desobstruindo e permitindo a passagem da serpente de fogo (Kuṇḍalinī). Em todos esses ritos, o guru precisa exteriorizar seu coro sutil para penetrar no do discípulo.

133. Faça o exercício e sinta o "som natural".

TIPOS DE INICIAÇÃO

Existem vários tipos de iniciação, cada um com uma finalidade específica e aplicável em diferentes circunstâncias. Abhinavagupta mostra a importância da iniciação no tantrismo, ao dedicar ao assunto 13 dos 37 capítulos[134] de sua monumental obra *Tantrāloka – Luz sobre os Tantra*, em um total de 1.400 ślokas (versos).

Para Abhinavagupta, a palavra iniciação tem sua etimologia nas raízes verbais √dā, com o sentido de "dar", e √kṣi, "destruir". Então, a palavra dīkṣa significa um ato de doação que destrói as saṁskāras ou "amarras" do passado. Entretanto, ele enfatiza que a iniciação deve ser compreendida como uma clara revelação, na qual o devoto é "inoculado" pela semente, que despertará nele aquilo que já existia em seu interior, ou seja, sua natureza divina (divyabhāva). Assim, a iniciação não deve ser vista como a incorporação de conhecimento ou técnica, mas, sim, um processo que leva o postulante a ter acesso ao verdadeiro saber que já existe em seu coração, e que consiste na percepção de seu próprio Eu-Sou como um Ser infinito e eterno.

Manasā Dīkṣā: é a maneira mais sutil e elevada de iniciação. Ocorre quando a própria divindade toca seu devoto, despertando sua consciência espiritual. Os mitos indianos nos contam que, de tempos em tempos, o próprio Senhor Śiva toma forma humana e inicia todos aqueles que se esforçaram e foram dignos de seu toque mágico. Conta-se que Lahiri Mahasaya (1828-1895), mestre de Yuktesvar (1855-1936), que, por sua vez, foi mestre de Yogananda Paramaha©sa (1893-1952), teria sido iniciado dessa forma no Kriyā Yoga pelo mítico Babaji.

Kriyā Vatī Dīkśā: iniciação pela doação de um mantra pessoal (mantra dīkśā) que o discípulo irá utilizar no início de todo ritual para sair da esfera profana e penetrar na esfera sagrada. O mantra pessoal é um mantra de poder, por meio do qual o devoto pode alcançar estados alterados de consciência. Essa iniciação é preparada tendo em consideração aspectos astrológicos que determinam dia e

134. Capítulos 14 a 26.

hora, e os elementos que devem ser usados durante o pūjā. No início da cerimônia, o guru senta-se com a face voltada para o Leste, com o discípulo sentado em siddhāsana à sua frente. O guru inicia a cerimônia com a purificação do local e dos elementos sutis (bhūtaśuddhi) que os envolvem, utilizando a liturgia da sua tradição conforme julgar conveniente. Depois, recita em voz baixa por três vezes o mantra-dīkṣā na orelha direita do discípulo, tocando o local do seu (dele) anahāta-cakra, também por três vezes, com os dedos médio e indicador da mão direita. O mantra pessoal deve ser mantido em segredo pelo discípulo, que deve sempre utilizá-lo antes de efetuar qualquer ritual, para purificar seu corpo e torná-lo o templo vivo para manifestação de seu iṣa-devatā.

Varṇamayī Dīkśā: nesse ritual de iniciação, o mestre transmite ao discípulo letras do idioma sânscrito para despertar nele o poder dos mantras. Essa é uma iniciação que trabalha a associação entre as letras do alfabeto sânscrito e os instintos do ser humano. As letras ou consoantes são em número de 50 e estão representadas nas pétalas dos seis cakras. Existe uma mística em relação a essas letras e os vṛtis que lhes correspondem, no sentido de que, ao ascender cakra após cakra, do mūlādhāra ao ājñā, a Kuṇḍalinī vai removendo do iniciado os instintos (malas) relacionados a cada letra na pétala correspondente.

Sparśa Dīkṣā: nesse tipo de iniciação, o guru diviniza seu discípulo pelo toque. Assim, a Kuṇḍalinī é ativada ou desperta e forçada a subir cakra após cakra. Um exemplo citado é a iniciação de Vivekananda, por Rāmākṛṣṇa, quando, em uma manhã, o mestre colocou seu pé sobre o peito do até então discípulo Narendra.[135] Este perdeu a consciência corpórea por um momento e despertou transformado em um novo ser, que recebeu o nome espiritual de Vivekananda Paramahańsa.

Dṛka Dīkṣā: é uma iniciação sutil, pela qual a Śakti como poder é transmitida ao discípulo através olhar do guru. Evidentemente, o mestre deve ter uma condição espiritual excepcional para essa

135. Nome de nascimento daquele que, mais tarde, se tornou Vivekānanda.

iniciação. O discípulo é solicitado a meditar no olhar do mestre e, ao fazer isso, desperta em si a divindade adormecida. Śṛī Rāmāṇa Mahāṛṣi, em seu aśrama em Tiruvanamalai, utilizava muito esse tipo de iniciação. Seus discípulos apreendiam seus ensinamentos e tinham suas consciências despertas simplesmente por sentarem juntos ao mestre e serem tocados por seu meigo olhar.

Anusthāna Dīkṣā: é uma forma menos elevada de iniciação, e sua prática de origem védica prepara o discípulo para uma sādhanā mais rígida e elevada dentro da concepção tântrica.

Kalā Dīkṣā – Kalā: é uma forma de conceber o Senhor Śiva, como o vibrante poder de transformação do Cosmo. Śiva é o Senhor da química cósmica, Ele cria, transforma, dissolve e recria. Kalā é ação, e todas essas atividades são executadas pela Śakti, seu poder maior. Por meio dessa iniciação, são destruídos os aspectos tamásicos da alma do devoto, permitindo que o discípulo seja libertado e torne-se idêntico a Śiva. As escrituras descrevem três tipos de Kalā Dīkṣā, respecti-vamente denominadas Āṇavi, Śakti e Śāmbhavi. O primeiro é um ritual de iniciação que usa um mantra para a libertação do discípulo dos grilhões da ilusão (māyā). O segundo tipo é um ritual no qual o guru transmite seu poder (śakti) para o discípulo, auxiliando-o a escapar da trama da ilusão. Essa iniciação também é denominada Śakti-Pāta. O último tipo de iniciação, Śāmbhavi, é considerado a mais elevada de todas as formas tântricas de iniciação, quando, por um simples toque do guru, o discípulo entra em estado de samadhi e desperta sua Kuṇḍalinī.

Kāpālika Dīkṣā: é uma iniciação praticada exclusivamente pelos adeptos da tradição dos Kāpālikas e tem fortes características tântricas. Pouco se encontra escrito sobre ela, além de um alerta para os perigos envolvidos nesse tipo de iniciação, em que, muitas vezes, o equilíbrio mental do participante pode ficar comprometido, caso ele não tenha uma sólida estrutura interior. Esse alerta pode ser compreendido pelo modo de vida dos kāpālikas, e é uma sādhana bastante radical. Sabe-mos que eles vivem em crematórios, alimentam-se de restos e doações, andam nus, cobrem o corpo com cinzas e praticam rituais voltados à Kali Devī, em seu aspecto transformador, denominado impropriamente de “maligno”. Durante o ritual, eles praticam o pañcatattva, com manipulação e ingestão das cinco coisas proibidas nos Vedas, ou seja: carne – às vezes humana –, vinho, cereais torrados, peixe e a cópula, após a qual os fluidos seminais do homem e da mulher são recolhidos, misturados com vinho ou mel e ingeridos como sacramento.

O objetivo do ritual que culmina após um longo período de aprendizado é a vivência dramática do ascetismo sobre uma condição distinta daquela vivida pelos iogues que seguem a ortodoxia védica. A experiência de vida dos kāpālikas, após um longo tempo de solidão em crematórios e em condições incomuns, convivendo e superando todo tipo de dificuldade e pares de opostos, como frio, calor, fome, etc., é a chave para a transformação interna nessa tradição.

Kalā Ātma Dīkśā: transmitir aos discípulos os poderes das vibrações sutis ou kalās. Esse tipo de iniciação é também um dos mais elevados e exige que o discípulo tenha adquirido completo domínio sobre sua mente e seus instintos e condicionamentos. Para estar apto a receber o dom de utilizar os poderes da alma e da ação (siddhis-kalās) no ritual e na magia, o iniciado deve ter controlado sua egoidade e os vínculos com os resultados de suas ações, ou seja, deve ter adquirido completo controle e desapego dos frutos do carma.

Vedha Mayī Dīkśā: nesse ritual iniciático, o mestre concentra seu poder na Kuṇḍalinī do discípulo a ser iniciado, produzindo nela um “toque sutil” capaz de despertá-la, e iniciar sua ascensão. Como em todos os ritos de iniciação, esse também requer um mestre com excepcional desenvolvimento espiritual e maestria no uso da magia e da alquimia tântrica.

Compreendemos, portanto, que o objetivo do ritual de iniciação é retirar o discípulo do paradigma de vida ordinário, alçando-o a novos horizontes, onde ele deverá renascer para uma nova vida. Entretanto, a iniciação tem um papel que vai além do comportamental, pois o resultado mais importante é a transformação que ocorre na estrutura psíquica do postulante, que se abre para a espiritualidade do Tantra na dinâmica de seus rituais.

Descritos de maneira superficial e em virtude das limitações da linguagem, é quase impossível transmitir ao leitor as impressões, sensações e transformações oriundas do ritual de iniciação tântrico quando este é conduzido por um mestre competente.

KĀLĪ MĀ

CAPÍTULO 21

PRÁTICAS E RITOS TÂNTRICOS

Este capítulo foi escrito para permitir que o leitor tenha conhecimento de alguns rituais tântricos, mesmo não tendo passado por uma iniciação formal em ambiente tântrico. Isso é possível porque esses rituais são simples e não exigem muita experiência.

A prática tântrica é uma trilha espiritual de esforço, dedicação e discrição. O praticante que estiver disposto a seguir esses ritos deve efetuá-los conforme estão descritos, tendo como propósito somente o autoconhecimento e o desenvolvimento pessoal, não sendo recomendado que fale sobre o assunto ou divulgue seus progressos aos amigos, porque essa atitude gera sentimentos negativos que levam à perda de poder.

Os ritos descritos neste capítulo fazem parte de uma sādhana iniciática e devem ser efetuados com constância, se possível diariamente, para proporcionar ao praticante a interiorização do conhecimento pela vivência e expansão da sua Consciência. Inicialmente, são necessários entre 15 e 30 minutos por dia. Com a prática, disponibilidade e entusiasmo, o tempo pode ser aumentado.

No início, o praticante deve seguir a sequência, realizando um rito por dia, durante uma semana, para dominá-lo bem. Depois, pode fazer um ou mais ritos por dia, conforme sua disponibilidade de tempo, escolhendo-os de acordo com sua necessidade.

O melhor momento para a prática é pela manhã, após um banho e alguns exercícios de alongamento dos braços, pernas e coluna. Para aqueles que praticam o *Haṭha-yoga*, essas práticas são conhecidas e fazem parte do cotidiano.

O banho é um momento para o primeiro rito, um exercício de bhūtapasarpana. Durante esse exercício, o praticante deve fazer uma limpeza espiritual, dando "passes" ao passar as mãos pelo corpo, de cima para baixo, limpando a cabeça, os ombros, os antebraços, o tórax e as pernas, com desejo de retirar todas as vibrações negativas que possam estar presentes, deixando-as serem levadas pela água. Não é necessário o uso de elementos especiais, como sal, ervas ou flores, para esta limpeza espiritual, mas, se for do agrado do praticante, nada impede que os utilize.

Nesse caso, acrescenta-se ao elemento utilizado – por exemplo, o sal – uma ou duas pétalas de uma flor ou um pouco de folhas de alecrim ou arruda, misturando tudo em um recipiente com água morna. Ao fim do banho, eleva-se o recipiente acima da cabeça e, com a Consciência voltada à Deusa Gaṅgā, a Senhora das Águas Correntes, entoa-se o mantra hrīṁ pha e despeja-se o conteúdo sobre a cabeça, desejando que toda a negatividade seja levada com a água.

A água é um excelente meio para efetuar uma limpeza psíquica profunda e descarregar as vibrações negativas. Portanto, em todas as práticas de limpeza e desobstrução psíquica, devemos visualizar as águas do mar e para elas enviar os fluidos negativos.

JALA NETĪ

Jala Netī é uma prática de continuação da limpeza física e tem por objetivo lavar as narinas, os seios da face, a laringe e a faringe, como uma preparação para a prática do controle do alento e desobstrução dos nāḍīs. As pessoas com problemas de rinite e infecções constantes de garganta e dos seios da face (sinusites) devem fazer o jala netī diariamente, o que praticamente elimina o problema, promovendo a limpeza das partes internas do sistema respiratório superior, com uma solução de sal e bicarbonato de sódio, como explicado a seguir:

> Preparo da solução: a solução salina deve ser ligeiramente hipertônica em relação à concentração do plasma sanguíneo, devendo conter entre 0,9 e 1,2 grama de cloreto de sódio (sal de cozinha), adicionado de 0,2 grama de bicarbonato de sódio para cada 100 mililitros de água morna (cerca de 30ºC). A concentração pode ser ajustada mesmo na ausência de uma balança de pesagem, adicionando-se cerca de ½ colherinha (de café) de sal e ¼ de colherinha de bicarbonato de sódio em meio copo de água morna.

Limpeza Nasal: recomendo usar uma seringa de injeção de 20 mililitros, sem agulha, com a qual o praticante introduzirá a solução nos orifícios nasais. É mais prático fazer a limpeza durante o banho, bastando levantar a cabeça, engolir a seco para provocar um bloqueio da glote e impedir que o líquido seja engolido. O conteúdo salino da seringa – aproximadamente 20 mililitros – deve ser inserido em cada narina, utilizando metade do volume para cada uma. Em seguida, provoca-se uma sucção pela garganta para puxar o líquido e cuspi-lo fora. Dessa maneira, lava-se toda a região nasal e a garganta, não apenas os sínus da face. A lavagem pode ser repetida várias vezes, sem nenhum desconforto. Após a lavagem, devemos assoar o nariz para descartar todo o líquido retido e secá-lo respirando ritmicamente (prāṇāyāma bhastrika).

PURIFICAÇÃO

Limpeza Espiritual: a limpeza espiritual foi efetuada durante o banho, e agora devemos efetuar a limpeza espiritual do local onde será efetuada a prática. Caso não seja possível ter um lugar reservado exclusivamente para essa prática, podemos escolher qualquer canto da casa e sempre efetuar o ritual nesse local.

A limpeza espiritual do local (bhūtapasarpana) tem maior importância nos rituais tântricos, pois, além de preparar o lugar, cria um ambiente psíquico apropriado para a prática. Existem várias formas de se fazer esse rito e, como já explicamos, a eficácia delas depende exclusivamente da intenção do devoto durante sua atuação. Nesse rito, propomos iniciar a limpeza usando-se a ondulação do fogo (agni-nīrājana). Para essa prática, o sādhaka ou a sādhikā senta-se em vajrāsana, tendo em sua frente uma lamparina votiva ou uma vela. Após um ou dois minutos de tomada de consciência da presença do divino, acende-se a lamparina ou vela, que deve ser movimentada no sentido horário,[136] com a intenção de promover uma limpeza psíquica do local, visualizando as negatividades sendo levadas ao mar.

Caso sinta necessidade, pode caminhar pelo local fazendo a limpeza nos quatro pontos cardeais. Após este rito, a vela pode permanecer acesa durante os demais rituais que se seguirão e apagada posteriormente.

CONTROLE DO ALENTO

Nāḍī-śodhana ou naḍī-śuddhi: este rito antecede os exercícios de prāṇāyāma e deve ser praticado para limpeza plena da rede dos nāḍīs. O nāḍī-śodhana é uma prática espiritual que deve ser compreendida e realizada com intenção. A limpeza e desobstrução da rede de nāḍīs é uma necessidade preparatória para a ativação da Kuṇḍalinī, pois é por meio dela que o princípio da consciência se desloca, de cakra a cakra

136. Como se o praticante estivesse olhando para os ponteiros de um relógio colocado à sua frente.

até o sahasrāra. Quando o rito é praticado diariamente, durante alguns meses, resulta em uma completa limpeza da rede de nāḍīs, possibilitando uma ampla revitalização psicofísica e espiritual do corpo sutil. A desobstrução da rede possibilita o prāṇa fluir livremente, vivificando o corpo e limpando a mente.

Durante o rito, o praticante pode usar o poder imaginativo, visualizando uma cor dourada ao inspirar e expirar. O ritual pode ser efetuado sentando-se em siddhāsana, com as costas retas e a cabeça alinhada com a coluna.

PRIMEIRO EXERCÍCIO:

1. Inspirar (pūraka ou śvāsa) pela narina direita e expirar (recaka ou praśvāsa) pela esquerda.
2. Reter o alento por um curto período para inversão do ciclo (sahita-bāhya-kumbhaka), com os pulmões vazios.
3. Inspirar (pūraka ou śvāsa) pela narina esquerda e expirar (recaka ou praśvāsa) pela direita.
4. Reter o alento por um curto período para inversão do ciclo (sahita-bāhya-kumbhaka), com os pulmões vazios.

Repetir a sequência, iniciando em 1.

SEGUNDO EXERCÍCIO:

1. Inspirar (pūraka ou śvāsa) pela narina direita e expirar (recaka ou praśvāsa) pela mesma narina.
2. Reter o alento por um curto período para inversão do ciclo (sahita-bāhya-kumbhaka), com os pulmões vazios.
3. Inspirar (pūraka ou śvāsa) pela narina esquerda e expirar (recaka ou praśvāsa) pela mesma narina.
4. Reter o alento por um curto período para inversão

do ciclo (sahita-bāhya-kumbhaka), com os pulmões vazios.

Repetir a sequência, iniciando em 1.

Esse exercício desobstrui os três nāḍīs principais: o candranāḍī ou iḍā (lado esquerdo, associado ao coração); o sūryanāḍī, ou piṅgala (lado direito), e o suṣumna, o nāḍī central.

A retenção do alento pode ser de dois tipos: a primeira, denominada sahita-kumbhaka (retenção com pulmões vazios ou cheios), recomendada nos exercícios anteriores; a segunda, denominada kevala-kumbhaka, é a retenção que independe da inspiração ou da expiração. Quem domina a kevala-kumbhaka tem acesso ao poder, pois está trabalhando em uma dimensão sutil.

Samavṛtti-prāṇāyāma: este rito também é um exercício de controle do prāṇa e tem por objetivo a limpeza da rede de nāḍīs e a infusão do alento vital no corpo sutil (prāṇamayakośa). Assim como os ritos anteriores, também é considerado um sacramento.

A postura pode ser a mesma adotada anteriormente ou qualquer outra postura de meditação adequada ao praticante, por exemplo, uma dhyānāsana.

1. Inspirar pelas duas narinas.
2. Reter o alento por um curto período.
3. Expirar pelas duas narinas.
4. Reter o alento por um curto período.

Retornar ao ponto 1.

Este rito é um dos mais importantes na sādhana espiritual do tantrismo e será a base dos rituais que se seguirão. Como veremos, é um rito de controle do alento vital que é praticado com mantras e percepções conscienciais. Uma observação importante quanto ao termo "percepções conscienciais" é que se refere muito mais ao sentir, deixar fluir e perceber do que imaginar, criar, pensar ou analisar. Portanto, respire e sinta o fluir da vibração. Mantenha-se consciente, deixe acontecer e evite a mente ordinária e discursiva.

VISUALIZAÇÕES

Visualização do mūlādhāra: neste rito, vamos praticar o exercício samavṛti, concentrando o sentir no cakra mūlādhāra.

1. Inspire pelas duas narinas, trazendo a consciência e o sentir na região entre o ânus e a genitália.
2. Retenha o alento e o sentir no local do cakra mūlādhāra.
3. Expire pelas duas narinas, colocando a consciência na região entre o ânus e a genitália.
4. Retenha o alento e o sentir no local do cakra mūlādhāra.

   Retornar ao ponto 1.

Mantendo a consciência nesse cakra durante um período, é possível "sentir" o pulsar e perceber, ou visualizar sem ver, uma cor. Vale lembrar que a cor percebida pode não corresponder às descritas nas escrituras, para as pétalas e outros símbolos, pois existe uma individualidade pertinente a cada praticante. É aconselhável que o praticante anote a cor sentida, para ver se ela se perpetua ou muda com o tempo. Tudo isso se constitui em uma experiência que deve ser registrada para posterior reflexão do praticante.

Esse exercício deve ser repetido para os demais cakras, nas mesmas condições descritas, focando-se o sentir nas respectivas regiões onde eles se fazem sentir e atuar:

O chakra svādhiṣhāna na região pélvica, a meia distância entre o umbigo e a parte superior da genitália;

O maṇipūra na região ao redor do umbigo;

O anāhata nas proximidades do osso externo;

O viśuddha na região faríngea; e o ājñā entre as sobrancelhas.

Em cada caso, uma sensação sinestésica e uma cor podem ser sentidas no local. No caso do cakra ājñā, pode haver uma percepção auditiva como um silvo, quando o alento é pulsado para a frente e para trás.

Lembramos ao leitor que esses ritos são praticados dentro de um contexto místico, que vai se delineando com o tempo. Entretanto, o objetivo maior é sempre o aprendizado de expandir a Consciência para outros pontos do corpo e dominar o alento vital, preparando-se para trabalhar posteriormente a Kuṇḍalinī.

▼

Rede de Cakras: este rito é uma extensão dos anteriores, e todos os cakras são incluídos de uma só vez, como se o corpo fosse verticalmente dividido ao meio em duas partes simétricas, ou seja, o lado esquerdo e o direito, por uma linha imaginária:

1. Inspire pelas duas narinas, colocando a consciência sobre a linha imaginária e puxando o alento na direção de fora para dentro; visualize-o penetrando do topo da cabeça até os pés.
2. Expire pelas duas narinas, mantendo a consciência na linha imaginária e sentindo o alento se mover de dentro para fora.

   Retorne ao ponto 1.

▼

Anāhata-sthāna-Devī: este é um rito de impostação da deusa na esfera do cakra do coração.

1. Inspire e expire pelas duas narinas, colocando a consciência sobre o cakra anāhata. Mentalize o mantra hrīṁ e convide a deusa para se instalar no cakra.
2. Expire e inspire pelas duas narinas, mantendo a consciência sobre o cakra e sentindo a presença da deusa no local.

O rito deve ser praticado sem a visualização de imagens, mas com um sentir consciencial profundo.

▼

Suṣunna Urdhvamedha: este é um rito do sentir da ascensão do prāṇa.

1. Inspire pelas duas narinas, puxando o alento do cakra mūlādhāra para o sahasrāra através do nāḍī suṣumna. Com o tempo, essa prática se firma ao sentirmos uma ondulação que ascende pela coluna. Essa percepção pode ser visualizada em cores do amarelo ao dourado, passando pelo verde, azul-celeste e azul-escuro.
2. Retenha o alento no sahasrāra.
3. Expire pelas duas narinas.
4. Retenha o alento por um curto período.

   Retorne ao ponto 1.

O próximo rito é dedicado ao aprendizado do uso das mãos no ritual e na magia, aplicando-se tanto nos rituais de cura quanto em outros trabalhos de impostação de poder e sacralização.

▼

Vibração das Mãos: sente-se em vajrāsana, com as mãos sobre as coxas e as palmas voltadas para cima. Faça o rito do samavṛti-prāṇāyāma, sentindo a ressonância do alento vital nas palmas das mãos por alguns minutos. Em seguida, levante-as na altura do coração, com as duas palmas voltadas uma para a outra, sem se tocarem, e sinta a ressonância do alento. Perceba se o prāṇa flui de uma mão para a outra. Sinta a mão por onde o prāṇa entra, que é sua mão receptora, e a mão por onde o prāṇa sai, que é sua mão doadora. Este é um rito importante para os rituais que se seguirão. Cada prática deve ser feita várias vezes para que se possa ter a maestria na arte da sacralização e impostação de poder.

Prāṇaprathiṣhā: este é um dos ritos mais importantes do tantrismo, pois permite sacralizar nossas upacāra, ou "objetos ritualísticos", como um rosário ou japamālā. Como um ritual de impostação do poder, o rito de prāṇaprathiṣhā deve ser executado antes da primeira vez em que o japamālā for utilizado e, posteriormente, de forma periódica, para mantê-lo com a vibração sutil do praticante.

O rito é feito colocando-se o mālā sobre um pano branco ou amarelo, que deve ser aberto sobre um pequeno altar. O praticante senta-se em vajrāsana em frente do altar e, por um tempo, pratica o rito de vibração das mãos descrito anteriormente. Em seguida, realiza a purificação pelo fogo, denominada nīrājana, passando a lamparina ou vela algumas vezes por sobre o mālā, entoando o mantra hrīṁ, da Deusa Śakti. Em seguida, inspirando e expirando (samavṛti-prāṇāyāma) com a mão receptadora, recebe o alento sutil (prāṇa), transferindo-o com a mão doadora para o mālā a ser consagrado. Após esse rito, o objeto pode ser usado de acordo com sua finalidade.

Uma vez consagrados, os objetos infundidos de poder devem ser considerados sagrados e, portanto, guardados e usados com respeito.

Prāṇaprathiṣhā sobre uma pessoa: o ritual de consagração e infusão de poder pode ser realizado sobre uma pessoa, para que ela receba o sacramento do alento vital do oficiante. Este é um rito importante no ritual de maithuna, quando os participantes infundem o alento vital em seus parceiros.

O oficiante senta-se em vajrāsana, com a face voltada para o Leste, enquanto a pessoa a ser consagrada se senta na mesma postura diante dele, com a face voltada para o Oeste. Durante alguns minutos, eles ficam em silêncio, olhando nos olhos um do outro. O oficiante coloca suas mãos sobre as mãos da pessoa que receberá o sacramento, de maneira que ambos mantenham as palmas de suas mãos voltadas para as do outro. Inicia-se o rito de samavṛtiprāṇāyāma em alternância: quando o oficiante inspira, a pessoa que recebe expira; quando o oficiante expira, a pessoa que recebe inspira. Após alguns ciclos, as mãos esquerdas continuam "palma contra palma", e as mãos direitas colocadas sobre o coração do outro. Durante esse rito, o oficiante transfere a vibração sagrada do prāṇa para a pessoa receptora, consagrando-a. Esse poderoso rito pode ser efetuado para atos de purificação, limpeza e cura, sendo que não é aconselhável fazê-lo com pessoas fora do círculo familiar até que o praticante domine o fluxo das vibrações e saiba como descartar as vibrações negativas.

RITOS DE SEXUALIZAÇÃO

Samavṛtiprāṇāyāma com Yoni-pūjā ou Liṅga-pūjā: este é um rito tântrico de alta magia e, como tal, deve ser praticado dentro de um contexto sagrado. O ritual é individual, mas pode ser praticado entre um sādhaka e sua sādhikā. O objetivo deste rito é estimular a origem comum da sexualidade e da espiritualidade, a Devī Kuṇḍalinī, por meio da manipulação da genitália. Este rito é importante porque ativa todas as vibrações associadas ao prāṇa sutil, aos tanmātras e bhūtamātras que formam a matéria, proporcionando uma ressonância intensa sobre a bioquímica e a fisiologia das glândulas endócrinas. Assim, ao fim do rito, a energia espiritual (spandana) está ativada, e na circulação sanguínea remanesce uma importante concentração de hormônios que rejuvenescem o organismo por meio da estimulação e renovação da bioquímica celular.

A conexão entre a sexualidade e a espiritualidade foi perdida em um passado longínquo, e é crucial que seja resgatada. Muitos problemas de saúde física estão relacionados com a marginalização do prazer e da felicidade, causando conflito interno nos centros mentais que governam a bioquímica do organismo. Sabemos que o sistema imunológico pode ser ativado ou deprimido em função do equilíbrio e da paz interior.[137] Portanto, toda condição de conflito psicológico, consciente ou não, leva a um desvio do estado normal do organismo, e isso caracteriza ou somatiza uma desarmonia, e a doença advém. Aceitar a sexualidade como algo divino, que pode e deve ser praticado para proporcionar prazer e elevar o indivíduo ao sagrado, é uma forma de assegurar a saúde pela eliminação de fatores conflitantes, a maioria originária de dogmas religiosos e morais equivocados e mal resolvidos.

Sob o aspecto psicofisiológico, além do que já foi dito, o ritual, quando praticado algumas vezes por dia, durante o período menstrual da mulher, elimina a TPM, porque restabelece o equilíbrio e a harmonia na sexualidade, com a aceitação da menstruação como algo bom, saudável e desejável. Pela mesma razão, auxilia as mulheres que estão entrando no climatério, por estimular suas funções biológicas em um processo de retroalimentação positiva (feedback). O rito deve ser praticado após os rituais de naḍīśuddhi, samavṛti e suṣunna urdhvamedha, e, embora faça uma manipulação da genitália, não deve ser encarado como um processo de masturbação, porque o objetivo não é o prazer em si, mas o aumento da vibração spandana e a ativação do metabolismo endócrino.

O rito é prazeroso? Sim, mas isso não é um empecilho na visão tântrica. Entretanto, não há razão para que este rito seja mais prazeroso que qualquer outro, e o tempo mostrará o porquê. Portanto, sentir prazer durante um ritual tântrico é normal e desejável, sempre que o devoto direcione suas intenções e ações ao sagrado.

O praticante senta-se em uma dhyānāsana e, após os ritos preliminares mencionados anteriormente, inicia a cerimônia fazen-

137. Atualmente, a psicoimunologia é um campo importante de pesquisa das doenças autoimunes e de outras doenças associadas com a depressão imuno lógica involuntária em decorrência de condições emocionais.

do uma ablução na genitália, com algumas gotas de óleo vegetal sacralizado.[138] Em seguida, inicia o rito com controle do alento (samavṛtiprāṇāyāma), com inspirações e expirações lentas, ao mesmo tempo em que estimula continuamente a genitália.[139] O rito deve durar entre 15 e 20 minutos. Caso se perceba a aproximação de um orgasmo, a manipulação pode ser interrompida sob respiração controlada, para ser iniciada a seguir.

Durante o ritual, a atenção deve permanecer na respiração, e o sentir na presença da Deusa Kuṇḍalinī no cakra mūlādhāra. A mente permanece vazia e direcionada à presença da deusa.

RITO DE UPĀSANA

A palavra "meditação" na língua portuguesa significa tanto uma oração, em que são utilizadas formas de linguagem que falam com Deus, como um rito de contemplação, isento de aspectos discursivos. A oração é denominada "upāsana", e o rito de contemplação é denominado "dhyāna". Quando, na upāsana, não utilizamos a linguagem e deixamos a consciência sentir, reverenciar e adorar a presença divina em silêncio, o rito é denominado "dhyāna de upāsana". Em ambos os casos, o praticante deve buscar o domínio da mente, não pensar e manter a Consciência desperta para a vivência do momento. Essa técnica unifica as três etapas da meditação: concentração (dhāraṇā), meditação (dhyāna) e união (samādhi) são vivenciadas em uníssono (saṁyama), um momento em que o foco é o alento inspirado e expirado. Quando o ponto de inflexão é retido (kevala-kumbhaka), a união ocorre e é vivenciada como harmonia e bem-estar.

Primeiro Rito – A Respiração Consciente: sente-se em um lugar confortável, com a coluna ereta e as palmas das mãos voltadas para cima. Feche os olhos e respire suave e profundamente.

---

138. Em geral, usa-se óleo puro de sândalo. Na sua ausência, é possível usar óleo vegetal comum, por exemplo. de oliva ou girassol.

139. Yoni-liṅgā (clitóris), na mulher, ou liṅgāgra (glande), no homem.

Uma longa inspiração que estica o tórax com suavidade. Faça uma pequena pausa e, após uma longa expiração, mantenha a postura. Sinta a inspiração e a expiração. Somente sinta, não faça nem pense em nada; focalize sua Consciência no sentir. Sentir é o poder da Consciência. A percepção focalizada no sentir é uma concentração poderosa, que leva à abstração dos sentidos e ao domínio da mente.

Sequência Diária 1: respire e sinta você mesmo, sinta seu Eu Sou por trás da mente e dos pensamentos. Sinta o Eu-Sou como uma testemunha silenciosa que vê e observa. Na primeira semana, medite somente cerca de cinco minutos. Vá aumentando em cinco minutos por semana até que, no final de cinco semanas, esteja meditando entre 25 e 30 minutos. Mantenha essa média durante um mês e sinta a presença divina em você. Após um mês, passe para a sequência diária 2.

Sequência Diária 2: nesta etapa, você vai fazer uso dos bījās-mantras, que são interjeições de poder que ativam as divindades regentes dos cakras. Pratique sem nenhum receio e sinta os resultados do uso destes sons de poder, para o despertar da "energia" vibracional ou vṛti-spaṇda em você.

Os bījās mantras são:

Cakra	Deusa	Bījā-mantra
ājñākhya	Śakti Hākinī	Hriṁ
viśuddha	Śakti Sākinī	Haṁ
anāhata	Śakti Kākinī	Yaṁ
maṇipūra	Śakti Kākinī	Raṁ
svādhishāna	Śakti Kākinī	Vaṁ
mūlādhāra	Śakti Kākinī	Laṁ

Cada mantra deve ser entoado com o sentir consciencial, no local do corpo físico que corresponde à posição do cakra no corpo sutil. Este rito deve ser praticado do cakra mūlādhāra ao ājñā, tendo início na primeira noite do ciclo lunar em Quarto Crescente até a Lua Cheia.

A essência do rito é a percepção da divindade regente em cada cakra e sua identificação com ela. Sinta-a como um núcleo vibracional de luz, paz e poder. Não tente visualizá-la na forma humana, mas não se preocupe se uma imagem feminina for sentida ou percebida, mesmo com os olhos fechados. Deseje sua proteção, e a deusa sorrirá para você.

Sequência diária 3: este rito visa à abertura do cakra ājña, por sua importância na expansão da Consciência. O rito faz uso de um prāṇāyāma com fricção na parte baixa da garganta, na região da laringe, atrás do pomo de adão. O mantra a ser entoado é o mantra Ā, um longo aaaaa...., entoado em conjunto com uma inspiração seguida de uma longa expiração que ressoa friccionando a laringe. Outra variante emprega o mantra hrīṁ, um longo ī, aspirado com certa aspereza. Em ambos os casos, o ruído do mantra lembra o rasgar de um tecido ou o zumbido de enxame de abelhas. O rito é simples e muito eficaz. A sensação é de um movimento na região do cakra, como uma projeção e retração que lembra uma oscilação.

Neste rito, tal como nos anteriores, procure somente sentir. Deixe que a deusa regente de sua vida faça por você o que deve ser feito. Confie nela, e Ela estará presente, direcionando seu exercício como se fosse um "guru pessoal".

Sequência diária 4: este é um rito de comunhão com sua Īṣa-devatā, a deusa que rege os caminhos de seu desenvolvimento. Não importa se você não sabe quem ela é. Ela sabe quem você é. Chame-a pelo nome pelo qual ela sempre atende: Īśvarī (Senhora), a denominação comum de todas as Śaktis. O rito tem início com uma invocação. Se você tem um pequeno altar, acenda uma lamparina ou vela. Ofereça a luz e a vibração à sua deusa e peça a Ela que olhe por você. Acenda um incenso natural que não tenha essências sintéticas perfumadas. Os incensos muito perfumados são, em geral, artificiais. Se tiver dúvida, substitua o incenso por uma flor vermelha, como o hibisco, que é a flor preferida da deusa. Ofereça a flor a Ela, pedindo que olhe por você. Entregue seu coração a Ela e peça que faça dele um templo para sua presença. Evite usar linguagem, sinta tudo isso em vez de pensar. Ela não se comunica pela linguagem discursiva, mas pelo sentir, desejar e querer. Fique um tempo respirando e namorando-a em seu coração. Ela é a Mãe, a Irmã, a Filha, a Mulher e a essência daquilo que você é. Quando sentir que o momento terminou, despeça-se dela e agradeça por sua presença durante esses momentos. Levante a lamparina ou a vela acima de sua cabeça e oscile três vezes no sentido horário, em amplo movimento circular. Coloque-a sobre o altar e, após entoar o mantra Hrīṁ, encerre o encontro devocional.

CONCLUSÃO

Para que momentos mágicos sejam criados como parte de um rito sagrado ou uma celebração, devemos ter a maestria (aiśvarya) de fazer e a liberdade (svātantrya) de Ser.

O sādhaka e a sādhikā são pessoas devotadas ao saber, mas o que os move não deve ser a curiosidade intelectual, e sim o amor pelo sagrado. Entretanto, esse amor somente é real para quem conhece o sagrado em suas entranhas. Por isso, eles devem procurar o amor ao se encantarem com a presença da deusa em suas vidas, independentemente de o discípulo ser masculino ou feminino, pois é sempre a deusa quem o conduzirá pelos caminhos da vida.

Essa é uma busca eterna; por isso, procure sempre estar disposto a rever seus antigos pressupostos e substituí-los por novas verdades mais profundas e amplas. O discípulo deve viver em um mundo que transcende os limites sociais e culturais, sentindo-se um Ser do Cosmo livre de amarras a reinos, países ou territórios.

Para eles, a Índia é muito mais um estado de espírito que um local geográfico.

O Tantra é um desafio, e seus rituais são portais para um infinito desconhecido. Não tenha medo, mas reflita sobre isso antes de prosseguir. O caminho é seguro, mas não é recomendado para o fraco, o preconceituoso, nem por aqueles que acreditam em um Deus cruel, que estabeleceu normas de conduta e pune aqueles que não as seguem. A Deusa do Tantra é Amor e, como tal, é completa benevolência. Ela é o Senhor do Dharma, e o mundo que ela revela roda em conformidade com duas regrinhas simples:

- Não cause desarmonia, destruição ou faça mal a qualquer coisa viva.
- No Cosmo, Todas as coisas são vivas!

Assim, faça seus ritos e aprenda com eles a viver a arte do ritual e da magia do tantrismo.

DEUSA ŚAKTI

CAPÍTULO 22

PREPARAÇÃO DO RITUAL

Este capítulo tem o objetivo de expor as etapas preparatórias do ritual tântrico, que incluem: a criação do espaço sagrado, a abertura desse espaço, sua limpeza física e espiritual, a purificação e disposição dos principais elementos a serem usados, os ritos de limpeza, sutilização e sacralização desses elementos, bem como dos devotos que participarão da cerimônia.

O ESPAÇO SAGRADO

Em princípio, qualquer local é adequado à prática tântrica, desde que seja submetido a um ritual de purificação e consagração, passando a ser utilizado exclusivamente para o exercício do ritual. Entretanto, se for possível a escolha de um local específico, a primeira opção é um espaço orientado na direção Leste – Oeste, próximo a um rio ou ao sopé de uma montanha, ou dentro de uma mata arborizada; ou seja, o máximo possível em contato com a natureza e com os centros de poder do planeta. No caso do Tantra urbanizado, isso nem sempre é possível, mas a ausência da natureza verde poder ser controlada com flores dispostas em volta do altar.

O espaço sagrado pode ser uma construção retangular ou quadrada, embora a arquitetura circular seja a mais propícia, pois estabelece uma condição simétrica em relação ao ponto central. Nesse caso, a orientação Leste – Oeste passa a ser somente um arranjo interior. O espaço destinado ao ritual coletivo deve ser suficientemente amplo para receber até 12 casais, enquanto, para um ritual singular, um espaço para um casal é suficiente.

Uma vez estabelecido o local, ele deve ser previamente limpo e ornamentado com flores antes dos rituais de purificação e sacralização. No espaço central, traça-se no chão um círculo contendo um yantra,[140] um pentagrama ou uma estrela de seis pontas, desenhada pela sobreposição de dois triângulos equiláteros invertidos, símbolo da união do masculino e do feminino. Entre essas três opções, a última é a mais indicada e simples. Em todos esses casos, a ponta superior do ângulo principal – triângulo ou estrela – deve ser voltada para o Leste, e nesse local deve ser colocado um pequeno altar (vedi) contendo a imagem da deusa cultuada (Iṣa-devatā), uma cabaça de areia para colocação do incenso e uma lamparina votiva, além dos outros elementos considerados importantes pelo guru. No lado esquerdo do altar, pode ser colocada uma kuṇda,[141] contendo lascas de sândalo e ervas aromáticas, pronta para ser acesa.

O círculo contendo o traçado diagramático central é o local onde o ritual deve ser realizado. Os participantes delimitam essa área para garantir a sutileza espiritual necessária para a prática da

140. Deve ser escolhido como yantra aquele que simboliza a deusa cultuada na tradição.

141. Buraco no chão ou recipiente de pedra para água ou fogo. Pira.

cerimônia. Após a sacralização, esse espaço passa a ser sagrado, e tudo o que acontecer dentro dele estará sob a proteção da deusa, ou das deusas, a quem o ritual é ofertado. Portanto, o círculo se constitui em um espaço sagrado onde nenhuma vibração negativa deve ou pode penetrar.

Embora o praticante procure sempre manter o controle de sua mente, para que não surjam pensamentos impuros, o círculo potencializa ou facilita um estado consciencial propício para que o ritual flua com naturalidade.

O ritual tântrico nunca tem assistência de pessoas externas à tradição. No entanto, sempre que houver membros da tradição que não participarão do ritual, eles devem permanecer fora dos limites do círculo. Assim, o acesso ao interior do círculo e do ritual é unicamente permitido para os membros que farão parte do rito sacramental.

ABERTURA DO ESPAÇO SAGRADO

O ritual tem início com a abertura do espaço sagrado, responsabilidade do guru oficiante, que, durante a cerimônia, simboliza a presença de Śiva. Dependendo da tradição e da linha seguida, sua Śakti ou Strīguru (Yoginī) permanece ao lado esquerdo (vāmā) do oficiante, representando o lado da feminilidade e da espiritualidade.

A entrada do círculo é pelo lado Oeste, oposto ao altar. O guru e sua yoginī colocam-se em frente à entrada em posição de vajrāsana. Saúdam o espaço e o círculo com as mãos postas em āñjali-mudrā, entoando o mantra hrīṁ hūṁ pha[142] por três vezes, enquanto batem palmas. Depois, ficam de pé lado a lado, segurando lamparinas votivas, que serão onduladas no ar (nīrājana). Mentalmente saúdam a deusa e pedem sua presença e proteção ao entoarem seu bīja-mantra. Os śaktas saúdam a deusa em suas diferentes formas com a entoação do mantra **hrīṁ**, que abre o espaço sagrado, seguido dos mantras krīṁ (Kālī), śrīṁ (Lakṣmī), duṁ (Durgā), aiṁ (Sarasvatī), klīṁ (Kameśvarī), conforme a deusa a ser cultuada.

142. Pha, astrabījā de proteção. Arma contra vibrações negativas.

A abertura do espaço ritualístico é seguida pela elevação da consciência para dentro do círculo, que divide o momento e ordena o tempo em três fases: pré-ritual, do ritual e pós-ritual.

Na fase pré-ritual, descrita anteriormente, os oficiantes tinham sua percepção no estado de consciência de vigília e ligada ao mundo profano das coisas do cotidiano. Na fase do ritual, que descreveremos a seguir, eles continuam no estado de vigília, mas elevam suas consciências para além do espaço profano, penetrando no universo sagrado, onde as vibrações sutis são vivenciadas com maior facilidade. É um estado de transe sem perda da consciência.

Na fase pós-ritual, eles retornarão a vivenciar o espaço profano do dia a dia, finalizando o ritual e fechando o círculo sagrado.

LIMPEZA SUTIL OU ESPIRITUAL

O ritual tem início com a cerimônia de limpeza sutil do círculo sagrado. Esta cerimônia é fundamental, pois permite que os oficiantes preparem o local, removendo qualquer indício de vibração negativa ou de perturbação que possa estar no ambiente ou na mente dos praticantes. A limpeza sutil harmoniza as vibrações dos presentes e do local para o objetivo comum do ritual. Sem este rito, corre-se o risco de não haver boa concentração, comprometendo a eficácia do ritual em razão de atitudes inadequadas de um ou mais presentes.

No texto Devī Gītā: A Canção da Deusa, a Deusa Bhūvaneśvarī enfatiza a importância do rito de purificação:[143]

> "Primeiro, deve-se purificar o local, os elementos materiais e as pessoas. Então, os oficiantes instalam no corpo os poderes, ou siddhis, contidos nas letras do alfabeto (mantras). Em seguida, o poder do mantra Hṛllekhā (Hrīṁ) é instalado.[144] Fixe a sílaba Ha no cakra raiz e a sílaba Ra no coração. A

143. *Devī Gītā*, 10,6 -10,8.

144. Este mantra é considerado o Bījāmantra da Deusa em todos os seus aspectos e, em particular, na sua face como Bhuvaneśvarī Devī.

> letra Ī entre as sobrancelhas, e a entronização do mantra (Hrīṁ) no topo da cabeça. Pode-se, então, instalar todas as outras místicas entronizações que são potencializadas por esse mantra".

Portanto, antes do início de qualquer ritual, o local e os participantes devem ser purificados para que seja eliminada toda a negatividade e criada uma esfera de proteção para o espaço sagrado. Este procedimento é denominado Bhutapasarpana[145] ou desobstrução psíquica.

No início do bhūtapasarpana, que também é um ritual, os oficiantes (Sādhaka e sua Sādhikā-Śakti) sentam-se em uma dhyānāsana com a face voltada para o Leste e purificam-se com "passes" em seus braços, mãos, ao longo das pernas, peito e sobre a cabeça, retirando as vibrações negativas e lançando-as às águas do Leste. Esse ritual purificatório é efetuado com o auxílio de mantras apropriados (astra-mantras), tal como o mantra de poder "pha".

Após se protegerem, ambos se voltam para a proteção do ambiente contra a ação maléfica de vibrações espirituais negativas, usando práticas mágicas do bhūtapasarpana:

> De pé, em frente do altar, eles executam o rito de tālatraya,[146] que consiste em três batidas com os dedos da mão direita sobre a palma da mão esquerda, levantando as mãos como quem quer criar um pilar de poder à sua frente. Depois, executam o digbandha,[147] que consiste no estalar dos dedos médio e polegar da mão direita, primeiro na direção dos quatro pontos cardeais e, em seguida, para o alto, em direção ao teto, e para baixo, em direção ao chão.

---

145. *The Cultural Heritage of India*, Ritual of Worship.
146. Tāla – palmas, trayayāyya – estar protegido. Monier-Monier Willians.
147. Semelhante a grahana ou fecho para eliminação dos maus espíritos; lit. graha. Monier-Monier Willians.

Com o cruzamento dos seis pontos de poder, eles seguem para o ritual de criação de uma esfera de fogo ao redor do local, no rito denominado agniprākāra:[148]

> De pé, no centro do espaço sagrado, giram três vezes a mão direita sobre a cabeça, com o dedo indicador apontado para cima, enquanto os poderes de suas consciências manifestam a cobertura de fogo e luz ao redor do ambiente. Assim, o espaço sagrado está fechado.

Durante os três ritos, os oficiantes entoam um astra-mantra,[149] como o já mencionado, "pha" ou huṃ pha.

Após os ritos de purificação e estabelecida a proteção do ambiente e dos participantes, a sequência pede o fortalecimento espiritual de cada um, por meio da prática do nāḍī-śodhana e do samavṛti-prāṇāyāma, que eliminam os resíduos negativos e promovem a impregnação com a vibração primeva. Assim, o corpo torna-se um templo vivo para a manifestação da divindade.

Quando o rito é coletivo, ele é realizado com os casais sentados em círculo ao redor do yantra central, tendo no centro o guru e a strī-guru.

Durante os ritos de nāḍī-śodhana e samavṛti, é importante o uso de um ajapā-mantra adequado à prática de ātmaprāṇā-pratiṣhā,[150] mentalizando os mantras sā-haṃ e haṃ-sā,[151] na inspiração e expiração. Dessa maneira, é estabelecida a identidade entre os participantes e a Deusa Ādi-Śakti, que está sendo entronizada em seus corpos, transformando-os em templos vivos para Sua manifestação suprema. Assim, cada um instala a presença da deusa em seu cakra mūlādhāra, venerando-a como sua divindade (iṣtā-devatā) de fé (śraddha).

---

148. Prākāra parede, agni fogo. Literalmente, parede de fogo. Monier-Monier Willians.
149. Astra-mantra ou mantra de defesa, literalmente arma.
150. Sacralização do seu Ser por meio da imersão no prāṇā sagrado.
151. Eu sou Ela.

Durante essas etapas, o oficiante utiliza os mudrās que sua intuição considerar apropriados para expressar o significado das ações que realiza, sendo que cada mudrā deve ter uma acepção específica para o oficiante, independentemente do significado que possa ter na dança ou em outras descrições iconográficas associadas a esses gestuais. Embora possa haver na liturgia gestuais específicos para cada ato, a escolha do mudrā e do mantra deve ser uma opção subliminar de cada participante para auxiliá-lo na manifestação do poder.

Os mudrās clássicos mais utilizados como forma de expressão incluem: o triśula mudrā para proteção do ambiente; o prāṇa mudrā para sacralização do local e das pessoas; o āñjali mudrā para saudação da deusa; o ardhāñjali mudrā, uma saudação respeitosa à pessoa com quem o rito será celebrado; além do yoni-mudrā e o liṅga-mudrā, em uma reverência aos símbolos da Devī e de Śiva.

INVOCAÇÃO DOS PODERES

Após a desobstrução psíquica e a sacralização dos corpos, a etapa seguinte pede a invocação dos poderes da deusa. A responsável por este rito é a Strī-guru, que se coloca no centro do yantra, com os braços estendidos em direção ao altar e as palmas das mãos voltadas para cima, ao recitar o seguinte mantra em voz alta:

> oṁ srīṁ hrīṁ klīṁ devai namaḥ
> oṁ īśanaḥ sarva viddya namī varha sarva
> bhūtānām brahmādhipatirbrahmano adhipatir brahmān
> śivo me astu sadā śivom

Por meio desses mantras, ela invoca o poder da união entre masculino e feminino e o despertar do poder da serpente.

BHŪTAŚUDDHI

O bhūtaśuddhi é um ritual de purificação dos elementos, a materialidade. Este rito é efetuado para sutilização dos elementos que foram densificados durante o processo de manifestação cósmica. Agora, eles devem ser sutilizados para abrir caminho para a purificação do corpo material e sutil, por meio da sutilização dos bhūta-mātras e dos tan-mātras que os compõem.

A purificação dos elementos é uma forma de conscientizar os participantes de que, apesar de perceberem seu corpo como material, o corpo continua sendo um agregado de vibrações primordiais e imateriais oriundas da manifestação da Śakti. A percepção da materialidade foi criada pela ilusão e necessita ser dissolvida na consciência dos participantes, antes que possam comungar em conjunto.

Por meio do simbolismo da purificação dos cinco elementos, todas as vibrações são purificadas e postas em ressonância. Os participantes devem ter consciência de que seus corpos são uma massa vibratória extremamente sutil e imaterial, prestes a completar a fusão da unicidade.

Os cinco elementos estão associados aos cinco primeiros cakras (mūlādhāra Æ viśuddha). A sutilização se dá do mais grosseiro para o mais sutil. O primeiro se dissolve no segundo, este no terceiro e assim por diante. A dissolução da percepção da materialidade e da expansão da consciência pode ser visualizada de duas maneiras, conforme Kṣemarāja:

> "A primeira é denominada layabhāvanā, que significa dissolver (laya) aquilo que foi produzido pela imaginação ou pela ilusão (bhāvanā). A segunda é chamada dahacintā, que significa queima das formas-pensamento ou de todo sentimento de dualidade".

Os participantes vivenciam retroativamente as transferências da Consciência, que passa do estado individualizado para o início da manifestação Cósmica, durante a busca pelo caminho de retorno para a origem indiferenciada no Corpo Causal, como dito na escritura Vijñānabhairava:

> "É necessário meditar no Todo, percebendo-o como formas e caminhos da manifestação e considerando todas as formas – material, imaterial e suprema –, até que, finalmente, a mente se dissolva no Sagrado Absoluto".

Kṣemarāja nos ensina que a dissolução da diversidade produzida pelas vibrações sensoriais, mentais e físicas na Consciência una é uma forma de usar seu poder para queimar todas as formas de separatividade. A escritura Vijñānabhairava nos ensina:

> "Visualize a fortaleza de seu corpo sendo queimada no fogo do tempo e, no final, a paz será manifestada".

O fogo do tempo (kālāgni) é o poder pelo qual Śiva dissolve a criação para uma completa renovação. Esse poder está oculto nas profundezas do útero dourado (hiranya-gharbha). Ao final de cada período, suas chamas se alastram, queimando a velha ordem cósmica para dar início a uma nova ordem. No nível do microcosmo, o sādhaka reproduz este processo mentalizando a dissolução de seu corpo do dedo mínimo, do pé direito até o topo de sua cabeça. À medida que a dissolução avança de baixo para cima, ele sente o fogo do tempo queimando e destruindo a ilusão, deixando em seu lugar as cinzas da unicidade consciencial.

Para Kṣemarāja, este é um importante rito que deve ser praticado diariamente antes de qualquer outro. Somente o Ser com vibração pura pode reverenciar o Ser que é pura vibração.

Os participantes estão sentados ao redor do círculo – mulher à esquerda, homem à direita – como o guru-sādhaka ou a strī-guru nas mesmas posições, no centro do yantra. Eles saúdam a Deusa Mãe, elevando suas consciências até ela e, com as mãos āñjali mudrā, entoam os mantras: oṁ śṛī mā hūṁ.

O guru acende um fogo no lado esquerdo do altar, simbolizando a queima da materialidade e a vivificação da sutilidade. A consciência volta-se para o cakra mūlādhāra, o cakra raiz que é o portal do estado de vigília. Seu elemento é a Terra e seu bīja, mantra Laṁ. Pronunciando o mantra em uníssono, eles ateiam fogo à própria materialidade. A combustão visualizada queima a ilusão, cakra após cakra, destruindo a semente da ignorância e trazendo à luz o conhecimento da identidade entre o devoto e a divindade.

Em cada etapa do ritual, o cakra inferior é sentido como sendo dissolvido no cakra superior. A dissolução ocorre do mais grosseiro para o mais sutil. Assim, o rito purifica os devotos, preparando-os para o ritual de veneração da divindade no rito de maithuna. Esse ritual proporciona uma regressão consciencial que permite aos participantes vivenciar a dissolução dos corpos nos campos vibratórios dos quais eles emergiram. A simbologia associada aos elementos sutis está relacionada aos sentidos, que são os canais cognitivos que deram início ao processo da manifestação.

Durante o ritual bhūtaśuddhi, utiliza-se a recitação de mantras relacionados com a dissolução dos elementos, tais como:

> OṀ hrīṃ pṛthivyai huṃ pha (referente ao elemento Terra);
> OṀ hrīṃ adbhyaḥ huṃ pha (referente ao elemento Água);
> OṀ hrīṃ tejase huṃ pha (referente ao elemento Fogo);
> OṀ hrīṃ vāvaye huṃ pha (referente ao elemento Ar);
> OṀ hrīṃ ākāśaya huṃ pha (referente ao elemento Ether ou vazio).

Assim, o elemento Terra dissolve-se no elemento Água; o elemento água, no Fogo; o fogo, no Ar; e o ar, no Ether. Ao vivenciar a dissolução mística dos elementos primevos e da mente instintiva (manas) a eles relacionados, a Consciência toma refúgio na mente espiritual (Buddhi). Então, a luz se faz quando a fonte original é atingida. Purificando seus corpos sutis, o sādhaka e a sādhika podem dar continuidade ao ritual.

EXERCÍCIO DE BHŪTAŚUDDHI

Cada cakra e seu respectivo elemento estão relacionados com partes do corpo material e influenciam sua biologia e os órgãos internos correspondentes. Assim, temos:

o elemento Terra governa a área entre os pés e as coxas;

o elemento Água predomina na área entre as coxas e o umbigo;

o elemento Fogo governa a zona entre o umbigo e o coração;

o Ar reina sobre a seção entre o coração e a testa;

o elemento Ether governa a área acima da testa.

Durante o ritual, a dissolução visualizada das vibrações impuras dos corpos retorna ao vazio primordial para a pureza absoluta do Ser Supremo que neles reside. Assim, os praticantes purificados criam para si um novo corpo divino (divya-deha), que servirá de templo para a união de Śiva com Śakti.

O praticante inicialmente impuro (pāpa-puruṣa), usando o poder da Consciência Dinâmica, recria para si um recipiente valioso para abrigar e exteriorizar o poder divino. Esse trabalho de alquimia processa uma mudança na química corporal. Em uma linguagem simplificada, podemos dizer que o bhūtaśuddhi é a dissolução simbólica dos elementos do corpo para permitir que o praticante se converta aos poucos em um templo para receber a deusa que o guia.

Em algumas tradições, o caminho de realização (sādhana) é concebido como uma via de purificação e limpeza (śodhana). A ascensão da kuṇḍalinī é compreendida como uma purificação progressiva dos elementos (bhūtas) que compõem o corpo:

1. Acorde a energia primeva na base de sua coluna. Veja o elemento Terra, ligado ao cakra raiz, dissolvendo-se no

elemento Água, no segundo cakra. Imagine o elemento Água se dissolvendo no elemento Fogo, no cakra umbilical. O Fogo se dissolve no elemento Ar, no lótus do coração, e o Ar se dissolve no Éter, na garganta. Por fim, o Éter se dissolve no espaço infinito da consciência, no cakra coronário.

2. Veja e sinta sua mente e seu corpo perfeitamente purificados. Os elementos do corpo vão se dissolvendo um no outro. Feche os olhos e sinta a força da Vida – a energia Kuṇḍalinī – acordando na base de sua medula espinhal. À medida que essa energia se eleva, cada um dos elementos presentes nos seis cakras vai se absorvendo um dentro do outro, enquanto o cakra é perfurado pela Serpente de Fogo.
3. Sinta a base do sacro e inunde a região com a cor amarela. Entoe o bija mantra Laṁ, referente ao elemento Terra.
4. Sinta a área pélvica e inunde a região com a cor dourada. Entoe o mantra Vaṁ, referente ao elemento Água.
5. Sinta a área na região abdominal e inunde a região com a cor verde. Entoe o mantra Raṁ, referente ao elemento Fogo.
6. Sinta a área ao redor do coração e inunde a região com a cor azul. Entoe o mantra Yaṁ, referente ao elemento Ar.
7. Sinta a área laríngea e inunde a região com a cor azul. Entoe o mantra Haṁ, referente ao elemento Éter.
8. Sinta a área entre as duas sobrancelhas e inunde a região com a cor índigo. Entoe o mantra Oṁ.

As vibrações quintessenciais visualizadas como cores são absorvidas em sequência, do amarelo ao índigo, e remanescem no princípio – Mahat. Esse princípio se reabsorve na manifestação de todos os mundos. Assim, a vibração da Deusa Śakti, a energia criadora, se une ao seu esposo amado, o ser transcendente – Śiva.

Ao leitor, fica o alerta de que as cores referidas são percepções subjetivas que podem variar de pessoa para pessoa. Mesmo para uma determinada pessoa, elas também podem variar com o tempo, porque as vibrações que as produzem se alteram ao longo da vida.

Com esse exercício, sinta seu corpo infundido de uma força vital divina. Permita-se criar poderes ocultos ao visualizar as cores que penetram o corpo sutil, curando as feridas e reconfigurando a biologia do corpo material.

Os cinco elementos que constituem o Cosmo estão também no nosso corpo – Terra, Água, Fogo, Ar, Ether (desde o mais material até o mais sutil). Assim, cada elemento tem uma relação com o sistema que constitui nosso corpo.

NYĀSA – A SACRALIZAÇÃO PELO TOQUE

A cerimônia denominada nyāsa consiste em tocar partes do corpo com os dedos indicador e médio da mão direita, ou com a palma das mãos, para purificá-lo e sacralizá-lo. O toque é acompanhado pela entoação de um mantra apropriado e pelo "sentir" do purificar, cuja poderosa ressonância projeta o poder divino no corpo do oficiante. Os tântricos acreditam que a vibração do corpo deve ser despertada e que cada órgão sacralizado pela divindade que o preside. A forma mais usual da cerimônia é denominada ṣaḍaṇga nyāsa, ou toque nas "seis partes":

1. Tocar o brahmarandhra ou bindu, no topo da cabeça, com o polegar da mão direita, recitando o mantra: OM̆ *sahuḥ śikhāyai vau ṣaṭ.*
2. Tocar a testa com os quatro dedos da mão direita, recitando o mantra: OM̆ kliṃ śirasī svāhā.[152]

152. Śirasī, literalmente testa.

3. Tocar os olhos fechados com o dedo médio da mão direita, recitando o mantra OM̐ bhuvaḥ netratroyaiy a *vauṣaṭ*.[153]
4. Tocar o centro do coração com a palma da mão direita, recitando o mantra: Aiṃ hṛidayāya namaḥ.
5. Esfregar ombros e antebraços com as palmas das mãos, de maneira que o ombro esquerdo seja tocado pela mão direita e vice-versa, simultaneamente, recitando o man-tra: OM̐ sahuḥ kavacaya hūṃ
6. Tocar a palma da mão esquerda com os dedos indicador e médio da mão direita, recitando o mantra: OM̐ *bhur bhuvaḥ phaṭ*.[154]

Durante essa cerimônia, cada toque deve ser sentido como um ato de sacralização do local do corpo, abrindo-o para a presença da divindade presidente do ritual.

Com esses ritos preliminares, os participantes podem dar início aos ritos maiores que os levam a celebrar a espiritualidade e a sexualidade, vivenciando a união mística entre Śiva e Śakti.

Portanto, esse ritual é uma forma subliminar de linguagem pela qual o Eu-Sou, a quintessência da Vida, cuja natureza é ser consciente da dimensão interna e externa, fala à hierarquia cósmica usando uma gramática própria, escrita no Fogo, na Água, no Ar e na Terra. Para utilizar essa linguagem com arte e maestria, devemos dominar suas regras, o que significa saber ler os elementos, bem como usar a sintaxe do coração, do amor e do querer para falar com os deuses.

Neste colóquio entre o Finito e o Infinito, a sabedoria, o desejo e a ação são os poderes que criam, transformam e trazem a Luz.

153. Netra olhos; vauṣa exclamação.
154. Bhur plano terrestre; bhuvaḥ plano sutil, *phaṭ*.

ESCULTURA EXTERNA DO TEMPLO VISHVANATHA,
EM KHAJURAHO

PARTE 4

RAHASYA PŪJĀ

O RITUAL SECRETO

Tārā Yantra

CAPÍTULO 23

INTRODUÇÃO AOS RITOS TÂNTRICOS

De todos os rituais tântricos, o maithuna é o mais importante, polêmico e menos compreendido, embora seja o ritual que deu ao Tantra sua dimensão única, diferenciando-o e tornando-o um caminho alternativo para aqueles que não aceitam que a sexualidade seja excluída do dharma como uma condição para a busca da espiritualidade.

Para os tântricos, o maithuna é uma celebração mística da cosmogênese, em que o ritual permite vivenciar a unicidade que se manifesta durante a união sexual. No entanto, essa unicidade não é sentida por aqueles que não o compreendem e repetem seus rituais sem embasamento teológico e conhecimento alquímico. Quando praticado de maneira leiga, o ritual não permite a vivência da unicidade nem a comunhão espiritual que está por trás de sua liturgia. Infelizmente, é por causa do desconhecimento de sua alquimia que muitos veem o Tantra como uma forma de degenerescência espiritual, e o acusam de ser uma alternativa pseudorreligiosa para justificar a liberalidade sexual. Essa opinião é compartilhada por pessoas que não compreendem que a sexualidade é um dom divino, outorgado pelo Absoluto, e justificam suas crenças com base em dogmas religiosos, tabus sociais ou, até mesmo, embasados pela leitura de textos leigos de viés puritano.

Nas tradições antigas, ligadas à natureza, a sexualidade era considerada uma possibilidade para a vivência da espiritualidade. Assim, durante milhares de anos, em todas as culturas os rituais sexuais foram celebrados, seja como uma maneira para pedir a intervenção da Mãe Natureza para aumento da fertilidade nos campos, seja nas cerimônias de adoração das divindades femininas nos corpos de suas filhas humanas.

No tantrismo, o ritual de maithuna é parte de um amplo conjunto de ritos que celebram a vivência da união das polaridades masculina e feminina, quando as vibrações espirituais e sexuais se harmonizam nos corpos do homem e da mulher, fazendo-os sentir a incorporação do poder da Deusa Śakti como uma manifestação da feminilidade associada à Consciência Dinâmica do divino. Assim, no ritual tântrico, homem e mulher são sacerdotes que celebram a vida, e o fazem em igual condição dentro da hierarquia tântrica.

No conjunto dos rituais, existem ritos considerados internos e outros externos. O ritual interno é denominado rito de upāsana, palavra sânscrita que significa "ato de sentar, estar perto, ao lado de", mas também tem a acepção de adoração, reverência ou culto. O rito de upāsana é considerado um rito interno, porque o devoto cultua a divindade sem necessidades de elementos materiais, fazendo de sua consciência o espaço sagrado para o encontro e reverência à deusa que habita seus corpos. A sequência do rito pode ser arbitrária e tem as seguintes etapas:

1. Abhigamana (convite): o devoto coloca sua consciência na divindade a ser invocada, estabelecendo um elo sutil com ela.
2. Upādāna (preparo da oferenda): o devoto exercita sua sensibilidade e poder, criando na consciência uma oferenda que deve ser sentida e, às vezes, até "visualizada". Nesta etapa, evita-se o uso da mente para não superpor o sentir com o imaginar. Sabemos que o sentir tem um poder que vem da Consciência, enquanto o imaginar é uma elaboração mental praticamente sem poder.
3. Ijyā (ou oferenda): a oferenda sentida é entregue à divindade. Portanto, é uma etapa importante, principalmente nos rituais de magia, quando oferendas são entregues aos elementares e outros "seres de serviço" da hierarquia cósmica, para um fim específico.
4. Svādhiyāya (prece ou recitação): a oferenda é entregue, expomos nosso amor e conversamos com a divindade. Lembramos que a verdadeira prece é uma conversa de amor e não uma declamação decorada.
5. União devocional: esta é a fase final, que, necessariamente, segue a conversa de amor, pois, após o santo colóquio, tem início a fusão entre o devoto e sua divindade de fé.

Os rituais externos usam elementos materiais (minerais, vegetais, bebidas, etc.), seja como oferenda, seja como um recipiente de vibrações vitais. Embora alguns rituais externos ainda incluam o sacrifício de animais, esses ritos de imolação não devem ser praticados pelo oficiante que tem conhecimento e poder. Primeiramente, porque não são necessários; em segundo lugar, porque estabelecem vínculos cármicos ruins para todos os participantes. Assim, rituais de imolação não fazem parte das liturgias das tradições Kaula e Trika, conforme ensinamentos de Abhinavagupta.

Os elementos externos mais importantes na liturgia das tradições Kaula e Trika são: o vinho (ou uma aguardente) e a carne. A mulher, como sacerdotisa (yoginī), tem um papel especial por ceder seu corpo para a manifestação da Śakti, e, para tanto, ela deve ser uma iniciada qualificada. Entretanto, além da exigência de uma iniciação, não há nenhuma restrição de casta ou condição social para qualquer participante.

Os rituais externos têm uma sequência que segue etapas, ou ritos secretos (rahasya-pūjās), como liṅga pūjā, yoni pūjā e o ritual de maithuna, que podem ser praticados individualmente por um casal ou por vários casais em grupo. O ritual Kaula foi descrito em conformidade com a liturgia da Tradição Trika pelo mestre Abhinavagupta, no capítulo XXIX do livro *Tantrāloka (Luz dos Tantras)*.

Observamos que os rituais internos e externos se complementam, com o ritual interno precedendo o externo. Por isso, é importante saber que nenhum deles é melhor que o outro. Por isso, quase sempre são praticados em sequência durante o mesmo rito.

O uso de elementos materiais, principalmente no ritual secreto, é uma importante forma de elevação do indivíduo à sua condição divina e natural. Como será observado na descrição desses ritos, o uso dos elementos tem o objetivo de romper barreiras psicológicas e tabus sociais que não fazem bem à condição mental da pessoa, a qual se sente fraca, desprezível, pecadora e, principalmente, indigna de invocar a presença divina.

A tradição Kaula é o legado de mestres de altíssima estirpe espiritual, vida exemplar, dignidade e pureza. Portanto, é impensável que pessoas como eles possam ser consideradas indignas, obscenas e maléficas, simplesmente por serem sábias para perceberem que o divino está acima das convenções históricas e sociais, e que a natureza do poder sexual existe para ser vivida de maneira natural, sem restrições além da preservação da integridade do Todo.

CAPÍTULO 24

RITUAIS TÂNTRICOS INTERNOS

DEVĪ PŪJĀ

O Devī Pūjā é um ritual de veneração do Absoluto, centrado na figura da Deusa, a Rainha do Mundo, a Mãe. Esse é um rito devocional típico, cujo objetivo é estabelecer uma conexão entre o devoto, como indivíduo, e a hierarquia cósmica, como o Todo, por meio da deusa, que é sua divindade de fé, ou Īṣa Devatā. Assim, a liturgia do ritual foi delineada para proporcionar ao praticante esta conexão, ensinando-o a expandir sua Consciência para além da psique na busca da transcendência e obter a união com a Ela.

Embora inúmeras pessoas pensem que os rituais devocionais não têm nada a ver com a sexualidade, a energia sexual está sempre presente em qualquer tipo de culto ou ritual, pois é pela cidi-kuṇḍalinī, o poder divino, que o Eu-Sou se eleva e vai ao encontro do divino. Mesmo para aqueles que reprimem a sexualidade, a vibração sexual está presente, porque ela e o espiritual são um único poder, as duas faces da Serpente de Fogo. Um exemplo disso é a repressão ignorante que leigos de tradições ocidentais fizeram à manifestação da sua sexualidade, quando, no fervor da oração, sentiam uma manifestação na genitália e se puniam por isso, com o uso do cilício, flagelação com chicotes e outras brutalidades.

▼

O ritual tântrico tem início após os devotos realizarem as cerimônias de purificação e consagração, tanto do ambiente quanto de si mesmos, em conformidade com os ritos descritos no capítulo "O Ritual Kaula de Abhinavagupta".

Então, tem início o rito.

Neste ritual, não são necessários elementos pictóricos, como estátua, pintura ou yantra, pois o ritual interior ocupa como espaço ritualístico as regiões mais profundas da alma do devoto, e isso não pede elementos exteriores. Tanto no culto individual quanto no coletivo, os participantes sentam-se em postura de meditação (dhyānāsana), formando um círculo em volta da maṇḍala, geralmente traçada no chão, no centro da qual há uma lamparina votiva. Quando o culto é efetuado por um único casal, ambos se sentam frente a frente, também em postura de meditação, sobre a maṇḍala. Nesse ritual, a cópula não ocorre e o contato físico acontece com a colocação da mão direita de cada um sobre o coração do outro, permanecendo assim durante algum tempo, enquanto equalizam seus prāṇas.

Tem início o ritual de adoração da Mahāśakti, personificada na figura humana da mulher. Ele e Ela se encontram um no outro; olhos nos olhos, a mão direita de um sobre a região do anāhata cakra do outro, para estimular a sensibilidade, a devoção e o espírito de doação. Ele e Ela são agora parte do drama que é encenado com total lucidez. A transformação da mulher na divindade, ou a incorporação da divindade na mulher, é uma experiência que ambos sentem e vivenciam de maneira intensa e impossível de ser vivida de outra forma. Ao encontrarem-se um no outro, podem dizer: So-haṁ, Sā-haṁ (Eu sou Ele, Eu sou Ela). Suas mentes permanecem vazias, enquanto a respiração, longa, lenta e profunda, se mantém sob controle. A fisiologia responde com uma importante estimulação do sistema nervoso autônomo. Assim, o controle das emoções e da retenção sexual está assegurada.

O sādhaka, com a vibração do prāṇā estimulada, visualiza ao redor da sua Śakti-sādhikā um corpo de luz e infunde sua vibração de prāṇā soprando em sua testa para projetar sobre ela a imagem do yantra da deusa que preside o rito. Então, sincronizando sua respiração com a dela, boca a boca, eles ressoam o mantra Haṁ-sā, Sā-haṁ, de maneira que, enquanto ela inspira (Sā), ele expira (Haṁ), e, enquanto ela expira (Sā), ele inspira (Haṁ).

Este ritual não impõe nenhuma restrição de horário, vestimenta ou qualquer outra coisa que possa favorecer ou ser um empecilho. O ritual pode ser feito com roupa de qualquer cor, ou melhor, sem nenhuma roupa. A deusa se alegrará se seus corações estiverem alegres. A alegria é a única exigência a ser observada para o bom andamento do ritual, pois não se venera a deusa com tristeza e desamor.

Antes do início do ritual, os devotos devem se abrir ao mundo espiritual, utilizando o rito do sentir e vivenciar a vibração primeva, por meio da sutilização do sama-vṛtti-prāṇāyāma. Este rito, quando vivenciado sutilmente, nos leva a níveis espirituais elevados e facilita os passos subsequentes, quando então os oficiantes estarão aptos a despertarem em si a presença da divindade, conforme a sequência:

Abhigamana (invocação inicial da iṣta-devatā):

"Oh Mãe, ilumina meu coração com tua presença majestosa".

Upasthiti (reconhecimento da presença da deusa de fé, ou a iṣta-devatā):

Sentindo a vibração da presença divina, o devoto procura a comunhão entregando-se à deusa. Nesse momento, o silêncio fala ao coração e paralisa a mente.

Upādāna (preparo das oferendas) e Ijyā (entrega das oferendas):

As oferendas são sutis e criadas no espaço consciencial do devoto. Elas não devem ser contaminadas pelo processo mental, tampouco pela linguagem, pois são vividas nas profundezas do coração. Dominando essa magia, é possível oferecer fogo, perfumes, alimentos e luzes, "trazendo à vida" os elementos que compõem o corpo e o estofo mais profundo da Consciência.

Homa (sacrifício ao fogo, interno e externo):

Após a comunhão na etapa anterior, segue o sacrifício do fogo interior, exacerbado pelo prāṇa que controla as energias sutis dos corpos etéreos e as vibrações grosseiras da respiração celular do corpo material. O silêncio da mente prevalece, abafado pelo som do coração.

Dīpa (oferenda da luz):

Uma chama é acesa no espaço consciencial de cada um para ser oferecida como símbolo sutil da entrega que eles vão realizar.

Puṣpa (oferenda de flores à divindade):

Uma flor deve ser sentida na consciência e, quando sua imagem é percebida, ela é entregue a deusa como uma oferenda de amor à sutil feminilidade do Cosmo.

Gandha (oferenda de perfume à divindade):

Um perfume deve ser sentido na consciência e, quando seu odor for percebido, ele é entregue à deusa como uma referência à sutil vibração primeva do Cosmo.

Naivedya (oferenda de alimentos à divindade):

O devoto pode sentir o aroma dos alimentos, oferecendo-os à divindade como uma referência ao amor que nutre a alma durante a união espiritual.

Dhūpa (oferenda de incenso à divindade):

O devoto inunda sua alma com o perfume do sândalo e acende seu incenso interior, oferecendo-o à divindade presente no corpo da sua consorte, como símbolo sutil do fogo cósmico, que é a primeva vibração da deusa.

Vandana (oferenda de oração a divindade):

Após o fogo, segue-se a oração: "Ó Rainha do Mundo, suave e doce Śakti, ilumina nossos corações e nossas mentes e nos conduz à sua Luz".

Visarjana (despedida da divindade):

Finalmente, agradecendo a presença divina, o devoto se despede, guardando a presença sagrada da deusa em seu coração. Estendendo suas mãos ao alto, em uma reverência íntima àquela que nada pede além de seu amor, eles se despedem entoando seu mantra:

Hrīṁ

Após o ritual de veneração da deusa, realizado de maneira subjetiva, no espaço interior da Consciência, eles estão prontos para iniciar os rituais de preparação para sua veneração objetiva, quando a mulher (strī-pūjā) empodera seu corpo para ser um templo vivo para veneração da deusa em seus múltiplos aspectos, como Kālī, Tārā, Tripurāśundarī, Bhuvaneśvarī, etc. O homem, por sua vez, empodera seu corpo ao encarnar a presença de Śiva. Assim, eles se completam no círculo das energias e vibrações sutis que simbolizam o momento da criação.

CAPÍTULO 25

RITUAIS TÂNTRICOS EXTERNOS

Os rituais externos são realizados com o auxílio de elementos materiais, como incenso e óleos aromáticos, além de vinho e carne, que são consumidos como sacramento. Entretanto, é a presença de uma sacerdotisa, representando a vibração feminina no mundo da materialidade, que confere ao ritual seu poder e significado. No ritual Kaula, ela é a encarnação da deusa, e seu corpo se torna o templo que a abriga. Assim, seu papel é fundamental no rito, pois sua feminilidade e seu corpo, ou seja, as vibrações sutis e grosseiras da criação, são venerados como o perfume e o cálice sagrado da divina Śakti, a deusa criadora do Cosmo. No ritual tântrico, a sacerdotisa não incorpora apenas a deusa, mas também as forças criadoras e transformadoras do Cosmo. Em princípio, o ritual poderia ser realizado sem qualquer outro elemento, além da presença da feminilidade que ela traz, ao oferecer a sua vibração geradora da vida para a adoração. Então, o adorador, a adoração e a mulher adorada como uma deusa tornam-se um.

Sem dúvida, esse é o mais controverso entre os diversos rituais do tantrismo, pois, para compreendê-lo, é necessário penetrar profundamente em seu universo alquímico e teológico, onde a materialidade se desfaz na mente do casal e os processos vitais são visualizados como uma complexa interação de vibrações sutis e imateriais que compõem seus corpos.

Essas vibrações sutis são as verdadeiras ondulações da atividade criadora do poder feminino (Śakti), que, como consciência ativa (cidrūpiṇī), emerge à vida.

Assim, a cópula é um momento ímpar que proporciona ao casal a vivência da sua natureza interior com naturalidade, felicidade e harmonia, ou seja, as condições mais importantes para o exercício pleno da espiritualidade. Os sábios da Índia antiga nos ensinaram que o Divino é conhecimento, verdade absoluta, onisciência e bem-aventurança. Assim, é um absurdo pensar que Ele poderia conceber a vida com defeitos ou nela inserir armadilhas para testar o ser humano no ato da procriação, ou testar sua própria ação ao manifestar-se como um Ser individualizado.

Na Índia dos āgamas, o ser humano é entendido como uma "obra perfeita" do Absoluto e, portanto, tudo nele é perfeito e faz parte da manifestação divina. Quando entendemos os mecanismos da manifestação e compreendemos a diferença entre o Eu e o não Eu, bem como a influência dos resíduos do carma nas ações humanas, temos a clara visão de que pecado não existe, e tudo que é feito sem intenções impuras é perfeito, tal como tudo que é natural.

Por isso, a prática tântrica é um caminho espiritual de autoconhecimento que leva o adepto à eliminação de seus condicionamentos e preconceitos, permitindo-lhe viver a vida sem nenhuma restrição além do mandamento: "Ame o próximo como a si mesmo e não faça aos outros o que não gostaria que fizessem a você".

Para compreendermos o universo tântrico em sua plenitude e vivenciá-lo em sua profundidade, devemos repensar a divisão maniqueísta que a humanidade criou ao separar o Todo em duas partes: o universo das coisas sagradas e das coisas profanas. O Todo é único, e nada é profano; tudo é sagrado. Para o Tantra, todas as atitudes e ações humanas são sagradas, quando executadas a fim de criar a paz, a felicidade, a harmonia, o equilíbrio e a expansão consciencial, que eleva o espírito. O Tantra nos ensina a agir com desapego aos frutos das ações, sacralizando e transformando tudo em evolução criativa para o aumento do nosso próprio poder espiritual.

Para o seguidor do tantrismo, a natureza humana não é um empecilho à busca do Divino. Ele não a reprime e a utiliza como um instrumento de autorrealização. Para ele, viver plenamente a sexualidade não é pecado, mas, sim, um ritual sagrado no qual ele reverencia a energia primeva, geradora da vida e símbolo da manifestação universal. O Tantra não prega a renúncia da ação, tampouco o ascetismo; ele incentiva seus adeptos a viverem a vida plenamente, com a mente aberta, espírito de autocrítica e sem repreensão, seguindo o chamamento da consciência. Por isso, o tantrismo é uma tradição amoral que está acima do bem e do mal, pregando valores universais que transcendem os preceitos culturais e temporais, mostrando aos seus praticantes que só existe o caminho de harmonia, paz, respeito pela natureza e busca da onipresente essência divina.

No Ocidente, o tantrismo é frequentemente associado com o que se convencionou chamar de "sexo sagrado", uma forma de sexo que envolve prazer sem culpa, combinando práticas do Yoga e a arte do Kāmāsūtra (Kāmā Śastra), o famoso tratado erótico escrito entre os séculos III e IV por Vātsyāyana. Entretanto, o verdadeiro praticante do Tantra não necessita de uma desculpa para justificar seus sacramentos, mesmo porque, para o verdadeiro tântrico, não há espaço na vida para ações instintivas. O caminho do herói (vīra) é o caminho do Ser que domina seus instintos, por isso não pratica o "sexo sagrado", mas, sim, um ritual sagrado, no qual o encontro íntimo das polaridades do homem e da mulher se faz necessário para a geração das condições vibratórias do momento da manifestação, o "big-bang" do microcosmo, o ato da geração da vida no macrocosmo.

Como a arte da magia, o Tantra nos oferece uma linguagem transcendente por meio da qual nosso inconsciente se comunica com a Mãe do Cosmo (Śakti-cidrūpinī), estabelecendo a união mística que integra o corpo, a mente e o Espírito Santo (Ātman). A magia é a arte do ritual, e, por meio dela, o poder do Absoluto se expressa através da linguagem sagrada dos símbolos. Da mesma forma, no ritual secreto de maithuna, para compreendê-lo como sacramento, é necessário rever a concepção que temos do sexo e do ato sexual. É necessário entender que sexo não é moral nem imoral, mas natural, portanto, amoral.

O tantrismo é a única expressão da religiosidade que aceita o sexo como a principal forma de união (yoga) com o Divino. No entanto, sempre paira uma questão no ar: o Tantra é uma religião? A resposta não é simples e merece uma consideração, pois o tantrismo foge do contexto que damos à palavra religião. A tradição Tântrica, como muitas tradições da Índia, é pessoal e individual. Inúmeros são os Tantras e seus rituais podem variar. Cada praticante encontra uma via que se adapta à sua natureza, embora todas as vias convirjam para a vivência da vibração primordial, seja na forma do som místico dos mantras, seja na forma do prāṇavṛti (a respiração sagrada), ou como a arte de expressar o poder da vontade por meio dos mudrās, os gestuais místicos de poder. Na vivência tântrica, o adepto busca a união entre sua condição humana de indivíduo manifestado e o Todo (Pūrna) infinito, a Realidade Última. Se isso é um processo de religamento, então o Tantra é uma religião, sim!

Liṅga Pūjā (ADORAÇÃO DO FALO)

O ritual denominado Liṅga Pūjā celebra a presença divina na forma masculina de Śiva, que, nas tradições Tântricas, acumula os papéis de criador, mantenedor e transformador do Cosmo. A palavra liṅga significa marca, signo ou emblema, e se trata de um ícone representativo do poder fecundador de Śiva no aspecto criador. Este ritual é praticado por quase todas as tradições ditas "hinduístas", tântricas ou não. Nas religiões não tântricas, o culto ao símbolo fálico de Śiva é sempre realizado diante de uma representação emblemática que simboliza o falo ereto da divindade (ūrdhvamedhā), em geral presente nos templos como uma escultura em pedra, ornada no cetro com uma representação da vulva.

Alguns mestres mais ortodoxos e puritanos tentam descaracterizar o liṅga como representação de um falo em ereção. Entretanto, as imagens falam por si. Não se trata de algo obsceno, mas de uma expressão natural. Inclusive, os hindus não tântricos realizam oferendas de flores e abluções aos lingas em todos os templos,[155] com a participação de famílias, mulheres e crianças, sem distinção.

O Liṅga Purana afirma: "Todos aqueles que desejam a perfeição do amor devem adorar o liṅga".

No TĀ,[156] Abhinavagupta descreve o liṅga com as seguintes palavras:

> "O Liṅga, o coração da yoginī, lindo em sua bem-aventurança, gera uma extraordinária forma de consciência, pela união da semente com o útero. Todos os anfitriões das divindades moram neste domicílio de bem-aventurança, cuja natureza é uma incessante forma de consciência. Nele brilha a paradoxal potência de Bhairava em contínua expansão e contração, apesar de ele estar além de toda expansão e contração. Tudo de bom que é vivenciado pelo fluxo da bem-aventurança que advém da união do liṅga com a yoni se renova em si mesmo".[157]

Abhinavagupta utiliza a expressão "coração da yoginī" (yoginīhṛdaya) para estabelecer uma relação entre o liṅga como um emblema fálico de Śiva e o coração, que, na tradição de Abhinavagupta, é o locus da Consciência, local secreto (guha) onde ocorre a união do Liṅga, o pilar fálico de Luz com a Yoni, o abismo vaginal dos mistérios sagrados.

A simbologia do Liṅga no coração pode ser entendida de várias formas. No plano cósmico, o Liṅga concentra a poderosa consciência de Śiva no coração, revelando-o para a manifestação quando se expande (emissão) e o absorvendo durante a contração (pralaya). A segunda for-

155. Os principais locais de adoração estão nos templos de Somanātha, no Gujarat; Mahākāla, em Ujjayini; e Viśveśvara, em Benares.

156. Abreviatura de *Tantrāloka*.

157. Paul Eduardo Muller-Ortega. *The Triadic Heart of Śiva*, p. 110.

ma é no plano da meditação, quando o Liṅga no coração é uma alusão à interiorização ou absorção da Consciência, penetrada nas profundezas da caverna (guha), que, aqui, tem duas acepções que se sobrepõem: a imersão do yogī nas regiões abissais de sua onisciência e a alusão à penetração ritualística do falo na caverna vaginal. Assim, a Deusa Yoginī é penetrada por Śiva, aquele que está em seu coração. Bhairava ou Śiva é o Eu da Deusa e, sendo inseparável dela, ele é um com ela.

A CERIMÔNIA DO LIṄGA

Quando a cerimônia é realizada com uma representação iconográfica, o Liṅga é ornado com flores e banhado com água adocicada ou leite de coco. Os mantras utilizados no ritual são os próprios mantras de Śiva, por exemplo:

OṀ namaḥ Sivaya
OṀ Lingaye namaḥ
OṀ Īśānāya namaḥ
OṀ aghorāya namaḥ
OṀ vāmadevāya namaḥ

Quando o ritual é efetuado dentro do contexto tântrico, o Liṅga é cultuado como a representação do poder de Śiva, que é inato ou autoexistente (svāyambhuva). O rito pode ser realizado como no caso anterior, com o uso de uma pratimā ou imagem simbólica (escultura, pedra, imagem).

Menos comum é o culto ser realizado com um kaulika, ou seja, um adepto com o pênis em ereção (ūrdhva), como um símbolo do Liṅga de Śiva. Mas, nas tradições em que este ritual ocorre, não é incomum a inclusão de um rito de felação, chamado vajroli-mudrā ou auparișaka, efetuado pela sacerdotisa (strī-kṛita) oficiante.

Na descrição dos rituais tântricos, encontramos mais referências aos cultos de adoração da yoni do que de adoração do Liṅga, o que nos leva a pensar que este último tipo de ritual não é tão comum no tantrismo em geral, exceto no caso ordinário e nos cultos das tradições Sahajiyā, nos quais a mulher sacerdotisa (dūtī) inicia o homem.

Yoni-Pūjā (ADORAÇÃO DA VULVA)

O Yoni-Pūjā é um rito descrito na escritura Yoni-Tantra,[158] composta na região de Bengala entre os séculos X e XI, e se constitui em um ritual sagrado de veneração da mulher e sua feminilidade criadora, por meio da adoração de sua Yoni ou vulva.

Em princípio, este ritual pode ser executado diante de uma escultura ou pintura sagrada, mas a escritura Yoni-Tantra pede a presença de uma mulher cuja Yoni representa o cálice sagrado que serve de receptáculo para a vibração da deusa. A origem do Yoni-Pūjā remonta à pré-história das civilizações, onde inúmeras estatuetas e pinturas retratam a vulva, sugerindo um objeto ritualístico.

Os homens primitivos sabiam que o sangue estava associado à vida, pois já haviam percebido que a perda contínua do sangue levava o indivíduo à morte. Por outro lado, também haviam percebido que as mulheres jovens, ao pararem de sangrar ou menstruar, davam início a um processo de gestação que resultava no nascimento de um ser que era trazido do invisível para o mundo visível dos homens através da vulva. Assim, a vulva passou a ser percebida como o portal que separa o transcendente não manifestado do mundo objetivo. Talvez essa associação seja a origem do culto ancestral de veneração da vulva e de suas secreções em rituais primitivos, mas não devemos descartar outras razões associadas à veneração do poder do feminino presente em todos os seres vivos, e o aspecto psicológico relacionado à quebra de tabus, que, com o tempo, foram excluindo a sexualidade da espiritualidade, ao privar as pessoas do contato com as origens comuns da espiritualidade e da sexualidade, que é a Kuṇḍalinī.

Como acontece em todos os rituais tântricos, o Yoni-pūjā pode ser efetuado de duas maneiras: como um ritual interno ou externo.

158. Tradução do autor de um texto em inglês, revisado e comparado quando necessário com o original sânscrito.

No primeiro caso, o culto pode ser realizado como uma forma de meditação, adoração ou magia. Este ritual é feito por meio da visualização da vulva, e o espaço ritualístico pode ser a mente do devoto ou sua própria Consciência centrada no coração, quando souber transcender a mente para ir às regiões mais sutis do seu ser.

O ritual externo é sempre efetuado com auxílio de uma imagem objetiva, como uma daquelas mencionadas anteriormente: pintura, estátua ou o corpo de uma sacerdotisa. Neste último caso, a sacerdotisa é reverenciada como a deusa onipresente e deve estar preparada para este importante papel.

Ainda podemos considerar que o ritual pode ser feito "às claras", como um rito ordinário, ou "às escuras", como um rito secreto (rahasya pūjā).

O ritual ordinário, quando realizado com uma mulher, é denominado strī-pūjā e envolve libações sobre sua yoni, com líquidos que representam os cinco elementos da tradição – a terra, a água, o fogo, o ar e o vazio (ākāśa). Os líquidos utilizados são representados por cinco elementos: iogurte (terra), água (água), mel (fogo), leite (ar) e um óleo comestível (vazio). Cada líquido é despejado separadamente sobre a yoni, como uma oferenda à deusa, e coletado em uma cabaça colocada sob a vulva. Os líquidos misturados são considerados sacralizados pelo contato íntimo com a yoni e consumidos pelos devotos como um sacramento.

A deusa sacerdotisa que empresta seu corpo para a veneração deve ser altamente qualificada e iniciada nos rituais tântricos, para ter o poder de transferir para os líquidos de libação suas vibrações femininas, associadas à presença da deusa em seu corpo durante o ritual. Nesse caso, a mulher preferível é uma ioguini, independentemente de sua condição, casta ou idade. Em alguns rituais, elas são jovens na adolescência, em geral ao redor de 16 anos (ṣoḍaśi), por várias razões, entre as quais o fato de que o número 16 é considerado um número mágico e relacionado com a perfeição. Para participar do ritual, a mulher deve ser consagrada pelo círculo de participantes, pois o fato de ser uma adolescente não lhe dá condição especial em comparação com as ioguinis já iniciadas.

No caso do uso de um elemento simbólico, como uma estátua representando uma Yoni ou outro tipo de imagem que possa ser submetida às libações, como um coco,[159] o poder da sacralização depende da vibração dos oficiantes e das deusas aos quais a oferenda é dirigida. Após a coleta, os líquidos de libação também são ingeridos como sacramento.

O ritual secreto, ou rahasya pūjā, não pode ser descrito, seja por sua inefabilidade, seja porque é sempre efetuado em segredo, geralmente com um grupo fechado e um objetivo bem definido. Ainda que com variações, o objetivo geral deste tipo de ritual é sempre um trabalho espiritual de alta magia, somente acessível aos interessados nos resultados.

Esses rituais são inspirados nas escrituras e textos da tradição, como o Yoni Tantra, e sobrevivem desde os tempos antigos, sendo ainda executados nas rodas tântricas.

Sob o aspecto alquímico ou mágico, a sacralização dos líquidos usados na libação e o poder associado ao ritual têm muito a ver com a produção de vibrações sutis oriundas do poder criador da sexualidade e dos fluidos vaginais produzidos pela sacerdotisa (ioginī). Esses líquidos são denominados yoni-tattva, uma referência à secreção vaginal, ou yoni-puṣpa (flor da vulva), quando acompanhada de sangue menstrual. Embora o texto Yoni-Tantra mencione a importância do sangue menstrual, não há unanimidade entre as diversas tradições quanto ao uso desse fluido nas celebrações.

A aceitação deste ritual, como de outros rituais tântricos, é um importante desafio para o ocidental comum, e mesmo para a maioria dos indianos ortodoxos, pois exige a ruptura com muitos condicionamentos e preconceitos.

O ato sexual é visto como mágico e sagrado dentro de uma perspectiva ritualística, onde dois seres, como microuniversos, se unem para a geração das vibrações sagradas da manifestação-criação e, ao mesmo tempo, vivenciar a união com o divino. Para entendermos o rito, é necessário um esforço interior de transmutação e perspectiva em relação à natureza de nossos corpos, que devem ser sentidos não

159. Alguns cocos têm a aparência de uma vulva, esta é a razão do uso simbólico deste fruto.

como matéria, mas como um campo de poder vibracional que interage com o Cosmo pelo portal mulher.

Como mencionado, salvo algumas culturas aborígines que mantiveram sua naturalidade, praticamente todas as culturas "desenvolvidas" veem o ato sexual como uma ação libidinosa, impura e pecaminosa, somente aceitável quando feita "às escuras" e segundo a ética social de cada cultura. Entretanto, o crescimento interior exige autoconhecimento, e essa sabedoria motiva e desafia nossa mente ao enfrentar instintos e preconceitos, derrubando barreiras para que possamos ter uma nova perspectiva da vida, que seja capaz de transcender a visão comum do homem ordinário, indo ao encontro do estado natural, onde a vida, e tudo que dela faz parte, é sagrado.

Como exercício de ruptura, convidamos o leitor a se questionar:

Por que a maioria das religiões não considera a cópula como um ato propício ao encontro do divino? Por que, para o encontrarmos, necessitamos de locais "santificados", se Deus é onipresente e, portanto, está em toda parte? Por que, para o reverenciarmos, necessitamos de vestimentas, se a nudez é nossa naturalidade, como dizem os Jainas da linha Digambara que andam nus? Por que o sacerdócio é uma atividade preponderantemente masculina, se a deusa é o útero do Cosmo e fonte da vida? Por que a Yoni ou vulva é um tabu para a maioria das religiões, e as outras partes do corpo, como a boca ou a orelha, não são? Por que o fluido vaginal é considerado nojento por muitas pessoas, e o contato com a saliva durante o beijo não é?

A resposta a essas questões é muito simples: preconceitos!

▼

O Yoni-Tantra é dividido em oito partes, denominadas pa alas, mas seu conteúdo revela uma exposição bastante repetitiva, em que o convite à cópula e a ingestão dos fluidos corporais como uma forma de sacramento é reprisada com acentuada insistência, conforme a pedagogia hinduísta, que pede uma exposição cíclica em que o mesmo tema é apresentado várias vezes, dentro de uma complexidade crescente, até que se atinja um clímax de ruptura psicológica, que é um verdadeiro "breakthrough".

Como vários outros Tantras, o texto contém o diálogo entre Śiva e sua consorte Parvatī, durante o qual são revelados ensinamentos secretos para a humanidade. Nesse caso, os ensinamentos secretos estão relacionados com a "saudabilidade" do prazer na vida espiritual.

O YONI TANTRA

I. O karmī (executor do ritual) procura uma mulher alegre e jovial.

II. Ele a coloca sobre o maṇḍala e

III. Oferece-lhe uma bebida narcotizante.

IV. Ele a senta sobre a coxa esquerda e

V. Presta honrarias à sua vulva, que não deve estar raspada.

VI. Ele unge a vulva com pasta de sândalo, para ficar semelhante a uma vulva menstruada (puṣpam).

VII. Ele lhe dá vinho para beber.

VIII. Ele pinta uma meia-lua (ardhacandra) sobre sua testa com vermilion.

IX. Ele coloca as mãos dele sobre os seios dela e entoa o bhagabīja (Hrīṁ).

X. Ele a beija nas faces e acaricia seus seios.

XI. Ele entoa o mantra ou stotra.

XII. A Śakti unta o Linga com pasta de sândalo e açafrão.

XIII. O Karmī conduz a cópula.

XIV. Eles recolhem o Yoni-tattva ou Tattva-uttama e ingerem como sacramento, misturando com água ou vinho.

XV. Eles passam a secreção sobre a testa como uma tilaka (marca pontual sobre a testa).

XVI. Eles agradecem ao yoni-maṇḍala e ao guru.

XVI. Eles encerram o ritual.

▼

Paṭala 1

1. Sentado no pico do Monte Kailasa, o Deus dos Deuses, o Guru de toda a criação, foi questionado por Nāganandinī, a deusa Durgā de face sorridente.
2. Sessenta e quatro Tantras foram escritos, ó Senhor. Diga-me, Oceano de Compaixão, qual é o mais importante:
3. Mahādeva respondeu: ouça este segredo supremo, minha querida Parvatī. Você tem desejado ouvi-lo 10 milhões de vezes. Ó, Minha Linda, é por causa de sua natureza feminina que você continua me perguntando a respeito.
4. Você deve esconder este ensinamento com todo cuidado, Parvatī, pois, além de um mantra-pītha, um yantra-pītha[160] e um yoni-pītha, há um que é o mais importante: o yoni-pītha, que lhe revelarei com afeição.
5. Escuta atenciosamente, ó Nāganandinī: Hari, Hara e Brāhma, os deuses da criação, preservação e dissolução, vieram todos da vulva, ou Yoni.
6. Uma pessoa não deveria reverenciar a yoni se não tiver o mantra (Hrīṁ) da Śakti. A iniciação sem este mantra leva às portas do inferno.
7. Eu sou Mṛityuṁjaya,[161] adorador da sua Yoni, ó Deusa. Ó Surasundarī,[162] eu sempre a adoro em meu coração de lótus. Isso libera a mente das contradições entre o divino (divya) e o humano (vīra). Ó Deusa, adorando dessa maneira, a liberação atinge profundamente a compreensão da pessoa.

---

160. Esta palavra admite várias acepções: um lugar sagrado, uma bebida e uma mistura de líquidos com mel.
161. Conquistador da morte.
162. Divina Beleza.

8. O adorador da Yoni deve aprender o mantra da Śakti. Assim, ele ganha encanto, sabedoria e onisciência, tornando-se eternamente um com Brahmā.
9. Para que serve esta conversa? Falar sobre isso não traz nenhum benefício. Mas, se uma pessoa adorar o sangue menstrual, terá domínio sobre o destino e será libertada se fizer esta adoração muitas e muitas vezes.
10. O devoto deve colocar em um círculo sua Śakti, jovem alegre e brincalhona, bela, livre de pudor e nojo, de natureza encantadora e atraente. Finalmente, após ter-lhe dado sua saudação (vijaya) e uma bebida narcótica, ele deve adorá-la com a maior devoção.
11. Por sua vez, ele deve colocá-la à sua esquerda e adorar sua yoni, ornada de pelos.
12. Nos cantos da yoni, Ele deve passar sândalo e essências florais. Ali, tocando a deusa, ele deve fazer o Jīva-Nyāsa usando o mantra apropriado. Em seguida, após dar-lhe vinho, ele deve traçar em sua testa uma meia-lua com ***vermilion*** e, após passar sândalo em sua testa, ele deve colocar suas mãos sobre os seios dela.
13. Após ter recitado o mantra 108 vezes, sobre seus braços, ó adorada, o devoto deve acariciar seus seios, tendo previamente beijado sua face.
14. Após ter recitado o mantra apropriado, ele deve recitar um hino de louvor e devoção.
15. No momento da adoração, o guru não deve estar presente. Eu sou o adorador, e, se o guru estiver presente, a adoração não dará frutos, quanto a isso não há dúvida.
16. O adorador deve fazer empenho para que os frutos do ritual sejam doados para o guru. Tendo feito três oferendas com as mãos cheias de flores, ele deve saudar novamente seu guru. O homem sábio deve, por todos os meios, saudar seu guru com as mãos postas em reverência.

17. Tendo feito o ritual de adoração da yoni dessa forma, ele conquista qualquer coisa que desejar. Sobre isso não há dúvida. O fruto do ritual é vida e aumento de vitalidade. Fazendo o ritual à Mahā-yoni (vulva), ele se transporta sobre os oceanos das misérias do mundo.

Paṭala 2

1. A deusa perguntou: Deus dos deuses, Nātha de todo o Cosmo, causa da criação, manutenção e dissolução do Todo, Sem Você não há pai, como sem Mim não há mãe. Você explicou a maior forma de adoração da Yoni, pelo estímulo sexual. Diga-me, agora, qual Yoni deve ser adorada e quais são auspiciosas?
2. Então, Mahādeva respondeu: As atrizes, as kāpālikas, as prostitutas (devadāsis), as lavadeiras, as filhas do barbeiro, as brahmines, as filhas dos śūdras, as floristas e as pastoras. Essas são as nove renomadas donzelas; entretanto, pode ser qualquer donzela, se ela for alegre e tiver olhar brincalhão. O devoto deve adorar a Yoni de sua mãe e copular com todas as Yonis, de qualquer mulher entre as idades de 12 a 60 anos.
3. O devoto deve diariamente adorar a Yoni, usando os cinco Tattvas. Pelo conhecimento e visão da Yoni, ele ganha o direito de banhar-se em 10 mil locais sagrados.
4. A marca na testa deve ser feita com Yoni-tattva (secreção vaginal), e a vestimenta à moda dos Kulas. O ritual e o local devem ser à moda dos Kulas.
5. Inicialmente, o adorador se purifica e, segurando sua Śakti pelos cabelos, coloca seu Liṅga (pênis) em suas mãos. O Liṅga-pūjā e o Yoni-pūjā devem ser conduzidos de acordo com a liturgia. Ó Adorada, o Liṅga deve ser untado de vermilion e pasta de sândalo.

6. O Liṅga deve ser inserido na Yoni e a cópula deve ser vigorosa, delicada e amorosa. Quem efetua este ritual penetra na altíssima essência. O devoto deve fazer essa adoração sempre usando o Yoni-tattva, o ilusório do mundo, nas noites de Lua Cheia e nos cruzamentos das ruas, ó Deusa.
7. Indo a um campo de cremação e oferecendo peixe cozido, leite e carne, ele se torna um Kubera, o deus da riqueza e da abundância.
8. Um yantra no formato da Yoni deve ser desenhado no chão, e um mantra deve ser recitado. Tendo conduzido o Kavaca,[163] o devoto deve recitar os mil nomes. Assim, ele se torna filho de Kālika[164] e se liberta. Tendo oferecido a carne como alimento em um local deserto e recitado os mantras e os hinos, ele se torna o Senhor do Yoga.
9. O devoto torna-se um Śiva sobre a terra ao ver uma Yoni menstruada, após ter se banhado e se purificado pela recitação de 108 mantras. Ele deve recitar o mantra, oferecendo a ambos (ele e ela) tanto seu sêmen como o sangue menstrual dela.
10. Peixe cozido, ovos de galinha, carne de rato, búfalo e humana, além de vinho e cereais torrados devem ser oferecidos ao anoitecer.
11. Qualquer que seja esse lugar de oferendas, nele estará a principal essência. Eles devem estar nus, com os cabelos soltos e sentados de pernas cruzadas. Durante todo tempo, o mantra deve ser recitado. O devoto deve adorar a essência da deusa, a sua Śakti, na forma de uma Śakti. Assim fazendo, ele conquista os quatro objetivos da vida: Dharma, Artha, Kāmā e Mokṣa.[165]

163. Mantra de proteção.
164. Lapso de tempo ou uma das 16 fases da Lua; espécie de herói; autor de orações místicas.
165. Vivência da Religião, a Lei Eterna; a verdadeira riqueza, a vivência do przer e a libertação de todos os grilhões e condicionamentos.

12. Ao anoitecer, os sādhakas a reverenciam usando vinho e carne. Com todo empenho, eles devem copular uma Yoni, tendo primeiro acariciado os seios da Śakti.
13. Assim, a Śakti torna-se uma deusa, e o amor deve ser vivenciado na postura Viparitāsana (Ela sobre ele, deitado em decúbito dorsal). Depois, ele busca água para a libação da Yoni e do Liṅga.
14. Tendo adorado a Mahā-yoni em conformidade com o ritual, ele deve fazer uma oferenda. A água de uma Yoni é de três tipos,[166] e ele deve oferecê-las à Śakti. Assim, ó Deusa (Mahā-Devī), misturando a água com vinho, o sādhaka, que está purificado, deve bebê-la.
15. A Śakti Suprema deve ser agraciada com roupas, perfumes e joias. À noite, o devoto deve adorar o saber que reside no encontro da Yoni e do Liṅga, seguindo a liturgia do ritual.
16. Os melhores devotos devem coletar as secreções da Yoni e do Liṅga, misturando-as com água e alimentando-se com a ingestão deste néctar.

Paṭala 3

1. Senhora, ouça com atenção! Estes ensinamentos devem ser secretos e nunca devem ser ensinados a ninguém. Revelá-los causa a perda do poder (siddhis) e a morte. Sua revelação destrói o mantra, despedaçando-o.
2. O milagroso Yoni-tattva Tantra é o melhor de todos os Tantras. E, por causa do amor por você, estou revelando-o agora. O único mal na cópula é a aversão, o nojo pelo sêmen e o sangue. Aquele que os mistura com vinho é discriminado no ritual.
3. Como alguém pode ser fraco, considerando o mantra da Śakti? Tendo adorado a Mahā-Yoni, o sādhaka deve tê-lo feito com carne de cabra, ovelha, homem, veado, búfalo, elefante, vaca, chacais, leão, cavalo e tartaruga. Conforme o temperamento devocional.

166. O texto não faz referência sobre quais são os três tipos mencionados.

4. Qual seria então a questão? A Yoni que sangrou é adequada para a adoração. Nunca adore uma Yoni que nunca sangrou. Adorar tal Yoni causa sempre perda de poder.
5. O que pode ser conseguido pelo homem sem os cinco tattvas? Sem eles, tudo permanece estéril, e pode-se cair no inferno e ser queimado até o fim dos tempos.
6. Os pecados adquiridos em infinitos nascimentos são imediatamente destruídos se a pessoa adorar com doação na abertura da Yoni.
7. Então, ele se torna um garboso filho de Kālikā. A deusa na raiz da Yoni é Nāganandini, a própria Yoni. Kālī e Tārā estão na Yoni-cakra; Chinnamastā, no cabelo, e Mātaṅgī, no canto da Yoni. Mahālakṣmī, Ṣoḍasī e Bhuvaneśvarī estão no interior da Yoni. Quando veneramos a Yoni, adoramos a Śakti.
8. A veneração também pode ser feita doando-se pássaros e outras criaturas vivas com sangue.
9. Porque o devoto, que entoa o mantra Aim durante a adoração, é auspicioso, obtendo tanto prazer como liberação. Um iogue não é aquele que se diverte (bhogin), tampouco este é um iogue. No entanto, aquele que adora à Yoni é um Kaula; portanto, tanto um yogin quanto um bhogin! Sem adoração da Yoni, qualquer ritual de adoração é em vão, ó Durgā.
10. Se alguém for incapaz de doar o que quer que seja em minha sādhanā, então que seja unicamente devoto e praticante do Yoni-pūjā. O devoto deve ofertar roupas e joias, e, tendo feito adoração à Yoni, pode então entrar no círculo.
11. Prostrando-se como um bastão, pode-se então mostrar a Yoni-mudrā. Durgā fica satisfeita com quem tem devoção à Yoni.
12. Mas qual o significado de tantas palavras? A Yoni que sangrou é adequada para a veneração. Nunca devemos adorar uma Yoni que nunca sangrou, pois isso sempre resulta em perda de poder.

Paṭala 4

1. Todos os japas devem ser entoados de acordo com as regras Mahācina.[167] Assim, as características da adoração da Yoni foram explicadas por Mim para você, ó Deusa.
2. Embora sejam secretas, elas foram explicadas para você, por minha afeição, ó Senhora dos Deuses.
3. No país Kocha, perto de Yoni-gart, no lado oeste do Ganges, está a renomada Mādhavi. Indo lá se pode ter a visão da Yoni, ó Senhora.
4. Ó Deusa, toda noite eu me entrego à adoração da Yoni. Praticando com religiosidade a mendicância, estou sempre lá.
5. Não há Yoni sobre a terra com a beleza do arredondado da Yoni de Mādhavi, tampouco com a firmeza de seus seios.
6. Usando esse ritual de adoração a ela, causa-se o Śivo-haṁ, eu sou Śiva. Escute isso, Parvatī!
7. Kṛṣṇa, adorando a Yoni de Rādhā, tornou-se o Deus Kṛṣṇa. Sri Rāma Janaki Nātha adorou a Yoni de Sītā e tornou-se o Deus Rama. Assim, Eu e todos os deuses nascemos de uma Yoni.
8. Qual conhecimento iguala a magnificência da Yoni nestes três mundos? Sem os cincos tattvas, ou seja, vinho, carne, peixe, grãos e cópula, tudo é sem sentido, ó Deusa.
9. De todos os ensinamentos, os mais elevados estão nos Vedas, mas melhor que esses é o conhecimento dos vaiṣṇavas; melhor que os deles é o dos śaivas; melhor que os śaivas é o dos Dakṣina; melhor que os dos dakṣina, é os dos siddhānta; e, acima deles, o dos kaulas, para os quais o desejo de venerar uma Yoni é comparável ao de venerar o Sol com o céu, ou o monte Meru com um grão de mostarda.
10. A grandiosidade dos kaulas é cantada em todos os Tantras, e pelo poder de sua graça pode-se conhecer o Kula. Usando

167. China.

alimentos adequados, pode-se venerar e agradar. O melhor sādhaka é exclusivamente devotado ao Yoni-pūjā.

11. Por meio desse ritual, atinge-se a perfeição, não há dúvida quanto a isso. Conforme a fala dos paśus, somente existe cópula entre as bestas. Mas, para quem tem o temperamento divino, a devoção à Yoni é total, ó Deusa. Portanto, fazendo na testa uma marca com o fluido vaginal, a pessoa torna-se pura.

12. Neste contexto, satisfazer as Kumāris e as Kulīnas são as duas coisas mais importantes, Durgā. Não há dúvida a respeito disso.

13. Por dentro um śakta, exteriormente um śaiva, em comunhão com um vaiṣṇava. Assim, em várias formas os kaulas vagam pela terra. Sozinhos em uma linhagem familiar de milhares de gerações, eles são puros Kulīna,[168] ó Nāganandinī.

14. Quem quer que lave os pés de uma Kulīna, purifica seu corpo. Em qualquer lugar que um Kula deseje por uma Yoni, lá ele nasce. Esse lugar é adorado pelos deuses Brahmā, Śiva e Viṣṇu. A doação feita para uma Kulīna produz retorno sem fim. Doar para um paśu é uma oferenda inútil, qualquer que seja a forma. Por isso, para mim é impossível falar sobre a grandiosidade de uma Kulīna. Quem satisfaz uma Kulīna é liberado por milhões de kulas. Eu concedo graças somente via o Kula Yoga, sem nenhuma dúvida a respeito. Das quatro castas, aquele que tem a estatura de um avadhūta é o maior, ó Deusa.

15. Eu atingi a estatura de um Deus por meio do Kula Yoga e pela exclusiva devoção ao culto da Yoni de uma virgem, de uma bela mulher, de uma irmã ou de uma discípula. Diariamente, deve-se adorar uma Yoni; além disso, deve-se entoar o mantra. Sem o Yoni-pūjā, não se deve perder tempo com outros pūjās.

---

168. Membro da Família.

Paṭala 5

1. As Mahāvidyās, os mantras e a preparação do mantra não trazem poder sem a veneração de uma Yoni. O verdadeiro guru é Śiva, e sua Śakti é a verdadeira deusa. Os kaulikas jamais copulam com a deusa, embora devam fazer adoração e copular com todas as yonis femininas. Onde quer que seja posto o yoni-tattva, ali estarão os deuses, os demônios, as yakṣas e os 14 mundos (lokas e atalas).
2. Ó sundarī, se uma kulīnā duas vezes nascida entoar seu mantra, seus ancestrais no céu irão lhe fazer doações. Intoxicados pela bem-aventurança, eles entoarão hinos de louvor e preces.
3. No esfregar natural entre o Liṅga e a Yoni, há uma importante mágica. Portanto, o altíssimo estágio na recitação de um mantra é durante a emissão do sêmen e do líquido vaginal.
4. O poderoso sādhaka, o doador da injunção, deve colocar seu fluido no interior da vagina e misturá-lo com as secreções naturais, ou Yoni-tattva.
5. Aos pés de lótus de uma mulher, a graça da deusa é despejada em abundância. Por essa sādhana, abandonam-se todos os outros métodos.
6. O sábio, seguindo as escrituras, deve acariciar a Yoni. Se ele for fazer o ritual com a Yoni de sua mãe, deve prepará-la. Entretanto, tendo feito o ritual conforme a liturgia, não deve realizar a cópula com ela. Deve-se fazer a cópula com as Yonis que estão sangrando.
7. Se, por graça suprema, alguém for companheiro de uma brâmine, deve poder adorar seu Yoni-tattva. Caso contrário, deve adorar outras Yonis.
8. Na iniciação dos paśu que não têm os cinco tattvas, tudo é sem sentido. Então, deve-se visitar um kulaguru para iniciá-lo na tradição Śakta, ó Durgā.

9. Se um sādhaka ingerir o Yoni-tattva de uma sādhikā paśu, o fruto do ritual será uma magia negra. Portanto, procure uma kulina-guru; somente ela poderá lhe dar a Graça, como a Yoni de Sitā deu a Rāma e a sua dá a Mim.
10. Se alguém adorar uma Yoni coroada de pelos, ele se tornará um rei e todos os seus atos serão frutíferos, não há nenhuma dúvida.
11. Se alguém passar sobre sua testa, o Yoni-puṣpa (sangue menstrual) ficará muito saudável. Marcado em vermelho desta forma, o devoto estará no céu com Durgā.
12. Parvatī pergunta: Oceano de Compaixão, por qual método o devoto deve adorar a Yoni, que é a essência do Cosmo? Se alguém adorar a Yoni, qual será a graça a ser concedida? Conte isso para mim! Desejo tudo saber, em razão de minha curiosidade.
13. Mahadeva responde: o devoto que quiser adorar a Yoni do Cosmo deve ter uma ereção e introduzir o Liṅga nessa Yoni, que é a verdadeira Śakti.
14. A vagina é Mahāmāyā e o pênis, Sadaśiva. Adorando assim, o devoto será liberado em vi-da, não há dúvidas a respeito. Ele deve oferecer sacrifícios de animais, flores e tudo mais. Ou somente a adorar com vinho, ó Durgā.
15. Ele deve fazer o prāṇāyāma e os meus seis votos sobre a Yoni, e tendo recitado o mantra cem vezes na base da vulva, ele deve roçar a Yoni com o Liṅga.
16. A maneira correta de adorar foi exposta por mim. Ó Deveśī, ninguém deve revelar este Tantra! Ele não deve ser dado a nenhum discípulo, tampouco ensinado para quem não seja devoto. Este Tantra foi revelado por mim, pelo amor a você, ó Mahādevī.

Paṭala 6

1. O devoto deve olhar a Yoni da mulher que se banha para que sua vida seja frutífera.
2. Ele deve olhar para a Yoni de sua companheira e de qualquer outra mulher, também para a Yoni de uma virgem e, na ausência dela, deve respeitosamente olhar a Yoni de sua aluna.
3. Nunca se deve adorar uma Yoni diante de um paṣu. Empregando o ritual correto, seremos iguais a Viṣṇu.
4. Todos que praticam esse ritual são adorados tanto pelos deuses como pelos demônios. Entretanto, somente aqueles que praticam o rito do herói serão libertados do sofrimento.
5. Um rito de magia está sendo revelado a você. Aquele que pratica o ritual e tem uma querela será um vitorioso e conquistará seus inimigos. Qual é o local de banho no Ganges? Quem necessita ir a lugares sagrados? Não há nada mais frutífero que adorar uma Yoni.
6. Ó Deveśi, mesmo tendo cinco bocas, seria incapaz de falar sobre a glória da Yoni.
7. Ouça, Nāganandinī! Pela graça de sua Yoni, tornei-me Mahādeva!
8. Qualquer um que tenha copulado com uma Yoni torna-se liberado da infelicidade, que é o oceano infinito dos renascimentos. Ouça, não há nada mais a ser cultuado no mundo que o Yoni-tattva.
9. Sem isso, Ó Devī, como seria possível a Śiva ou Viṣṇu falar? Como alguém poderia ser capaz de maldade? Deusa amada, como posso descrever seu maravilhoso receptáculo de riquezas?
10. A deusa responde: Mahādeva, Nātha de todo o Cosmo, causa da criação, manutenção e dissolução do Cosmo. Ouvi os ritos de magia da sua boca. Os vários ritos de magia foram ouvidos. Como alguém pode ser um descrente após ouvir tudo o que você disse? Ó Deus, compartilhe comigo esta sagrada verdade e remova qualquer dúvida que eu possa ter.

11. O Deus olhou-a e disse: Ouça, ó minha linda Deusa! Ouça com devoção. Ouça isso, que a ninguém deve revelar, ainda que em risco de vida. Deve esconder isso, como se fosse o Seu próprio Yoni.
12. O segredo que lhe revelei é verdade, verdade, não há dúvida. Praticando este rito, nunca penetraremos no Oceano da vida mundana. A Yoni é mahāmāyā e o Liṅga são a forma de Sadaśiva, então oblações devem ser feitas com fervor, vinho e carne.
13. Deve-se unir a Yoni ao Liṅga e adorar o Tattva, ó Sundarī. Nisso devemos colocar nosso Ser, dando tudo à Śakti. Não revele isso a ninguém para não cometer um crime.
14. Ó Durgā, essa sagrada verdade tem mérito, e quem a pratica ganha poder e liberação. Quem não conhece esta sagrada verdade vai para os mundos inferiores. A magia de uma Yoni é a maior de todas as magias.
15. A liberação é alcançada pelo prazer. Felicidade é alcançada pelo prazer. Portanto, com todo empenho, um sādhaka deve ser aquele que busca o prazer. O sábio deve sempre evitar a vergonha, a culpa e a repugnância pela Yoni. Cem mil atos de magia não são nada comparados com o rito de adoração da Yoni.
16. Se alguém lamber o elixir que escorre no vértice da Yoni, o mal será destruído em seu corpo e em sua casa. O que significa banhar-se no Ganges ou em outra água sagrada? Não há poder maior que a adoração da vulva. Para que falar mais?
17. Ouça, você que é querida por mim tal como a vida em si mesma. Esta é a mágica dos mágicos e a melhor entre todas elas. Somente quando alguém faz o ritual usando os cinco tattvas e não somente quatro, o rito tem poder. Quem não usa o quinto tattva (maithuna) não tem alegria e felicidade. Todos devem beber as sobras de ambos, a de uma Śakti e do herói (vīra). Tendo feito isso, adorado a Yoni, bebido e se alegrado, ó Deusa, ele então pode comer dentro do círculo. Pode então pegar o rosário de tulsi e recitar no templo de Hari.

18. Após recitar o mantra, pode contar as histórias de Śṛī Hari, pois Ele é descrito como sendo o conjunto de todos os seres.
19. Esta é a quintessência do segredo desta magia. E praticando-a, tornamo-nos saudáveis. Mas não faça isso diante de um paśu! Ó Parvatī.
20. Devemos adorar a Yoni, saudando três vezes, com uma flor, pois essa oferenda destrói o carma, e nada mais é inatingível nos três mundos.

Paṭala 7

1. Agora falarei sobre a maior mágica dos heróis, ó Deusa. Qualquer mágico sabe que, conhecendo esse segredo, será liberado em vida. A essência do ser de natureza divina (divya) é a divindade, e o maior poder de um herói é uma mente poderosa e determinada.
2. Qualquer que seja o país em que o devoto resida, esse país será adorado pelos deuses. Qualquer um pode ganhar um poder equivalente a banhar-se em milhares de rios sagrados, simplesmente por olhar um kaula heroico. Tendo oferecido água nas mãos mortas de um vīra (herói), será socorrido por centenas de kulas.
3. Se alguém quiser ser gracioso com um vīra, nada lhe será negado nos três mundos. O momento em que um vīra recita um mantra, é melhor que qualquer outro momento.
4. O mestre de todos os mágicos, o melhor dos sādhakas, deve recitar o mantra na boca de uma Yoni, no local em que houver um Śiva-liṅga, no terreno das cremações, em qualquer local isolado ou em sua casa. O melhor dos alimentos que alguém pode reverenciar é aquele servido com o Yoni-tattva, a seiva do útero da Śakti. A menos que se use carne e vinho, morre-se rapidamente.
5. Depois de consumir todo o alimento e a bebida, deve beber o Yoni-tattva. De todos os alimentos que alguém pode

consumir, este é o menos amedrontador, ó Deusa. A cópula com qualquer tipo de Yoni é sempre muito prazerosa.

6. Sempre é tempo bom para a prática do ritual. Seja noite ou dia, Lua Cheia ou Nova. Não há tempo que não seja auspicioso.
7. Em termos de roupa, assento, lugar, casa, contato corporal, etc., o importante é que o devoto mantenha sempre a pureza interior. Ele nunca deve ter uma postura dualista.
8. Não há regras em relação ao tempo, local, sacrifícios, nada!
9. Nunca se deve fazer distinção entre uma mulher ou outra, mas deve-se sempre manter a postura não dualista em relação à mágica com a mulher. O devoto deve ir até ela, olhá-la e tocá-la. Tendo a alimentado, deve entoar o mantra e consumir a substância (Yoni-tattva) de acordo com sua preferência. Assim é dito a respeito das características da ação ritualística do herói, de acordo com sua própria vontade (sveccha).
10. Mulheres são divinas, elas são a vida e verdadeiras joias. Devemos sempre praticar a cópula e meditar com elas, sejam nossas companheiras ou não. Isso que lhe foi dito é a verdade, a essência oculta dos Tantras. Esta verdade dos sábios heroicos lhe foi revelada com amor.
11. No instante do consumo da substância, é necessário primeiro oferecê-la à nossa Śakti. Depois, deve-se verter água no interior da vagina e, indo a um campo de cremação, deve-se copular com ela após comer carne, beber vinho e recitar o mantra.
12. Agora escute sobre o momento em que o sêmen e o sangue menstrual são vertidos, ó Deusa. Se alguém recolher esta secreção e passar sobre a testa, será salvo de mil vidas e encarnações.
13. Um ritual será em vão sem vinho, e será também sem sentido se não houver intercurso. A menos que se use os cinco tattvas (pañcatattva), ó Durgā, o herói falhará nesta vida.

14. Para que milhares de ritos mágicos? Para que milhares de recitações de mantra? Para que milhares de banhos em lugares sagrados? Para que doações e mortificações?
15. Sem a adoração da vulva, tudo é destituído de frutos, ó Maheśanī. Praticando o Yoni-puja, conquistamos todas as mágicas, e nossos antepassados residirão no paraíso.
16. Devemos sempre acariciar uma vulva nubente! Se alguém se puser a praticar tendo preparado a Yoni, será liberado dos defeitos e manchas dos nascimentos (karmaphala), graças ao auxílio de milhares de kulas.
17. Se um devoto de mente contemplativa reverenciar a Yoni de uma linda donzela ou de uma bela discípula com líquidos perfumados, será levado ao paraíso após ter sido agraciado pelo prazer na terra.
18. Na ausência de perfumes e flores, ele deve fazer o rito com vinho, recitando mantras e praticando o nyāsa (toque sagrado e sutil).

Paṭala 8

1. Ó kaulika-nātha, no momento do ritual, saiba que sua Śakti é a Urvaśī, a feminilidade dos três mundos. A menos que pratique a cópula com ela, jamais será liberado.
2. A libertação interior chegará para quem, mesmo na Era de Kālī, recitar o mantra com maior devoção diante da Yoni – que é o útero do Cosmo.
3. Entre os milhares de mágicos e adoradores, afortunados são aqueles que praticam a magia de Kālī.
4. Kālī é a Mãe do Cosmo e de todos os Śastras. Lembrando de Kālī, seremos libertados.
5. Tendo recitado o mantra de Kālī, tornamo-nos filhos de Kālī, não há dúvida sobre isso. Porque isso é verdade, verdade, verdade, sem questão.

6. Tal como para Kālī, também para as (dez) vidyās, porque o sucesso não pode ser obtido só com o Cinācāra.
7. Qualquer que seja o mantra pelo qual alguém for iniciado, este é o melhor método (ācāra). Sem essa verdade, ele não terá sucesso e renascerá novamente.
8. O que está aqui escrito, os sādhakas devem realizar de acordo com seus próprios desejos.
9. Ó Deusa, devemos meditar em nós mesmos como estando imersos naYoni universal, pois qualquer rito mágico é inútil sem o Yoni-pūjā, e sem devoção ao guru não há poder.

O RITUAL KAULA DE ABHINAVAGUPTA
(atha śrītantrāloke ekonatriṁśamāhnikam)

O ritual maithuna contém várias liturgias, que variam conforme as diferentes tradições tântricas. Nesta obra, seguimos a Tradição dos Kaula, com as modificações introduzidas pela síntese feita por Abhinavagupta ao associar ao Kaula elementos da cultura Spanda, dando origem ao seu sistema dentro da Tradição Trika.

Esta síntese produziu como principal elemento ritualístico o que ele denominou Kulaprakryā, ou seja, a liturgia Kula, complementando e contrastando com o que ele chamava de Tantraprakryā – liturgia dos Tantras, em uma provável referência à Tradição –, como já explicado no capítulo referente às origens do Tantra.

O ritual Kaula, conforme a tradição Kula, foi exposto descrito por Abhinavagupta no capítulo XXIX do texto Tantrāloka. Nessa exposição, ele utiliza uma complexa linguagem esotérica, cuja simbologia é dificilmente acompanhada por uma simples leitura. Somente com uma razoável "imersão" nos conceitos e na linguagem utilizada por ele, é possível um vislumbre do profundo universo ritualístico e metafísico que ele descortina para o leitor. Mesmo com auxílio do estudo minucioso feito por Jayaratha, que fez adendos explicativos e comentários ao texto original, elucidando algumas passagens mais difíceis, o conteúdo em seu todo permanece quase inacessível ao leitor menos familiarizado com a forma e a composição das escrituras da Índia antiga.

Como os versos, ou śloka, foram escritos com duas meias frases e, algumas vezes, quatro semimeias frases, a identificação é feita por sistema alfanumérico do tipo:

> TĀ 29.24-a tathā pūrṇasvaraśmyoghaḥ procchaladvṛttitāvaśāt /
> TĀ 29.24-b bahistādṛśamātmānaṁ didṛkṣurbahircayet

Cada um desses dois śloka tem duas semi-frases identificadas pelas letras a e b. Assim, a codificação identifica:

TĀ 29.24-a, que significa Tantrāloka (TĀ), capítulo 29, śloka 24, primeira semifrase ou linha (a).

TĀ 29.24-b, que significa Tantrāloka (TĀ), capítulo 29, śloka 24, segunda semifrase ou linha (b).

Os comentários de Jayaratha sobre o śloka TĀ 29.24-a foram identificados com a notação: Jr.29.24-a.1 para o primeiro comentário e Jr. 29.24-a.2 para o segundo comentário do mesmo verso, ou śloka. Os adendos feitos por ele são identificados da mesma forma, mas com a identificação Qt., que significa adendo ou *quotation*. Esta notação será utilizada toda vez que houver uma citação de um śloka do texto do Tantrāloka.

▼

O ritual da Tradição Trika é denominado Kula ou Rahasyacaryā (ritual secreto), porque inclui um conhecimento sigiloso somente exposto pelo Deus Śiva à sua consorte, a Deusa Śakti, para que ela revele à humanidade como um Tantra.[169] Entretanto, Abhinavagupta faz algumas restrições quanto à forma e abrangência da revelação, advertindo que o ritual somente deve ser ensinado em sua totalidade aos iniciados na tradição, o que, de certa forma, exclui uma divulgação popular, mesmo entre conhecidos e amigos. Esta preocupação tornou as tradições Kaula e Trika em clãs (gotra) fechados, para todos os não iniciados à moda das sociedades secretas contemporâneas.

> "O ritual deve ser considerado secreto, porque suas práticas são consideradas impuras pela sociedade, e isso pode acarretar graves consequências sociais para os praticantes e suas famílias." [170]

Este sentimento de horror e repúdio pelo Tantra está explícito na citação que mostra o ritual como uma sequência de ritos que manipulam elementos considerados profanos pela sociedade, e proibidos pelas escrituras ortodoxas, como os Vedas:

169. John R. Dupuche: *The Kula Ritual,* As Elaborated in Chapter 29 of Tantrāloka.
170. Jean Varenne, *L'enseignement de la Divine Shakti.*

> "A linhagem dos seres perfeitos deve ser reverenciada com ingredientes que são odiados pelo povo e tratados como coisas proibidas, nojentas e desprezíveis pelas escrituras ortodoxas".[171]

Mesmo assim, o clã secreto dos kaulas não foi um fenômeno marginal na sociedade da Caxemira, pois há evidências de que eles tinham filiados da alta sociedade, incluindo pessoas da corte imperial. Segundo Dupuche,[172] esta aceitação somente foi possível em virtude da discrição dos seus membros, que não se mostravam publicamente, evitando qualquer tipo de afrontamento. Assim, eles declamavam:

> "Secretamente um Kaula, aparentemente um Śaiva-siddhanta, mas publicamente um seguidor dos Vedas".[173]

Isso nos mostra que o Kaula era um clã fechado e mantinha seus ensinamentos em segredo, revelando-os somente aos iniciados que eram escolhidos por suas características ou qualificações. Esta discreta postura foi mais fruto da sabedoria que do medo, pois os kaulikas sabiam que não se deve afrontar aqueles que não têm capacidade de compreensão, e que as críticas e chacotas produzem um clima de agressividade e negatividade prejudicial ao ritual.

▼

Cada assunto é tratado no texto pela exposição do verso principal (śloka), que contém uma estrutura de tópicos e subtópicos (TĀ), além dos comentários de Jayaratha (Jr.) e suas inserções (Qt.). A abordagem que faço é baseada na obra de Abhinavagupta, e, sempre que for justificado, faço uma menção do verso, comentário ou inserção que seja pertinente.

---

171. John R. Dupuche: *The Kula Ritual,* As Elaborated in Chapter 29 of Tantrāloka, p. 75.
172. Idem, p. 73-75.
173. Jayaratha, citação no TĀ, vol. 3.

A Cerimônia Secreta

Como já foi mencionado no início deste capítulo, os rituais tântricos ensinados por Abhinavagupta eram considerados secretos, e somente acessíveis aos membros da tradição, embora o Tantrāloka fosse um texto público. A maior parte do segredo está oculta nas entrelinhas e na linguagem velada usada nas definições e conceitos, porque, a rigor, o texto não contém descrição narrativa dos rituais. Assim, a visão do ritual tem de ser obtida por inferência, com base no conteúdo das referidas definições, conceitos, comentários e inserções.

A Qualificação dos Membros do Clã

Abhinavagupta inicia sua descrição da cerimônia secreta afirmando que o ritual é apenas acessível às pessoas qualificadas, embora ele não entre em consideração sobre o sentido da palavra "qualificado". O sábio Rājānaka Jayaratha, que comentou o Tantrāloka, explica que são considerados qualificados (adhikārī) aqueles que já vivem o estado não dual (nirvikalpaka).

Segundo a tradição, uma pessoa é qualificada quando incorporou o saber e é capaz de viver esta incorporação, dissolvendo o ego e os conteúdos mentais para se tornar um com a divindade. Essa pessoa não deve ter fobias, ódio, inveja ou vergonha. Tudo para ele deve ser sagrado, pois vive imerso no divino, sentindo a natureza, identificando-se com ela e vivendo tudo com naturalidade.

Mais adiante, no śloka TĀ 29.1cd, Abhinavagupta faz uma referência por exceção ao termo "qualificado" em relação à hierarquia dos Kulas, relacionando as características dos gurus não qualificados, dizendo que eles são todos aqueles que não têm uma mulher, ou seja, praticam o celibato (castos), e que não vêm de uma linhagem preceptórica oral (saṁpradāya); são inaptos a transmitir sua "potência", tanto na forma de sêmen (carana-dhātos) como na forma de poder vibracional (phārasya).

Entre os membros qualificados do clã, Abhinavagupta menciona que eles podem ser tanto gurus como discípulos. O título de guru é reservado aos membros, ou adeptos, que estão aptos a ensinar e conceder iniciação, além de executarem outras atividades esotéricas dentro do grupo.

Entre os considerados gurus, Abhinavagupta diferencia o yogī e o jñānī, sendo a primeira designação reservada aos adeptos que estão mais envolvidos com a obtenção de poderes (siddhi) e prazeres (bhoga), ao passo que a designação jñānī é reservada aos adeptos qualificados que estão mais voltados à liberação (mokṣa) pessoal e ao conhecimento discriminativo (vijñāna). Ele enfatiza que um verdadeiro guru deve ter todas essas habilidades e qualidades.

Como o nome sugere, o termo yogī é relacionado ao Yoga, no sentido de que o Yoga é a união ou identificação do adepto com o Absoluto. Assim, um yogī é a pessoa que vive imersa no Absoluto e sente-se una com Ele, o que lhe dá qualificação para administrar o conhecimento e a liberação, sem exigir a renúncia ao prazer.

Ao fazer uma distinção entre jñāni e yogī, ele também a estabelece entre nirācāra, a pessoa que está ligada aos rituais, e sācāra, a pessoa que não depende dos rituais.

Quando um sācāra é iniciado, ocorre um signo ou uma manifestação externa que demonstra que agora ele é um receptor ou templo para a morada da divindade, o Senhor Śiva. Diferentemente, um nirācāra é considerado um adepto independente (avadhūta), que não tem necessidade de efetuar nenhum ritual de iniciação, porque a iniciação não forneceria nenhuma evidência além de tudo que ele já conquistou e demonstra ser.

Abhinavagupta assim descreve o estado nirācāra:

> "Livre e não ligado a nenhum culto ritualístico (nirācāro), e, sem nenhuma dúvida, liberto das preocupações mundanas, puro (avadhūto), sabedor de que ele não é isto ou aquilo (na aham asmi), contando somente com seu man-

> tra; vendo e vivenciando todas as deusas que vivem em seu corpo, ele é claramente um ser perfeito".

São consideradas nirācāras as avadhūtī ou mulheres (nirācāraḥ) que não estão sob nenhuma restrição moral ou social e, portanto, podem ser veneradas como deusas.

No TĀ, Abhinavagupta faz uma distinção entre os vários tipos de gurus, usando a designação karmī, para aqueles que oficiam os rituais, e o termo yogī, aqueles preocupados com o uso dos poderes ou siddhis.[174]

A Linhagem dos Seres Perfeitos e suas Esposas

Este assunto é abordado por Abhinavagupta sob dois aspectos. No primeiro, ele introduz as principais ideias sobre o ritual Kaula (ou Kula); no segundo, ele reflete sobre seus ingredientes, que, na linguagem dele, são tanto pessoas quanto upacāras, ou seja, mantras, entre outros.

Sua exposição é feita em etapas, com definições de termos e procedimentos, de maneira clara e quase cartesiana, com enumerações e explicações dos elementos em uma sequência primorosa:

> "O mundo de Abhinavagupta é uma realidade vibrante, que revela sua essência oculta ao sintetizar a realidade objetiva na subjetividade do coração (hṛdaya), que é o locus consciencial".

Inicialmente, ele define a essência ou origem (sāratva) do ritual Kaula como um ato de veneração ou adoração dos Seres Perfeitos. Em seguida, define-os como aqueles que, na hierarquia do Cosmo, fazem a intermediação entre os homens e os deuses:

> "Eles são os elos entre os deuses e a humanidade. Portanto, os seres mais elevados da hierarquia do Cosmo (akula). Os

174. Esta afirmação a mim parece fazer referência ao oficiante que segue a liturgia de forma cega, sem percepção consciencial do que está por detrás das ações. Jayaratha parece corroborar esta opinião ao dizer: "aqueles que não foram iluminados".

> homens recebem o mantra de seus gurus, que os receberam de seus gurus, dentro de uma linhagem longa e retroativa, que finalmente chega ao guru que foi iniciado por um Ser Perfeito, o qual, por sua vez, foi iniciado por Śiva, o guru de todos os gurus. Assim, está definida a linhagem guruparamparā".

Finalizando este tópico, ele diz que o ritual é oferecido tanto aos seres perfeitos (siddhas) quanto para as suas mulheres, as yoginīs, ou siddhapatnīkulakramaḥ. Jayaratha também menciona os seres perfeitos ou divinos, identificando-os com as yoginīs, que são as companheiras que estão do lado esquerdo (vāma) desses devotos em todos os rituais. Isso também está escrito no Yoni Tantra:[175]

"Mulheres são divinas, elas são a vida, elas são verdadeiras joias".

Neste tópico, ele coloca em primeiro lugar os fundamentos do ritual Kaula e, em seguida, descreve seus elementos ou ingredientes essenciais, dos quais o mantra é um dos mais importantes:

> "O mantra é recebido individualmente e em segredo, diretamente da boca do guru. Portanto, a iniciação consiste basicamente na comunicação desta palavra sagrada, que, ao mesmo tempo, incorpora a deidade pessoal do devoto e é seu mantra como iniciado. Esse mantra deve ser memorizado e jamais deve ser escrito para não perder seu poder".

No final do tópico, ele define o termo Kaula, não sob o aspecto de uma tradição, mas sob a acepção de que o Kaula é o Todo, a soma dos princípios eternos, ou seja, tudo que é manifestado pelo Kula, a hierarquia Cósmica que ele denomina Akula (não-Kula). Então, ele afirma que o Kaula é uma tradição que abrange, ao mesmo tempo, o conhecedor (pramātṛ), o objeto do conhecimento (prameya) e os meios de cognição (pramāṇa).[176]

175. Yoni Tantra, *Paṭala* 7, śloka 10.
176. Śl.9.

Com respeito aos elementos, ou upacāras, ele faz uma reflexão comparativa entre as tradições ortodoxas e os Tantras, dizendo que os Vedas fazem distinção entre elementos puros e impuros (śuddhyaśuddhi) e o Siddhānta considera que pureza e impureza são características "materiais". Entretanto, a tradição Kaula, como a Trika, considera que impura é a ignorância e pura é a sabedoria.

Como nada pode manchar a pura luz da Consciência, o Kaulika nada teme, pois, para ele, nada é profano. Dessa maneira, o conceito de purificação que ele aplica em seus ritos tem outra acepção; como no rito de Bhūtaśuddhi, que visa à dissolução das categorias mais materiais nas categorias superiores, consideradas menos materiais, como uma forma de sutilização do Eu-Sou, que permite sua saída do espaço cognitivo de vigília para que entre em espaços de consciência mais sutis.

A dicotomia provocada pelos termos puro e impuro é expressa ao mostrar que o uso de elementos ritualísticos considerados proibidos, como o vinho, não cabe em nenhuma das duas classificações, porque é utilizado e descrito como uma ambrosia ou néctar-da-esquerda (vāma-amṛta), que é pouco usual nos rituais ortodoxos. Portanto, nesse contexto, a palavra esquerda é empregada como uma antinomia para ortodoxo. Outro uso do termo vāma-amṛta está na associação com os fluidos vaginais, que são os frutos da união entre Śiva (ou o sādhaka) e Śakti (ou a sādhika), e considerados a ambrosia divina que deve ser ingerida após o ritual.

Outro elemento importante que aparece no próximo parágrafo é denominado "frasco" (argha-pātra), que tanto se refere a um recipiente quanto ao seu conteúdo, que são "as finíssimas essências" (TĀ 27.42c) ou as secreções sexuais dissolvidas em vinho (kuṇḍa-golaka) para serem usadas como sacramento.

> "... é o néctar que advém da união entre o herói e sua companheira, a yoginī." [177]

177. TĀ 15.166cd

Associado ao elemento kuṇḍa-golaka, ele menciona outro elemento importante, que é o sangue[178] menstrual (rakta), palavra que é usada por ele tanto como um conteúdo do frasco quanto no sentido de cópula.

Os fluidos são considerados importantes porque vêm do "lugar sagrado" (dhāman), local glorioso, luminoso, ponto no qual a vibração criativa é manifestada. O elemento "Luz" ou Dīpa, também aparece com sentido duplo, significando tanto uma lamparina quanto um frasco denominado caru, ou mesmo seu conteúdo, que contém leite, manteiga e cevada cozida. No ritual Kaula, esse conteúdo simboliza a mistura das "essências do ritual".

Com sua exposição, Abhivanavagupta procura forçar a reflexão e a compreensão do leitor para que ele reveja alguns conceitos e rompa algumas barreiras e preconceitos que se instalaram em sua vida, muitas vezes sem que ela saiba como nem por quê. Por exemplo, por que o homem civilizado não aceita a hipótese de ingerir barata, mas aceita a inclusão de pitu[179] como iguaria em sua culinária? Podemos pensar em muitas respostas, mas todas elas são pouco defensáveis, pois o pitu é tão ou mais anti-higiênico que a barata, porque vive em esgotos e se alimenta de restos e, eventualmente, cadáveres de animais, tal como fazem os camarões do mar. Se a questão do sabor for uma resposta, lembramos que isso é relativo, pois a maioria dos primatas acha os insetos extremamente saborosos!

Por outro lado, independentemente do aspecto psicológico relativo à necessidade de romper com as travas psíquicas que impedem a manifestação do poder, ele enfatiza que o papel das coisas denominadas "proibidas" é essencial para o rito de magia, porque elas contêm em si as vibrações sagradas da criação, que devem ser manipuladas sob o aspecto mágico e alquímico, como elementos de poder e elevação espiritual.

178. A palavra aruṇa também significa sangue, no sentido de poder sexual criativo da mulher.

179. Camarão de água doce da família *Macrobrachium carcinus*.

Abertura do Ritual

A abertura do ritual é um rito em si, e no ritual Kaula não é diferente. Abhinavagupta resumiu suas principais etapas na seguinte ordem:

Ele entra (śloka 18ab).

Ele purifica a si mesmo com seu mantra pessoal (śloka-18cd-19).

Ele purifica os elementos (śloka18cd).

Ele prepara o frasco (śloka 22ab).

Nesta fase do rito, o devoto entra no círculo e efetua a limpeza psíquica de si mesmo e dos elementos que serão usados no ritual maior. Uma maior importância é dada ao termo frasco, como mencionamos no parágrafo anterior, que, na linguagem figurada de Abhinavagupta, também é uma acepção para a mulher, conforme se pode entender do conteúdo dos ślokas 14-16:

> "O frasco, o local sagrado do sacrifício e a lâmpada se constituem no tríplice segredo do ritual de sacrifício dos Kaulas (Kulas). Dos três, o frasco tem associação com a Śakti, e o local sagrado com a Terra. A lâmpada é preparada com ghee (óleo de manteiga) e os fluidos sagrados. Tão logo o praticante do ritual entenda a importância desses elementos, deve procurar obtê-los".

Conforme comentário de Jayaratha (Jr.16d.1), a palavra frasco está associada com a Śakti, porque é a fonte do "fluido sexual", ou Yoni-tattva. A lâmpada é preparada contendo ghee, óleo de sésamo, etc., porque propicia a iluminação a quem a usa. Assim, conforme ele explica, o frasco tem superioridade com relação aos demais elementos usados no ritual:

> "Então, tendo compreendido a supremacia do frasco (mulher) sobre os demais elementos, ele não hesita em relação

> aos ingredientes que aqui estão denominados pelo termo Śambhu".

Neste tópico, ele volta a mencionar a importância do vinho. A escritura Brahmayāmala afirma que o vinho é a verdadeira essência exterior de Śiva: "Sem vinho não há nem prazer, nem liberação".[180]

De acordo com a descrição do preparo da bebida que ele chama de vinho, fica evidente que a palavra vinho é uma acepção para bebidas alcoólicas em geral, ao dizer que o vinho "... é feito de farinha, mel ou melaço". Portanto, o vinho é, na realidade, uma aguardente, não necessariamente a bebida obtida pela fermentação da uva, provavelmente rara na região. Essa observação fica clara com a afirmação:

> "Mas quando feito de uva ele é esplendoroso, sem restrição, e por ser de natureza feminina, masculina e neutra, o vinho é puro em essência por ser composto de felicidade, esplendor e consciência, portanto, sempre apreciado pelos deuses; por isso, o devoto deve sempre ingeri-lo".

Essa é outra antinomia entre os Tantras e os Vedas, bem como muitas outras religiões que pregam a abstinência do álcool como uma exigência para entrarmos em contato com o Divino. Entretanto, o uso do vinho não deve ser encarado como um ativador para ritos licenciosos, porque seu uso era moderado e sacramental.[181] Assim, após explicar o papel de alguns elementos, ele volta a detalhar o rito de abertura:

> "Ao entrar no local dos sacrifícios (yāga-okas), previamente decorado com flores, perfumes e incenso, ele se volta para saudar o Norte e o Leste – pois, no ritual Kaula o local [182] é uma área quadrada (não circular) e orientada para o Norte

180. Śl. 11-13.
181. Ver o uso indiscriminado do vinho conforme o ritual Guhyasamāja.
182. O local é sempre privado, sem acesso do público leigo.

> ou para o Leste, conforme a intenção pessoal do guru esteja voltada à liberação (mokṣa) ou ao prazer (bhoga). Após saudar com seu mantra pessoal as duas direções e acima e abaixo, ele efetua a limpeza que consiste em queimar e resfriar" (śloka 19).

Queimar as vibrações indesejáveis e resfriar para que elas não voltem a "crescer". Então, tendo purificado o local e os elementos do ritual, por meio da aspersão de água e vinho nos quatro cantos, assim como nos participantes, ele prepara o frasco (a mulher). Entretanto, devemos entender que o preparo do frasco é a colocação dos elementos que vêm antes e independem da geração dos fluidos sagrados pela união, que serão gerados apenas posteriormente.

Outros elementos importantes utilizados nesta fase são os mantras e os bījāmantras, tais como: hṛīṁ, pha, além de alguns monossílabos de difícil pronúncia, como hṛ, dhṛ, etc., que são usados nas cerimônias de abertura, purificação e instalação de poder, ou seja, bhūtapasarpana, bhūtaśuddhi, nyāsa, etc., quando [então] os praticantes se colocam na posição ou no estado de Bhairava e Bhairavī, e por meio da introspecção mística da consciência a elevam à esfera consciencial do sagrado para se identificarem com o deuses Śiva e Śakti.

Agora, eles recitam os mantras apropriados para tornarem-se um com Bhairava (Śiva) ou Bhairavī (Śakti), adequando-se ao ritual. "Eu não sou isto; Eu não sou aquilo, Eu não sou este Ser, tampouco Ser algum. Sou somente vibração ou energia pura".

Esta é a atitude que deve ser mantida durante todo o ritual. Sou energia, sou vibração pura e imaterial, sou parte do todo e no todo estou dissolvido. Estando assim preparados, o ritual está aberto.

O Ritual de Adoração (Arcavidhi)

Abhinavagupta inicia a explanação do parágrafo dizendo que, após haver explicado os principais elementos do ritual Kaula, deseja a seguir expor em sequência: os modos de adoração, os quatro estágios do ciclo de ritos do krama, a definição do ritual, o círculo das śaktis composto pelas nove mulheres, os meios de conhecimento, a tríade composta pelo coração (hṛdaya), Kuṇḍalini e o ājña, além dos ritos isolados e privados de cada casal. Outro assunto sobre o qual reflete é o conceito de Haṁsa, que ele aborda sob dois aspectos: um relacionado com o mantra em si e outro com respeito ao fluxo prânico associado a esse mantra:

> "Qualquer que seja o local para o qual a mente e os olhos possam ir, lá estará o Haṁsa, que consiste em expansão e contração" (Jr.88d.2-89).

Assim, ele define Haṁsa como a tríade dos habitantes do corpo, composta pelo ser individual (Eu-Sou ou Aham), a Deusa Mātṛkā e Śiva. Haṁsa, o ser individual que habita o corpo é uma forma contraída do Ser universal (Jr.90b.1):

> "O mantra Haṁsa e o Eu-Sou são uma única coisa. Quem não entender isso não alcançará a libertação" (Jr.90b.3-91).

Finalmente, ele expõe a oferenda sacrificial ao Fogo da Consciência como uma forma de oração a Śambhunātha:

> "O abandono da diferenciação entre puro e impuro é denominado isolamento". Firme em sua convicção, só ele faz oblações e recitação de mantras e orações. Murmurar é uma forma de sentir o mantra. A dissolução do sentir o fogo da Consciência é denominado oferenda ou sacrifício, e a percepção do som consiste no conjunto das 12 deusas.

O ilustríssimo mestre Śambhunātha foi uma Lua Cheia e brilhante no oceano do conhecimento da tradição Trika".

Ritual Sexual com a Ioguini (Maithuna)

Tendo explanado o ritual de veneração que termina com o sacrifício ao fogo, ele dá início à explicação do ritual sexual com a mulher:

> "Se o sādhaka for efetuar o rito com uma Śakti externa, então esse ritual secreto ensinado por Parameśa deve ser explicado" (Jr.95d.2-96).

De acordo com seus ensinamentos, o ritual Kaula deve ser sempre ser efetuado como um ritual externo, ou seja, com o uso de elementos externos, como o vinho, a carne e a mulher. Entretanto, é necessário esclarecer que a designação da mulher como um elemento não é uma identificação diminutiva, mas uma forma de expressão, porque ela tem o papel mais importante do ritual, ao incorporar a deusa e gerar as vibrações primevas da criação (spandanas):

> "Então, deixe-o trazer a companheira sexual para o círculo. Seus (dela) olhos estão revirados de desejo, seus lábios são vermelhos como o fruto bimba, seus dentes brilhantes e sua face iluminada dão um toque de beleza inigualável. Gentilmente, ela sorri. Seus longos cabelos soltos lembram um enxame de abelhas ruidosas, seus grandes olhos lembram o arco do cupido. Entretanto, ela está tranquila e expressa seus sentimentos com suave insinuação. Seu corpo está adornado com flores e joias. Sua face, com o charme encantador da Lua Cheia, rapta os corações. Ela brinca e finge repelir o carinho, para mostrar que sua devoção foi totalmente entregue à deusa. Ela é a parceira para o rito de celebração sexual que se descortina, a feiticeira, a mudrā deste mundo de matéria e de sutilezas" (Qt.100b.5).

A tradição Tântrica exalta a pessoa feliz que sabe expressar sua felicidade e encantar seus pares. Assim, tanto o homem como a mulher devem saber exprimir a pureza e o desejo pelo olhar e pelo sorriso. Isso está muito claro e bem mostrado nas expressões faciais das bailarinas dos diversos estilos clássicos da Índia, que expressam seus sentimentos por meio de uma coreografia facial de raro encanto e beleza. Essa pureza que leva a expressão do amor à face é fruto da inexistência de vergonha, de medo e do sentimento de fraqueza:

> "É melhor o ritual sem uma parceira sexual do que com uma que foi contaminada pela vergonha, medo e fraqueza, e seja incapaz de expressar o amor (Qt.100b.8)".

Esta colocação não significa que o ritual possa ser efetuado sem a mulher, mas, sim, que ele não pode acontecer sem uma parceira sexual, ou seja, alguém que tenha as características desejadas. Portanto, com uma mulher que não atende aos requisitos, não se deve efetuar o rito:

> "A principal característica de uma Śakti é que ela nunca esteja 'ausente' de quem a está possuindo" (Jr.100b).

Não há nenhuma outra restrição além dessa. Mulheres de todas as castas e condições sociais são aceitas, desde que saibam externar a vibração de seus corações. Isso é uma verdade, porque a atividade ritualística não é direcionada pelo desejo de prazer sexual, tal como entendido de acordo com o senso mundano:

> "Todo aquele que deseja fazer o ritual deve trazer sua śakti, desde que não esteja sexualmente atraído por ela" (Qt.102d.3).

> "Ele deve viver o encontro com uma bela mulher, pelo propósito de atingir a estabilidade e nunca pela intenção de luxúria ou desejo" (Qt.102d.4).

Este aparente eufemismo (ou dicotomia) na reflexão sobre as condições necessárias para o ritual, com exaltação da beleza e dos atributos sexuais da mulher, e, ao mesmo tempo, afirmando que não deve haver desejo, pois o objetivo do ritual não é o prazer sexual, mostra quão difícil é entender que, sendo a sexualidade e a espiritualidade dois poderes de origem comum, é impossível vivê-los em conjunto se não houver um erotismo no rito. Mas esse erotismo não deve ser confundido com luxúria, e, nesse momento, o conceito de brahmacarya sofre um desdobramento importante entre a interpretação dada pelos praticantes das tradições Védicas e pelos tântricos;

para os primeiros, castidade significa que não se deve praticar o ato sexual em nenhuma hipótese, enquanto, para os tântricos, a palavra brahmacarya significa que a castidade é desejável na vida comum; portanto, fora do ritual, mas, durante o ritual, o mais importante rito é o maithuna.

Por isso, Abhinavagupta era um brahmacārī, no sentido de que nunca se casou e não praticava o sexo fora do contexto ritualístico.[183]

O Rito do Ensinamento Secreto (Rahasyopaniṣatkrama)

Como afirmamos anteriormente, Abhinavagupta não descreve o ritual em seus pormenores. Assim sendo, a descrição do ritual deve ser inferida a partir do exame de sua extensa conceituação e da análise de Jayaratha. Para uma visão mais direta do assunto, veja o resumo de um ritual de maithuna no capítulo Ritual de Pañcamakāra, que se segue, ao ensinar que o ritual secreto tem componentes místicos muito importantes que elevam a arte da magia a níveis altíssimos. Neste contexto, o controle do alento vital tem papel fundamental:

> O ritual de maithuna deve ser vivenciado no alento sutil, tal como é vivido no corpo (Jr.177d.3). "A deusa que se esconde no prāṇa deve ser saciada no 'Círculo da Lua', por meio da vivência do apāna que penetra pela abertura dos chakras (Jr.179d)." Assim, pelo procedimento descrito para saciar as deusas com o alento sutil, os praticantes ganham saber (Jr.179d.2), e, após untar seus membros com óleo de manteiga (ghee) ou óleo de sésamo, evitando o beijo e o abraço, ele se aproxima da esposa como se fosse o irmão mais novo, (Qt.102d.6) "e retirando suas vestimentas e a recebendo, saciando-a e reverenciando-a – no círculo principal – tem início o processo da parte interna" (Jr.104b.2).

183. John R. Dupuche, *The Kula Ritual*.

O círculo principal é o locus da felicidade que advém do ritual. Por isso, o círculo principal é considerado elevado e grandioso. Os demais núcleos de percepções são denominados "círculos secundários". Na concepção do Kaula, a palavra círculo significa "expansão, fartura, corte de condicionamentos e bloqueios, ação enérgica". Nessa acepção, o termo sânscrito cakra – que também significa círculo – deriva dos termos sânscritos "kasi" (brilhante), "caki" (aquilo que satisfaz) e "kṛtyā (aquilo que corta as ligações). Isso mostra a importância do círculo, porque tudo que leva à felicidade e ao equilíbrio deve ser usado no ritual, já que dele vêm as vibrações de poder e Luz:

> "Aquele que possui a Śakti no círculo, e no subcírculo, bem como na essência do alento sutil, deve repartir o alimento que verte felicidade e, sob o aspecto externo, fazer uso de perfume, incenso, grinaldas, coisas que enaltecerão a Consciência" (Jr.107d.2).
>
> "Com ações adequadas para eles, a Śakti e aquele que a possui devem procurar se saciarem no círculo principal e nos subcírculo, de tal forma a atingir a unicidade no círculo principal" (Jr.109b.4).
>
> "O que será adorado? Quem é o adorador? Quais as invocações que devem ser feitas? Que flores, incenso e sacrifícios devem ser feitos? Qual mantra deve ser recitado e onde está o bastão incandescente, o óleo de manteiga e o fogo? Qual é o êxtase divino? Diga-me, Ó Tu com visão tripla" (Qt.110b.1).

Então, Śiva responde:

> "As jovens mulheres devem ser adoradas pelos homens que as adoram. As joias são a invocação, o arranhão provocado por suas unhas, as flores. O abraço é o incenso e o sacrifício é oferecido por seus corpos. O murmurar da mulher amada é seu mantra, e o néctar do amor é a declamação. A vulva

é o poço sacrificial e o pênis, a concha; o clitóris é o fogo e a semente é denominada ghee. Isto é afirmado pela Tradição Bhairava. Palavras e toques suaves formam a essência, e o cheiro, o encontro dos cinco. Quando a felicidade é acordada, o Universo quíntuplo aparece. Isto é êxtase, ó Maheśanī, aprende isso e deixe-o ser Śiva" (Qt.110b.2).

Dando continuidade ao ritual, seus fluidos corporais são recolhidos, misturados com vinho e os outros elementos, e consumidos boca a boca pelos dois:

> "Todos que desejem adquirir os poderes sobrenaturais devem consumir os fluidos ejaculados por Ele e Ela. Então, devem coletá-lo e adorá-lo na forma pura, porque é a mais pura substância, em razão de sua proximidade com o núcleo consciencial" (Śl.127cd-128ab).
>
> "Deixe-os consumirem a substância pura, enquanto não passou [muito] tempo desde que ela foi removida de seu locus consciencial" (Qt.128b.2).

Assim, a linda deusa que habita o interior do corpo, ligando-o com o Cosmo, no qual ela é a vibração fundamental e primeva, traz à vida o devoto que havia sido morto pelos dogmas assexuados das religiões que o sequestraram e divorciaram da sua natureza divina.

Esta é a síntese do ritual Kaula, em conformidade com a visão de Abhinavagupta, tal como ele a expôs no capítulo XXIX do Tantrāloka.

Ritual de Pañcamakāra

A partir de agora, apresentamos uma versão do ritual tântrico de maithuna, quando praticado entre vários casais, denominado ritual coletivo. Contudo, a descrição se aplica também quando realizado por um único casal, em um ritual individual. A descrição deste ritual segue a liturgia Kaula anterior ao período de Abhinavagupta, e contém elementos da Tradição Krama.

Ritual com uma Parceira Sexual

O ritual de pañcamakāra é o ritual das cinco coisas proibidas que começam com a consoante "Ma": matsya (peixe), madya (vinho), māṁsa (carne), mudrā (sementes de poder torradas) e maithuna (cópula). Esse ritual é efetuado tanto pelos membros da tradição Vāmācāra quanto pelos da tradição Dakṣiṇācāra. Quando o ritual é efetuado com mais de um praticante, é denominado Cakrapūjā ou círculo ritualístico.

O cakrapūjā se constitui em uma cerimônia grupal com 12 casais. O rito é efetuado de maneira planejada, intensiva, com um importante conteúdo emocional. O guru efetua a seleção dos participantes cuidadosamente, levando em consideração vários aspectos individuais e coletivos, relacionados com a disposição mental de cada um e as características astrológicas do grupo, evitando aspectos psicológicos relacionados com elementos negativos da personalidade, tais como: ódio, dúvida, medo, vergonha, arrogância, etc., pois, quando essas características prevalecem, a pessoa não reúne as condições para a participação no ritual.

O objetivo do cakra-pūjā é expandir a consciência dos participantes com o uso das cinco coisas proibidas nas escrituras ortodoxas, desqualificando-as a estimularem o desejo dos participantes. Tradicionalmente consideradas como uma barreira ao desenvolvimento espiritual, os elementos são aceitos no ritual tântrico como etapas no caminho da perfeição. O Tantra sugere a conquista da sensualidade pela experiência plena, em lugar de uma contenção ou do recolhimento pelo ascetismo. Nesse ritual, os cinco elementos têm sentidos metafóricos diferentes das coisas que representam: o vinho simboliza o conhecimento intoxicante, a carne significa o controle da palavra, o peixe simboliza o controle das duas correntes vitais que fluem pelos nāḍis īḍā e piṅgalā, os cereais torrados simbolizam a conquista do estado de concentração do iogue, e o coito simboliza a conquista das vibrações do ato primário da criação.

Os praticantes da tradição Dakṣiṇācāra que seguem a linha rājasika sādhana, substituem as cinco coisas proibidas por outros elementos. Assim o vinho é substituído por água de coco; a carne, por gengibre; as sementes torradas, por arroz ou trigo; o peixe, por incenso; e o coito, por duas espécies de flores: a karavī, símbolo do Liṅga, e a aparājitā, símbolo da Yoni.

O local do ritual deve ser limpo, silencioso e aromatizado com sândalo. O momento ideal para a prática é após a meia-noite, quando o guru ou cakreśvara – responsável pela cerimônia – inicia a consagração dos participantes e dirige o ritual. Os participantes cumprimentam o guru com mãos postas em anjalī mudrā e sentam-se em círculo, com as mulheres à esquerda dos homens. Embora o ritual siga a liturgia do ritual ordinário, ou seja, com as mesmas posturas, mantras, nyāsas, prāṇāyāmas, ritos de purificação, etc., a cerimônia tem início com a sagração das mulheres como Śaktis. Depois isso, os Sādhakas, vendo-as como encarnação divina, as reverenciam cantando o mantra:

> Oṃ śṛiṃ bale bale tripurāsundarī!
> Yonirūpe nama sarvasiddhi dehi!
> Yonimukta kuru kuru svāhā!

No ritual de pañcamakāra, o vinho é colocado no śri-pātra, uma espécie de cálice. A carne cozida, o peixe e os cereais torrados são colocados em uma bandeja de prata. O guru pega o cálice de vinho e passa para sua Śakti, que bebe e repassa o cálice e o prato contendo os demais elementos ao próximo membro do círculo, até que todos tenham comido e bebido.

A cerimônia então prossegue com o maithuna, conforme descrito no ritual ordinário.

Ritual Odinário entre o Sādhaka e sua Sādhikā

O maithuna é o ritual ordinário praticado entre um casal tântrico dentro do contexto ritualístico, como prescrito nas escrituras tântricas. O objetivo do ritual é a geração, circulação e absorção da vibração primordial da criação, denominada prāṇā-vṛiti-kuṇḍalinī, vritti-spanda ou simplesmente spandana, a vibração primeva da manifestação, que tanto é origem do Cosmo como do microcosmo. Ambas emergem pelo poder espiritual e sexual – as duas faces da Serpente de Fogo –, razão pela qual sua vivência depende do estímulo do sexual.

No tantrismo, este "ritual secreto" (rahasya-vidhi) visa celebrar a referida vibração primordial, como um nexo entre a Divina Śakti e o Deus Śiva, que estão corporificados no casal participante do ritual.

O Tantra entende que a união entre o masculino e o feminino é completa e capaz de trazer à vida um microcosmo para servir de veículo à incorporação de um novo Ser. Por isso, o maithuna é denominado "União Divinal", porque gera as condições e o momento da criação no microcosmo, que é idêntica ao macrocosmo. Portanto, esse ritual não deve ser considerado somente uma oportunidade para uma prática sexual prazerosa, mas, sim, uma conexão profunda entre a sexualidade e a espiritualidade humana, como uma forma completa e prazerosa de vivência da união (yoga).

Lembramos que o Tantra entende o ser humano como uma concepção divina, e, por isso, o corpo e suas funções são parte da ideação do Absoluto. A sexualidade, sendo parte do processo que permite a criação de um novo veículo (corpo) para a manifestação de um Ser, é considerada o mais importante aspecto da manifestação do Absoluto no mundo relativo e, portanto, um aspecto tão sagrado quanto sagrado é o próprio Absoluto.

Nessa perspectiva, o corpo e suas atividades são divinos, pois, para o Tantra, nada é profano, mesmo porque toda a criação é uma emissão do Absoluto e a Ele retorna após o fim de uma Era.

Preparação

Após os dois praticantes banharem-se, a mulher (śakti) é gentil e generosamente untada e massageada com óleos aromáticos: jasmim,[184] para as mãos; ketaka,[185] para o pescoço e face; champa[186] e hina,[187] para os seios; spikenard,[188] para os cabelos; musk, para o abdome; pasta de sândalo,[189] para as coxas; e khus,[190] para os pés. O uso desses óleos aromáticos visa à estimulação olfativa do cakra mūlādhāra, cujo elemento Terra é ligado com o sentido do olfato. Após a aplicação dos óleos aromáticos, uma marca vermelha (kumkum-vermilion) é colocada entre as sobrancelhas (tilāka), simbolizando a abertura do terceiro olho e a devoção espiritual.

Com as ancas enroladas com tecido vermelho (raja-guṇa) de seda ou algodão fino e os bustos nus, o sādhaka e sua sādhikā sentam-se em siddhāsana face a face. As upacāras do ritual devem estar dispostas esteticamente ao redor do casal, contendo os seguintes elementos: um vaso com hibiscos vermelhos, o símbolo da deusa; folhas de tulsi; grãos de arroz; guirlandas de flores; pasta de sândalo; incenso; lamparina votiva; alimentos cozidos; e vinho sacralizado.

Uma tigela e uma jarra de água para libação são colocadas ao lado direito dos oficiantes, simbolizando o Cosmo. Uma bandeja com cinco mangas é colocada do lado esquerdo, simbolizando os cinco elementos ou vibrações primordiais (tan-mātras).

---

184. Essência da flor (*Jasmin grandiflorum*).
185. Em Punjabi, Keora (*Pandanus odoratissimus L*), em português, Padano.
186. Sona Champa, flor sagrada da Índia.
187. Essência retirada das folhas da planta (*Lawsonia inermis*), o mesmo que Heena.
188. Óleo extraído do rizoma da planta Valeriana jatamansi.
189. Sândalo em hindi *chandan*, óleo essencial destilado da casca da árvore.
190. Espécie de grama (*Vetiveria ziazaniodes*), cujo óleo é obtido por destilação.

Purificação

A purificação do casal é iniciada pelo sādhaka, que recita os mantras, repetidos pela sādhikā. Durante a entoação dos mantras, deve-se direcionar a vibração da consciência na intenção de gerar uma cascata de luz purificadora sobre ambos:

OṀ Ātmatattvaya svāhā!

A sādhikā responde recitando em voz baixa o mantra:

OṀ Śaktitattvaya svāhā!

Em seguida, o sādhaka desenha um triângulo equilátero no chão, riscando-o com o dedo tinto de vermilion e recita o mantra a seguir, desejando que a vibração de Luz purifique o caminho da serpente (suṣumṇa). Então, eles se tocam nas testas, nos olhos e nas bocas, enquanto recitam os mantras:

OṀ bhūtasṛingā aśirah suṣumṇapathena jīva-śivaṃ!

OM̐ gurubhyo namaḥ!

OM̐ paramagurubhyo namaḥ!

OM̐ parāparagurubhyo namaḥ!

OM̐ Ganeṣāya namaḥ!

OM̐ Hūm̐ hrīm̐ Śiva-Śaktibhyām svāhā!

Proteção

Tem início um ritual de proteção. O poder da divindade é ritualizado em cada parte do corpo dos dois participantes (aṅga-nyāsa), por meio do estalar dos dedos, formando um círculo de proteção e ativando os centros de energia de seus cakras.

O ritual prossegue com a entoação de mantras pelo sādhaka, e repetidos por sua Śakti, para pedir proteção às seguintes deusas: Adi-Śakti, Kālī, Tārā, Bhuvaneśvarī, Mālinī, Kuleśvarī, Parvatī e Kāmeśvarī.

Esse ritual segue, em linhas gerais, a sequência do ritual de Nyāsa, segundo o qual partes dos corpos são tocadas por ele e por ela, criando-se as condições favoráveis para que a proteção divina permeie cada participante.

Após purificação e proteção do local e dos corpos, o sādhaka inicia uma nova purificação de seu próprio corpo com o ritual de bhūta-śuddhi – a já mencionada purificação dos cinco elementos –, enquanto sua Śakti entoa os mantras:

OṀ bhūtasṛingā aśirah suṣumṇapathena jīva-śivaṃ!
OṀ paramaśivapade yojayāmi svāhā!
OṀ yaṃ lingaśarīraṃ śoṣaya śoṣsaya svāhā!
OṀ raṃ saṅkocaśarīraṃ daha daha svāhā!

Transformação

Após a purificação dos elementos do seu corpo, o sādhaka inicia a purificação do corpo de sua Śakti por meio de um ritual apropriado, denominado Vijayā-śodhana. Esse rito visa à entronização da deusa no corpo da sacerdotisa, buscando a ampliação de sua percepção sensorial e da expansão de sua consciência. Somente quando ela for visualizada como um templo vivo da divindade, fluirá pelo seu corpo a divina qualidade da deusa. Então, o sādhaka desenha um círculo simbólico em torno dela, enquanto água e vinho são aspergidos sobre seu corpo. Ela faz o yoni-mudrā com as mãos. Em seguida, ele toca partes do corpo dela com os dedos médio e indicador da mão direita, simbolicamente transferindo para ela a radiância da Divina Śakti, e entoando os mantras que despertam a presença da Deusa Saṁvit ou Bhairavī Devī, aspectos da Śakti:

Aiṃ saṁvidā asya mantrasya!
Dakṣināmūrti ṛṣīsāndūlankṛtamchaṇdah!
Saṃvit sānniuopane viniyogaḥ!

Depois, para criar a vibração apropriada ao redor da Śakti, ele a toca na testa, lábios e seios, recitando o mantra:

OṂ̌ brahmāṇyaih namaḥ svāhā!

Para completar a proteção da Śakti, ele recita o bījāmantra de poder Pha, batendo palma por três vezes: Pha, Pha, Pha.

Na sequência, o sādhaka invoca a presença sutil de seu guru e da sua divindade de fé (iṣā-devatā), mentalizando-os no local do ritual. Alguns mantras são entoados, enquanto ele lhes oferece mentalmente flores, incenso, luz de uma lamparina votiva e alimentos. Após a sādhikā sorrir, aceitando a oferenda, o sādhaka mistura vinho com água e oferece a ela, que bebe metade e reparte com ele a outra metade, boca a boca. Agora, os dois se veem como o par cósmico Śiva-Śakti. Assim, com os sentidos sob controle, purificados e imersos no vazio transcendente da Consciência, eles se abraçam e entoam por três vezes os seguintes mantras, que estimulam os seis cakras ao longo do nadi:

Laṁ, Vaṁ, Raṁ, Yaṁ, Haṁ e Oṁ.

Agora, eles podem usufruir o divino néctar do ritual. Inicialmente ele apalpa os seios dela e, com uma única inspiração, os liba para despertar em si mesmo a sensação denominada amṛta-pam (aspirando o néctar). Este procedimento finda a etapa da transformação e da invocação da presença do guru ou da divindade.

Maithuna ou Cópula

Tem início a fase do ritual que envolve intensa sensualidade e a harmoniosa experiência da indissociável atração física entre o masculino e o feminino. Entretanto, por mais longa que seja a comunhão, ela será sempre uma experiência transitória e limitada, em comparação à união (yoga) da dissolução da multiplicidade na unicidade. Agora, ele pode adorar a Deusa Śakti por meio da sua Sādhikā, tocando partes do corpo dela com carinho e suavidade, enquanto recita os mantras correspondentes a cada parte:

Oṁ aḥ priyadarśanaye namaḥ – toque na cabeça.

Oṁ aḥ vasaṅkaraye namaḥ – toque na face.

Oṁ aḥ madanaye namaḥ – toque nos seios.

Oṁ aḥ rājanyai namaḥ – toque na face.

Oṁ aḥ kāntaye namaḥ – toque na face.

Oṁ aḥ monobhavaya namaḥ – toque nas nádegas.

Oṁ aḥ monoharinyai namaḥ – toque na genitália.

A seguir, eles visualizam a união sexual, controlando a vibração do prānā, que deve ser sentida ao penetrar no naḍi suṣumnā, enquanto sussurram por 108 vezes o mantra Hrīṁ, sob o controle da respiração lenta e, a cada murmúrio, ele toca o yoni dela com seus dedos médio e indicador, enquanto ela coloca as mãos sobre a cabeça dele recitando as palavras-ordens:

"Uttiṣhata – para cima!

Jagrata – acorde!

Virobhava – seja forte!

Nityamukta svabhāvānubhava – realizemos o eterno Ser!

Agora lhe dou a ordem para penetrar em Mim, e como seu Guru, eu ordeno para se realizar dentro de mim. Eu sou a sua Śakti e você é o meu Śiva. Eu lhe ordeno: implante seu liṅga em meu yoni sagrado, e que meu guru o proteja contra desejos negativos".

Agora, seus corpos são um único corpo, e nenhum movimento deve ser efetuado além daquele produzido pelo lento inspirar e respirar. Assim, seus corpos ressoam em uníssono. Ele agora é Śiva e, como tal, adora e celebra sua Śakti com as nove flores simbólicas: 1) segurando, 2) abraçando, 3) beijando, 4) tocando, 5) visualizando, 6) olhando, 7) libando, 8) penetrando e 9) meditando. Enquanto inspiram e expiram, entoam de modo natural o mantra de identificação: Sivo-haṁ, Sivo-haṁ (Sou Śiva).

A postura assumida durante o maithuna depende da Śakti, mas a mais comum é a viparita-rati,[191] ela sobre ele, quando ela assume

191. Neste contexto, viparita significa contrário ou não usual, no sentido de que o usual é o homem sobre a mulher, e não o inverso. Rati significa prazer.

o movimento ritualístico e ele permanece como "sava", um cadáver imóvel, que mantém a ereção, mas permanece passivo. Outras posições ritualísticas podem ser utilizadas, tais como a jānujugmāsana e a rati-āsana, também denominada yab-yum, a preferida de muitos casais.

A respeito desse rito, duas questões são sempre colocadas em discussão: o orgasmo e a ejaculação. Os diversos Tantras têm pontos de vista distintos, uns pregando estrita contenção do orgasmo para a não liberação do líquido seminal, e outros que aceitam o orgasmo durante o ritual com ejaculação. Alguns sugerem a técnica de aspirar de volta o líquido seminal (vajroli) com movimentos controlados dos músculos abdominais e da respiração. No entanto, isso me parece absurdo, por três razões: primeiro, não há absorção desses fluidos pelo canal da uretra; segundo, a técnica carece de significado psicofisiológico, físico, tampouco alquímico; e terceiro, essa "absorção" não se constituiria em um sacramento, mas, sim, num risco de contaminação do ureter masculino.

CONCLUSÃO

O Maithuna não é uma cópula, embora algumas vezes tenhamos nos referido a essas duas palavras como se fossem sinônimas. Porém, essa questão precisa ser mais bem compreendida: se o maithuna não é uma cópula, o que o diferencia da cópula ordinária? A resposta a essa questão pede uma breve reflexão sobre a natureza dos participantes dessas duas maneiras de se vivenciar a união sexual, bem como quem são os atores e os conteúdos psíquicos envolvidos em uma relação de tal intensidade.

A cópula ordinária é uma relação íntima entre duas pessoas que utilizam seus corpos na busca do prazer, pela vivência plena da satisfação do desejo carnal, que é natural e faz parte da vida de todos os animais que se reproduzem sexuadamente, independentemente de algum sentimento amoroso em relação ao outro. Nesse caso, a cópula passa a ser um ato que somente visa ao prazer como uma recompensa ao estímulo produzido pela bioquímica corporal. Em outras palavras, a cópula ordinária é sempre uma relação automática e normal, na busca do orgasmo, que nem sempre ocorre, entre indivíduos que não têm livre-arbítrio, pois não despertaram para a Existência.

Por outro lado, o ritual de maithuna é o resultado de um processo de despertar para a Vida. Para a sua realização, é exigido um longo período de imersão e reflexão na cultura espiritual das tradições não dualistas, que objetiva despertar nas pessoas suas quintessências, para que, ao emergir das profundezas da "alma", ela se faça sentir como um Eu-Sou. Então, a ciência plena do Eu-Sou e de sua natureza alquímica propicia aos participantes a vivência das energias vibracionais que realmente serão os agentes presentes no Maithuna.

Essa é a diferença em relação à cópula, que é uma vivência ordinária entre duas personalidades, e o maithuna, que é uma imersão de duas Consciências em suas próprias vibrações primárias da criação. Assim, além de ser uma união intensamente ritualizada, entre dois corpos e seus agregados psíquicos, o maithuna é a experiência da unicidade quando dois Entes se tornam um único Ser, envoltos pela sacralidade do Amor.

Após uma intensa imersão que resulta em uma catarse psíquica, o tântrico está preparado para deixar de ser o não Eu, a Pessoa, para ser o Eu-Sou, o Ente verdadeiro, imortal e imaterial, à imagem do Absoluto que o emanou de Si.

Nesse momento, os dois Entes, despertos para suas verdadeiras essências, podem abrir mão de todos os elementos ritualísticos e permitir que suas vibrações divinas, de polaridades opostas e atrativas, se amalgamem. Dessa união, emerge a Deusa Śakti, que, alegre, sorri e os envolve em seu amor.

Os mestres tântricos sabem que a catarse necessária para se chegar a esse momento exige muita reflexão, mas principalmente a experiência de uma ritualística complexa que visa expor a natureza imaterial e vibracional dos conteúdos dos corpos, desde o corpo físico ao causal. Pois, sem essa experiência prática, que vai emergindo e se mostrando real e eficaz, os discípulos não conseguem deixar a materialidade de lado para viver na imaterialidade, com seus corações centrados na sua verdadeira realidade quintessencial, do Eu-Sou.

Por isso, o Tantra nos oferece um caminho de autoconhecimento e evolução em direção à nossa natureza espiritual, sem dogmas e preconceitos contra as coisas naturais da vida. Esse caminho, denominado sādhana, somente pede uma revisão crítica e madura da vida, de nossa natureza interior e de nossa relação com as coisas da alma e do corpo, mostrando-nos que, como o Cosmo, o microcosmo também é um imenso holograma fractal, onde o todo é idêntico às suas partes. É durante a fusão desse holograma que ocorre o maithuna, agora não mais um ritual, mas a mais natural possibilidade de um homem e uma mulher compartilharem seus corações.

Sabemos que o microcosmo é idêntico ao macrocosmo, e o que está em cima é a imagem expandida do que está embaixo. A perda dessa identidade foi causada pela desidentificação do núcleo de consciência do Homem, que separou a vida mundana, no estado de vigília, da vida de um Homem desperto, vivendo em um estado consciencial pleno.

A recuperação da identidade e da unicidade é o caminho da volta, um despertar conquistado pelo livre-arbítrio, que conduz a Consciência para além dos limites da mente e dos sentidos cognitivos. Nesse caminho, o Tantra e seus rituais nos ensinam "o como?" sem impor nenhuma restrição dogmática, conferindo-lhe o rótulo de "via áurea", onde prevalecem o discernimento (viveka), a coragem, o saber, o sentir, o amor e a doação. Nessa via não há espaço para certo e errado, bom e ruim, bem e mal. Os pares de opostos se dissolvem na visão do dharma, que nos mostra a perfeição que rege a manifestação.

O caminho é árduo e, aos poucos, o mestre vai ampliando a percepção do discípulo para a intricada alquimia interior. Então, quando ele o julga pronto, as portas do Círculo lhes são abertas e nada mais é necessário ser dito, porque agora o discípulo sabe que o único aspecto importante é sua atenção plena na condução amorosa da sua alquimia em direção àquela que se une consigo.

Infelizmente, em razão de sua característica catártica, os ritos relacionados ao maithuna soam para os que desconhecem a tradição como um sacrilégio profano. Entretanto, o que se almeja com esse "sacrilégio" é o momento em que o amor pleno, desprovido de qualquer interesse além da alegria e bem-aventurança, permite que ocorra uma doação que é compartilhada com o Absoluto.

Essa ampla visão da naturalidade da vida e da Realidade é o Tantra, que, com seus rituais, eleva o praticante ao nível do divino por meio da dissolução de suas amarras, a maioria das quais é gerada pela visão pequena que a sociedade sobrepôs ao Absoluto.

Sim, os rituais tântricos podem parecer heréticos; entretanto, isso não se deve ao ritual em si, mas à forma que as pessoas decodificam as coisas da vida, pois, quando a maldade faz parte da mente, uma minissaia fere o pudor!

Embora não exista cópula profana, as pessoas ordinárias deveriam reaprender a amar sem sentimento culposo. A verdadeira cópula, isto é, o maithuna, é sempre um sacramento e, como tal, deve ser realizado em todas as ocasiões, independentemente das circunstâncias.

▼

Descubra o espírito da Índia e descubra a si mesmo. Esta frase, que li há 25 anos no Aeroporto Internacional de Nova Delhi, explica bem a questão. À medida que vamos entendendo a Índia e suas tradições, vamos conhecendo as amarras de nossa estrutura mental, até que, despidos dos velhos e acanhados paradigmas, a Verdade comece a desabrochar.

Algumas vezes é necessário rever a visão que temos do que é riqueza, pobreza, desenvolvimento e civilidade. Afinal, são os civilizados quem têm a maior responsabilidade pelas mazelas sociais e pela destruição das espécies mais frágeis do planeta. Portanto, sua sapiência é discutível ante a gigantesca espiritualidade e simplicidade dos verdadeiros sábios. Enquanto muitos ditos sábios de várias tradições querelam e disputam entre si esdrúxulos conceitos e técnicas sobre como fazer isso ou aquilo, o tântrico sorri e segue o caminho do seu coração com alegria, simplicidade e amor, sem impor restrições a nada.

O assunto é vasto e ainda existem muitas questões a serem analisadas e refletidas a respeito do tantrismo. Contudo, sabemos que não é o intelecto que irá respondê-las; as respostas devem ser procuradas na experiência pessoal. Por isso, a proposta do Tantra é a vivência humilde, mas gloriosa, de sua magia, como uma forma de sentir a vida e a relação entre cada um de nós e a hierarquia presente no Cosmo.

A mensageira desta relação é a deusa, figura feminina que não é uma metáfora, mas a presença real da Consciência Dinâmica da manifestação em nós. Embora a deusa seja uma imagem antropomorfizada na figura da mulher, ela não é uma mulher, e sim a vibração oposta àquela denominada masculina, que também não representa o homem. Esta percepção é cientificamente visível na embriogenia, que nos mostra que, nas primeiras semanas de vida, o feto tem seu fenótipo indefinido, e somente por conta do genótipo do cromossomo XY, ativado pelo gene SRY, que o masculino surge. Caso contrário prevalece uma forma estéril com genitália feminina. Assim, a mão da deusa se faz presente na manipulação das vibrações sutis da matéria para propiciar o nascimento dos pares que, quando unidos, se multiplicam. Essa vibração dita feminina (Kula) está presente no coração da manifestação do Cosmo (akula), e em particular é a responsável pela vida em todos os aspectos, formas e aparências. Ela está no homem e na mulher, nos animais e vegetais, nos cristais e nas estrelas que formam as galáxias, que formam o Cosmo, que compõem a hierarquia divina que habita nossa essência mais profunda. Então, diga: Eu-Sou Luz!

▼

Sendo o Todo, ela é a unidade, a Kuṇḍalinī Devī: "No início, somente Eu existia, e nada mais havia então" (Devī Gītā, 2,2).

ÍNDICE REMISSIVO

BIBLIOGRAFIA

ABHEDANANDA, Swami. *Yoga Psychology*. Vedãnta Math.

AVALON, Arthur. *The Serpent Power*. NY: Dover Publications.

BROWN, C. Mackenzie. *The Devi Gitã*. University of New York Press.

CHATTERJI, Suniti Kumar. *The Cultural Heritage of India*. Volumes I-V. Calcutta: The Ramakrishna Mission, Institute of Culture, 1975.

CHRISTENSEN, Alice. *Aspects of Kashmir Shaivism.* American Yoga Association.

DUPUCHE, John. *The Kula Ritual* – As Elaborated in Chapter 29 of the Tantrãloka, by Abhinavagupta.

DYCZKOWSKY, Mark. *The Doctrine of Vibration*. State University of New York Press.

FEUERSTEIN, George. *Tantra, Sexualidade e Espiritualidade*. Ed. Nova Era.

JOSHI, K. S. *Pranayama, The Science of Yogic Breathing*. University of Sagar.

KRAMRISCH, Stella. *The Hindu Temple*. Delhi: Motilal Banarsidass.

KUVALAYANANDA, Swami. *Vasistha Samhita*. Lonavia: Kaivalyananda S. M. Y. M. Samiti.

MAGEE, Michael. Trad. *Yoni Tantra.* Volume 5. Worldwide Tantra Project.

MARJANOVIC, Boris. *Abhinavagupta Commentary on the Bhagavad Gita* (Gitartha Samgraha). Indica Books.

MARMO, Osvaldo Luiz. *Vedãnta – A Magia de Descobrir*. TecArt Editora.

MOOKERJEE, Ajit; KHANNA, Madhu. *The Tantric Way*. Delhi: Vika Publishing House.

MULLER-ORTEGA, Eduardo. *The Triadic Heart of Shiva*. State University of New York Press.

MURTY, K. Satchidananda. *Revelation and Reason in Advaita Vedanta.* Delhi: Motilal Banarsidass Publishers.

PANDA, N. C. *Maya in Phsics*. Delhi: Motilal Banarsidass Publishers.

RAMM-BONWITT, Ingrid. *Mudrãs – As Mãos Como Símbolo do Cosmos*. Editora Pensamento.

SASTRI, Gaurinath. *Ritual and Practices of Tantra*. Volumes I-III. Delhi: Motilal Banarsidass Publishers.

SILBURN, Lílian. *La Kundalini*. Paris: Ed. Les Deux Océans.

______. *Spandakarika*. Paris: Les Deux Océans.

SINGH, Lalan Prasad. *Tantra*. Delhi: Motilal Banarsidass Publishers.

SIRCAR, D. C. *The Shakti Cult and Tara*. University of Calcutta.

Sri Lokanath. Scarlet Letters. Volumes I-V.

VARENNE, Jean. *Le Tantrisme, Spirualités Vivantes*.

WOORDROFF, John. *Sakta & Sakta*. Madras: Ganesh & Co.

______. *Mahãnirvana Tantra*. NY: Dover Publications